教育部人文社会科学研究项目（20YJA740042）
重庆市社会科学规划项目（2021NDYB151）

语言类型学视角下

波英汉
问答系统研究

王小穹◎著

APPROACH TO QUESTION AND ANSWERING SYSTEM OF POLISH, ENGLISH AND CHINESE IN LINGUISTIC TYPOLOGY PERSPECTIVE

BADANIA NAD SYSTEMEM PYTAŃ I ODPOWIEDZI JĘZYKA POLSKIEGO, ANGIELSKIEGO I CHIŃSKIEGO Z PERSPEKTYWY TYPOLOGII JĘZYKOWEJ

经济管理出版社
ECONOMY & MANAGEMENT PUBLISHING HOUSE

图书在版编目（CIP）数据

语言类型学视角下波英汉问答系统研究/王小穹著．—北京：经济管理出版社，2022.10
ISBN 978-7-5096-8788-8

Ⅰ.①语…　Ⅱ.①王…　Ⅲ.①问答系统—研究　Ⅳ.①C932.6

中国版本图书馆 CIP 数据核字(2022)第 195383 号

组稿编辑：赵亚荣
责任编辑：赵亚荣
责任印制：许　艳
责任校对：蔡晓臻

出版发行：经济管理出版社
（北京市海淀区北蜂窝 8 号中雅大厦 A 座 11 层　100038）
网　　址：www. E-mp. com. cn
电　　话：（010）51915602
印　　刷：唐山玺诚印务有限公司
经　　销：新华书店
开　　本：720mm×1000mm/16
印　　张：17.25
字　　数：281 千字
版　　次：2022 年 11 月第 1 版　　2022 年 11 月第 1 次印刷
书　　号：ISBN 978-7-5096-8788-8
定　　价：88.00 元

自 序

波兰语属印欧语系斯拉夫语族西斯拉夫语支，由于西邻日耳曼语族、东邻斯拉夫语族，一方面受德语影响较大，书写系统跟德语、英语一样，也使用拉丁字母；另一方面，波兰语与同属斯拉夫语族的俄语在语音、语法系统上又很接近。在欧洲，波兰语一直受到英语、俄语两大强势语言的挤压，但波兰人在语言使用上有着强烈的民族意识，他们以波兰语写作的波兰民族文学在其国家历史和世界文学中占有特殊的地位。波兰语在语言类型学上的混合性特点以及与英俄等大语种疏离的亲缘现状迫切要求我们以英语等相关大语种为参照桥梁，加快波汉二语的对接研究。

本书研究波兰语、英语和汉语（以下简称“波英汉”）的问答系统，但力度上向波兰语倾斜。近两个世纪以来，英语在某种程度上扮演着国际通用语的角色，其问答系统包括时、体、态等语法范畴在国内外都有较为成熟、深入的研究，故本书不予专门考察，英语在语料分析中仅作为译文语言为波汉比较提供语言类型学研究的参考。本书对跨语种语料采用语法标注、语义分析的对比研究方法，分别从问句系统和答句系统两个方面对波英汉三语进行跨语言的比较研究，旨在从语言类型学的视角探索不同语种问答系统的共性和差异，寻找跨语相通的识解途径，并进而丰富理论语言学探索人类语言共性的实践和理论成果。本书分为四部分：理论介绍、波英汉的问句系统、波英汉的答句系统以及波英汉问答系统的共性与差异。主体内容以波兰语为主线，以英语为标注语言进行波英汉问句系统和答句系统的比较研究，按现象呈现、事实分析、理论解读逐步推进。现象呈现方面，主要从波兰语国家语料库 NKJP（Narodowy Korpus Języka Polskiego）、波英动态语料库 Sketch Engine 和北大语料库 CCL 三大语料库中提取波英汉问答系统的词语、句子和段落，比照汉语，在词性、人称、性、数、格等句法和语义关系上用英语标注波兰语。事实分析方面，着眼于波兰语 wh-疑问词，考察波英汉问句的语法范畴、疑问范畴和疑问焦点，以及波英汉答句的语义和句式类型。理论解读方面，思考不同民族不同语种的问答系统的共性和差异，以受多语浸染的波兰语与英汉问答系统的比较研究为起点，在语言类型学视角下寻找波英汉问答系统相通的识解途径，探讨多语交叉的混合语言的问答系统所沉淀的不同民族不同语言的类型学底层。全书主体部分由七章构成，主要内容概括如下：

第一章介绍语言类型学的研究内容和方法。从研究任务、研究视角等方面介绍当今语言类型学的研究动向，梳理语言类型学研究的主要内容和相关成果，介绍语言类型学的研究方法。

第二章分析波英汉问答句的语法范畴。以波兰语疑问词的格位为基础介绍波兰语的语法范畴，通过考察汉语时体范畴，揭示波英汉语法范畴的语言类型学特征。

第三章考察波英汉问句的疑问范畴。考察波英汉问句的疑问形式和疑问语义。通过比较波英汉的问句形式，揭示波英汉疑问范畴的表达异同；以分析汉语问句的多重疑问语义为例，探讨疑问语义组配的语义类型学特征。

第四章研究波英汉问句的疑问焦点。从 wh-词承载疑问信息的角度考察波兰语的疑问焦点，并以波兰语 wh-词为主线，以英语为标注语言，对波汉 wh-词的句法分布及其所承载的疑问语义进行比较分析。

第五章考察波英汉答句的语义类型。以波兰语 wh-词的非疑问语义为切入点，采用英汉语法标注、语义比较的方式考察波汉答句的语义类型。

第六章讨论波英汉答句的句式类型。考察波兰语 wh-词在答句中充当引导词和连接词的功能，考察波兰语复合句的答句类型。

第七章讨论波英汉问答系统的共性与差异。从疑问表达、句法演变以及汉语问答系统的扩展与偏离等维度考察波英汉问答系统的共性与差异。

附录二、附录三的两篇英文文章《基于转换生成语法的汉语疑问短语的疑问及非疑问研究》和《汉语关系小句中疑问词的认知解读》曾分别在深圳“2019年第四届教育科学发展国际学术会议”和新加坡“2018 年教育、经济和社会科学国际学术会议”上宣读，后被科学技术会议文献检索（CPCI）收录，基本上没有太大改动。特此说明。

2016 年 7 月至 2019 年 2 月，我先后两次前往波兰访学，华沙大学东亚研究中心汉学系主任 Małgorzata Religa 和 Olgierd Uziembło 博士为我在波兰学习提供了积极有效的帮助，他们为我在华沙大学安排了整洁、安静、便捷的食宿，为我组建了一个 11 人的波兰语研究团队，Paulina Kaczmarska（白丽）、Katarzyna Malinowska（贺董怡）、Patrycja Kasyna（柯蓓）、Zuzanna Ochocińska（欧阳姗）、Agnieszka Walczak（欧妮亚）、Marta Dabashchuk（碧影）等波兰籍研究生同学给 3000 多条波兰语语料做了认真细致的标注工作；华沙大学形式语言研究院院长 Magdalena Danielewiczowa 教授在聆听了我的研究汇报后，赶在我回国前将她的著作及其恩师 Andrzej Bogusławski 教授早年的论文复印给我，甚至在我回国两年后，Magdalena Danielewiczowa 教授仍然一如既往有求必应地支持我的研究工作，不时回应我的请教并和我交流语言研究的最新动态。当年在波兰留学的留学生何青、周强协助我在华沙大学图书馆查找、借阅和影印各种重要文献，他们为我在华沙大学顺利完成学业以及回国后继续开展研究提供了必不可少的支持；现任职于北京外国语大学欧洲语言文化学院波兰语系的孙伟峰老师当时在华沙大学攻读波兰语言文学专业硕士，作为课题组核心成员，伟峰老师始终默默地贡献着他的智慧和精力；华沙大学东亚研究中心汉学系的优秀研究生、现供职于中国驻波兰大使馆的 Paulina Kaczmarska（白丽）女士在书稿付梓前花费了大量时间和精力细致地审读、校勘了全书的波兰语材料；江西师范大学文学院的陈凌教授以其深厚的理论基础和丰富的田野调查经验，对书稿框架提出了宝贵的意见，为书稿出版提供了兄长般的帮助。美好的相遇跨越时空，高贵的人性不分国界。诸位贤达师友不遗余力鼎力相助，本人受益良多，三生有幸，希望本书能为语言类型学研究积累一些资料，为波兰语的研究做出一点贡献。

另外，本书第一章语言类型学研究方法之田野调查受益南开大学俄籍教师齐卡佳博士的在线课程《田野调查的技术与理论》颇多，齐卡佳博士在其课程中无私分享了她宝贵的田野调查实践经验、语料分析软件和资料链接，在此一并深深致谢。

王小穹

2022 年于重庆理工大学理工雅苑

前　言

一、波英汉问答系统的研究现状和趋势

（一）波兰语研究现状和趋势

国内有关波兰语的资料和研究都十分有限，可及的现有资料主要是介绍波兰语的简明语法书（李金涛，2018，1996）、外语教学与研究出版社开发的波兰语专业系列教材（李金涛，2019，1988）、原版引进的用英语编写的波兰语教材（Nigel Gotteri，2011）、“一带一路”社会文化多语图解词典系列之波英汉图解词典（庄智象，2017）以及个人和民间机构推出的波兰语网络课程。波兰语研究方面，中国知网上有关波兰语的期刊论文仅10余篇，且主要为波兰语综合介绍（李炯英，2005）、语支概述（Скорвид，2016）以及印欧语系内提及波兰语的泛语言比较（张爱玲，2016；李思旭，2015）。

国外有关波兰语的研究相对来说比较全面深入，主要分三个阶段：①早期波兰语学者多从语用角度介绍波兰语的疑问结构和功能特点（Bogusławski，1979；Danielewiczowa，1996），或从波英、波俄的比较角度考察疑问语调、类型和语义（Woloszyk，1973）；②20世纪90年代末，波兰语法学界引入生成语法理论，尝试解释波兰语疑问词句法左移的特点（Bośković，1998；Wiland，2010）；③进入21世纪后，疑问范畴研究转移到疑问习得（Foryś-Nogala，2017；Ogiermann，2015）、疑问心理测试（Polczyk，2005；Kuczek，2016），并延伸至声学、心理学等跨学科考察（Żygis，2017；Kao，2010）。

总之，国内波兰语的成果主要限于近年开发的波兰语课程、教材和词典

等，且种类和数量都不多，但随着我国“一带一路”倡议的纵深推进，可预见以后会逐年递增，目前国内的波兰语研究乏善可陈，数量有限的成果多为引介类和概述类；在国外，波兰语问答范畴的研究主要见于波兰籍学者，他们总体跟随了国际学术趋势，从语义、语用、句法到语言习得、测试再到跨学科研究均有不同程度的涉及。不过，无论传统研究还是前沿研究，波兰语问答范畴的研究成果还很分散，跨语言比较仅涉及波英、波俄、波德等少数印欧语系内的语种。

（二）英语研究现状和趋势

国内有关英语问答系统研究的学者（胡壮麟，1994；伍雅清，2002；陆丙甫，2003；薛小英，2012；马道山，2015；李亚非，2017；邓思颖，2011；徐杰等，2012；蔡维天，2012；等等）在英汉比较的框架下展开疑问系统的研究，其研究涉及疑问语气、疑问程度、语义约束和焦点移位等方面。

国外有关疑问系统的研究是主流，主要有问句（wh-questions）综合研究和疑问词移位（wh-movement）的转换生成研究两方面。问句方面，研究英语问句的生理和心理的过程，比较英语与世界上其他语言的疑问结构和习得规律；疑问词移位方面，基于转换生成语法的 x-阶标理论讨论 wh-词的移位和提升（Cheng & Corver, 2006），比较英语与世界上其他 wh-移位语言和 wh-in-situ 语言的共性和差异。

国内在努力跟进国外研究，但总体缺乏系统性，且成果数量有限。国外研究在针对英语自身研究之外，还在印欧语系内部以及与闪含语系诸语言进行传统比较，但是由于欧美传统语言学缺乏对汉语的深入了解，历来很少将汉语作为其研究的比较对象。

（三）汉语研究现状和趋势

国内有关汉语问答系统的研究成果很丰硕，主要为问句性质、指称、转移和疑问程度等传统研究（邢福义，1987；邵敬敏、赵秀凤，1989；李宇明，1997），也有现代语言学框架下的移位约束和认知语用等研究（徐杰、张林林，1985；温宾利，1998；徐盛桓，1999；胡建华，2002）。

国外关于汉语问答系统的相关研究主要出自海外华人学者，他们用生成语法理论来分析汉语疑问词的管辖范围、句法移位（Huang，1982；Li，1992；Lin，

1998），或用功能语法来分析问句焦点和疑问语义（Cheng，2006）。

国内外有关汉语问答系统的研究成果较多，但多侧重于对问句句法结构和语义结构的研究，对语用问题的研究不够，以汉语问答系统为研究对象，对其做出集中研究的成果有限，目前国内相关研究主要有疑问认知运算（陈振宇，2010）和疑问语义网络（王小穹，2012/2015）等。

总之，在单语研究范围内，波英汉三语在各自的母语语境下都有一定数量和程度的研究；在二语比较范围内，由于英语在全球有着相当于世界语的地位，故在语言类型学方面的文献有不少是关于波英、英汉的比较成果，但是少见波汉比较的成果。因此，借鉴波英比较研究的成果，以英语为桥梁，在跨语言的语言类型学研究视野下实现波英汉三语乃至多语比较，是当前比较语言学研究的任务和趋势。

二、相关问题说明

本书语料标注采用以英语为元语言的莱比锡标注系统的三行标注，语料首行是对象语言，第二行是元语言，第三行是意译语言。对象语言是需要标注的原始语言，即目标语言；元语言指标注和直译语言；意译语言指经自由翻译而语义顺畅的写作语言，放在半角状态下的双引号("")内。分析波兰语，第一行是波兰语，第二行是英语，第三行是汉语。分析英语，第一行是英语，第二行是英语，第三行是汉语。分析汉语，第一行是汉语，第二行是英语，第三行是汉语。

本书语料的第二行以英语为元语言直译波兰语时，对波兰语中的固定表达往往无法做到对译。于是，笔者在波兰语词语下面采用下划线的方式进行标注。如：第 36 页“coraz bardziej”表示“more and more”；第 116 页“a w ogóle to”表示“and anyway”；第 119 页“się dało”表示“(sb) could”；第 124 页“na ten przy kład”表示“for instance”；第 126 页“na razie”表示“for the time being”；第 127 页“bez celu”表示“aimlessly”等等。

全书除第一章、第七章外，标注波兰语的语法缩略词皆用下标形式置于英文标注词词下，如：$\text{water}_{\text{LOC/F/SG}}$。第一章、第七章涉及到波兰语以外的多个对象语言的标注，在这两章中，语法缩略词出现在英文标注词的左边或右边，我们以短横连接语法缩略词和英文标注词，如：ASP-TER/SG-TER/PL-ate；car-M3-

SG-ACC。

本书侧重波兰语，以英语为桥梁语言研究波英汉的问答系统，考察波英汉问答系统的差异，探讨不同语支语种的语言共性，揭示不同语境下人类语言问答系统的普遍性规律。

本书考察波英汉问答系统的疑问范畴、问话焦点、答句语义和句式类型，寻找共性、辨清差异、发现规律，做好波英汉问答系统的呈现、比较和解释。将工作分解成以下方面：

i. 收集、整理波兰语问答句的语料。

ii. 用英语标注波兰语语料，标注波兰语问答句的语法语义属性。

iii. 从问答句的类型、语义特征和构成方式角度考察波英汉问答系统的差异。

iiii. 考察波英汉问答系统的共性，讨论波英汉问答系统的类型学特征。

本书以普通语言学和语言类型学理论为基础，用跨语研究的视野考察波英汉问答系统的各个语法单元、语义特征和语用内涵，从范畴类别、语义和句式类型等层次展开对比研究，以“总—分—总”的思路搭建全书的框架，主要研究内容包括以下方面：

首先，考察波英汉问句和答句的语法范畴。从承载疑问信息的疑问词切入，以具体语句为背景分析波兰语、英语问答句的性、数、格、时、体等形态语法范畴以及汉语问答句超形态的语法范畴。

其次，分别考察波英汉问句和答句系统。以波兰语问句和答句为主线，将波英汉的问句和答句逐词对应，“一对一”分解和整合考察相结合，考察波英汉问句的疑问范畴和疑问焦点，以及波英汉答句的语义类型和答句类型。

最后，讨论波英汉问答系统的共性和差异。立足汉语参照英语考察波英汉疑问表达和句法演变的共性和差异，考察汉语问答系统的扩展与偏离，以语言类型学的理论视野厘清差异，总结规律。

本书第一、第二章总体介绍本书的理论背景，其中第一章概述语言类型学研究，第二章呈现波英汉问句和答句的语法范畴；第三章到第六章分别研究波英汉的问句系统和答句系统，其中第三、第四章为问句系统考察，第五、第六章为答句系统考察；第七章总结规律，考察波英汉问答系统的共性与差异。

波英汉分别是印欧语系和汉藏语系不同语种的代表，这三种语言的使用范围横跨了欧亚的非同片的地理区域，尽管其横跨是以一种离散的、不连续的状态呈现的，但它们有着跨语种的诸多共性，本书从区域语言学和普通语言学理论的视角，思考人类认知、文化的共同性和跨地域语言联盟构建的可能性。

本书希望通过研究达到以下目的：

i. 改善学界对西斯拉夫语支认知薄弱的研究状况。由于经济、政治的原因，加上该语支本身结构的复杂性，因此波兰语在学界一直处于关注不够的地位。

ii. 为印欧语系的日耳曼语族和斯拉夫语族探寻类型学视角下跨语比较研究的路径。

iii. 扩充我国弱势外语语种的研究和教学资料。国内波兰语研究、翻译和教学的参考资料十分有限，本书有助于丰富多语语料库，为翻译学以及外语教学提供借鉴和参考。

iiii. 探寻多语研究的有效结合点。以波兰语这一区域性混合语言为研究对象，夯实语言学与人类学、政治学等交叉领域的理论研究。

目　录

第一章　语言类型学的研究内容和方法

当代语言学最重要的三大理论流派是形式语言学、功能语言学和语言类型学（刘丹青，2004：18；陆丙甫、金立鑫，2017：1）。寻求人类语言的普遍规律是这三者共同的理论追求，但在研究范式上它们的理念和方法各有不同。在寻找人类语言的共性和差异的道路上，形式语言学强调语言天赋的自主生成性，功能语言学强调语言交际使用、社会因素等语言外部因素的影响，而语言类型学并没有形式语言学和功能语言学那样明确的语言内或语言外的语言观，语言类型学家们在进行语言类型研究前就基本认定了语言之间既有共性也有差异，语言的共性和差异有些与语言系统本身有关，有些则与语言系统之外的因素有关。

第一节　语言类型学概述

一、语言类型学的研究任务

最早有关语言类型学的研究可以追溯到18~19世纪的德国学者施莱格尔（Schlegel）兄弟，他们发现，不同语言中形态丰富的词缀语素除了差异，还有着很大程度的共性。根据构词特点和有无词形变化，施莱格尔兄弟以及后来的德国历史语言学家施莱希尔（Schleicher，1821~1868年）把世界语言分为屈折语、黏着语和孤立语，这三种类型加上德国语言学家洪堡特（Humboldt,

1767~1835 年）在北美等地发现的由多个语素编插黏合而成的编插语（或称复综语），一共是四种。早期语言类型学对世界语言的分类是从词的外形和结构出发的，实际上是一种形态学（Morphology），故被类型学界称为“形态类型学”。

世界语言大致有 6000 多种，在如此丰富的语言中，行为主体（S）、行为主体所针对的对象（O）以及行为本身（V）是绝大部分语言所具有的三个成分，这三个成分在数学上可排列为 SOV、SVO、VSO、VOS、OVS 和 OSV 六种基本语序。Dryer（1991，1997）用这三个成分对 1228 种语言的语序进行了统计，发现具备这六种基本语序的语言有 1056 种，无基本语序的语言仅 172 种，他根据语序类型从多到少得出以下排序：SOV>SVO>VSO>VOS>OVS>OSV，其中使用最多的是 SOV，其次是 SVO（金立鑫，2019：81）。SOV 和 SVO 这两种语序几乎占了世界语言抽样统计总量的 80%，在基本语序的基础上，如果再考虑到名词短语、介词短语等一些限定性成分的语序，世界语言的多样性还会进一步增加，但理论上，人类语言应该至少有这六种基本语序，不过，类型学家们目前还没有找到足够多的证据来确定这些基本语序对解释人类语言的自然属性到底有怎样的重要意义。

虽然世界上的语言千差万别，但它们都具备人类语言的特征，因而具有内在的统一性，研究语言世界丰富多样的结构变化并探求人类语言的统一是语言学家面临的直接任务，人们把研究这些问题的语言学家称为语言类型学家，或简称类型学家。语言类型学家们对语言之间的共性和差异的研究称为语言类型学，或简称类型学。例如，语言类型学家们在发现世界语言在理论上有六种可能的基本语序后，他们就会提出这样的问题：这六种基本语序在世界语言地图上是一个怎样的实际分布？这些基本语序是平均分布的吗？如果不是，那么每种语序是一个怎样的分布频率？哪些或哪种语序最常见？对于这些问题，可能有下述回答：SOV 和 SVO 是优势语序，但这两种常见语序在分布上也存在显著区别，六种基本语序孰优孰劣不是随机任意的，世界语言的基本语序呈偏态分布，这种分布状况可能是由于某种或某些动因等。但随着跨语言研究的进展，语言类型学家们又会提出：到底是什么动因导致世界语言的基本语序以这些顺序来排列？于是，他们试图通过对两个或两个以上的结构进行比较，考察这些结构是否存在某种相关性以及这种相关性到底有多大，来探求人类语言统一性的根源。例如，通过考察介词分布与不同语序类型语言的关联，得出“动词前置语言往往使用前置词而不使用后置词”的结构共性的推断。

相关性是人类语言的重要特性之一，反映了人类语言之间存在着某种约束性：动词后置语言的语序倾向使用后置词而不用前置词，而动词前置语序则使用前置词而非后置词。至于语序与前置词/后置词为什么彼此约束，似乎没有理由，理论上后置词也能出现于动词前置语言，可在实际语言中我们又并没有见到这样的例子。因此，语言类型学家们就面临了这样一个直接的问题：这种约束性、相关性为什么总是存在呢？通常情况下，语言类型学家们的首要任务是鉴别和解释人类语言的面貌，即相对于那些不可能情况，解释人类语言的倾向性是什么。鉴于我们对人类语言丰富性、复杂性的有限认知，语言类型学家们认为，语言类型学研究不妨先缩小问题研究的范围，在回答“人类语言的倾向性”这一终极问题之前，当前语言类型学也许先要解决“相对于较小出现的可能性，人类语言更大程度的可能性会是什么”的问题。

要回答以上问题，语言类型学家们至少需要开展以下四个方面的工作：

i. 确定和鉴别所要研究的语言现象。

ii. 对所调查的语言现象进行分类。

iii. 对分类进行阐述并概括。

iiii. 对分类进行解释。

首先，语言类型学家们要从某种或某几种语言中选择具有类型学价值的结构来确定调查研究的对象，如疑问小词在不少语言中是一个很普遍的用法，要研究疑问小词的类型学特征就必须先考察疑问小词与语序共现情况。以基本语序为类型学特征的研究会引发很多实证和理论方面的讨论，于是语言类型学家们开始对世界语言进行初步分类，这种初步分类还很难界定人类语言错综复杂的混合属性，很大程度上只是基于研究者的直觉或前期科研的积累。若以有无疑问小词作为分类依据，世界语言就被分成了有疑问小词的语言和无疑问小词的语言两类。同理，若以上述六种基本语序为分类依据，世界上绝大部分语言就被大致分成了六类，区分六种基本语序类型并按这六种基本语序对世界语言进行分类就构成了语序类型学的研究起点。

其次，基于前两步的调查分类工作，语言类型学家们根据 SOV 和 SVO 这两种语序的优势表现概括出六种基本语序的正偏态分布。语言类型学这种阐述分析、概括预测的工作意义重大。

最后，语言类型学家们要寻找影响语序优势的因素，解释、回答人类语言的结构倾向。

二、语言类型学的研究视角

语言类型学继承了 18 世纪开始的传统语言类型学的研究对象——人类语言的类型，但在研究视角上有了全新的变革，不像传统类型学那样仅仅对语言进行形态上的分类，现代语言类型学关注不同语言之间或同一个语言内部不同结构之间的相关性，通过跨语言的调查和对比寻找语言共性。由于传统语言类型学不同于历史语言学，主要从语言内部来描述语言之间的发生学关系，不太考虑语言接触等语言外的社会因素，其描写性的历时研究无法解答人们对不同语言为何存在相关性的疑惑，于是关注非发生学关系的语言接触、语言演变的语言相似性研究成为现代语言类型学研究的重点。现代语言类型学致力于传统语言类型学不能解释的现象，其研究视角主要着眼于语言相关性和语言共性研究。

（一）相关性研究

相关性指的是语言成分之间的约束关系或条件关系，对前置词和动词前置语言使用关系的考察就是相关性研究。首先，语言学家们要根据基本语序规则来调查世界上的语言，考察前置词或后置词的隐现情况。世界语言的六种基本语序按行为动作（V）与行为对象（O）的前后位置可分为两大类型：动词在行为对象之前的语言分别是 SVO、VSO、VOS，我们称之为“动词前置语言”；动词在行为对象之后的 SOV、OSV、OVS，我们称之为“动词后置语言”。动词前置语言占人类语言的 75%以上，而动词后置语言仅占 1%左右。这两大类型与前置词、后置词有四种理论组合：①动词前置语言与前置词；②动词前置语言与后置词；③动词居中或动词后置语言与前置词；④动词后置语言与后置词。人类语言根据这四种组合被分成了四类。除了第二种情况，其他三种情况在人类语言中都有不同程度的存在（Song，2008：5），如：

例（1）Tzotzil 索西语（动词前置语与前置词）

a. ʔi-s-pet　lok'el　ʔantz　ti　t'ul-e

CMP-TER-carry away　woman the　rabbit-CLT

" The rabbit carried away the woman. "

b. xchiʔuk　s-malal

with　TER-husband

" with her husband"

例（2）Yoruba 约鲁巴语（动词居中语与前置词）

a. bàbá　ra　bàtà

father　bought　shoes

" Father bought shoes. "

b. ní ojà

at market

" at the market"

例（3）Canela-krahô 卡内拉—克拉厄语（动词后置语与后置词）

a. hũmre　te　rop　cakwĩn

man　PST　dog　beat

" The man beat the dog. "

b. pur　kam

field　in

" in the field"

其次，语言类型学家们对所做出的分类进行归纳，提出一个普遍性的观点，即动词前置语言大多使用前置词。而这个结论反过来又需要语言类型学家们对动词前置语言与前置词为什么存在这种潜在的关系做出解释，相关性研究就是对语言成分之间的潜在关系进行解释。

另外，相关性还有一个广为接受的含义，那就是不同语言在表达某一概念时具有某种结构上或语义上的相关性。传统语言类型学和现代语言类型学都重视这个层面的相关性研究，本书中的波英汉问答系统亦主要聚焦这个层面的相关性研究。世界上的语言几乎都有询问地点或方所的疑问词，尽管不同语言的疑问词的语音形式不同，但在概念表达和语义引申上由于相似而具有相关性，波兰语

“gdzie”、英语“where”和汉语“哪里”这三个表方所的疑问词的语义扩展因为一致而体现出相关性。

波兰语疑问词“gdzie”大致相当于英语的疑问词“where”，用于对人、事物所在的方位、场所以及事件发生的地点进行提问。同时，“gdzie”又不同于英语的“where”，英语“where”更笼统，凡是涉及地点、方位的都用“where”提问，但波兰语在不涉及动作方向的地点时才用“gdzie”，而在涉及动作方向的地点时则使用“skąd/dokąd”，如：

例（4）**Gdzie** jest Stare Misato?

where$_{FOC}$ it is old city

"Where is the Old City?"

“老城在哪里?”

例（5）**Gdzie** zwykle odpoczywasz?

where$_{FOC}$ usually you rest

"Where do you usually have rest?"

“你通常在哪儿休息?”

例（6）**Gdzie** będziecie mieszkać?

where$_{FOC}$ you will be live

"Where will you live?"

“你将住在哪儿?”

例（7）A **gdzie** miałaby spać?

and where$_{FOC}$ he would sleep

"And where would he sleep?"

“他将在哪儿睡觉?”

当说话人聚焦事件发生的源头并询问时，用“skąd”进行提问，其意相当于英语“from where”，如：

例（8）I **skąd** taka wysoka wilgotność?

and from where$_{FOC}$ this high humidity

"And where does this high humidity come from?"

“这种强烈的湿度是从哪里来的呢?”

例（9）**Skąd** przyszedł?

from where$_{FOC}$　he came

"Where did he come from?"

“他来自什么地方?”

“Skąd”从询问事件发生的源头扩展到询问事件、动作发生或完成的方式，这种语义引申的方式与英语、汉语的疑问词的语义引申是一致的，如：

例（10）A **skąd** wiedział，że będzie pasowała na jej palec?

and from where$_{FOC}$ he knew CONJ will　fit　on her finger

"And how did he know it will fit her finger?"

“他是怎么知道这适合她手指的?”

例（11）**Skąd** pan wiedział, gdzie jest klucz.

from where$_{FOC}$　you　you know　where　it is key

"How did you know where the key was?"

“你是怎么知道钥匙的位置的?”

询问源头的“from”和询问地点的“where”构成了波兰语“skąd”的复合语义。英语“from where→how”以及汉语“从哪里→怎么/如何”不仅在形式上都经历了从复合疑问词组到词的过程，在语义上也从询问地点引申为询问方式。

值得注意的是，“skąd”从询问方式方法又进一步引申出询问原因的意义，其引申路径与英语“from where→how→why”和汉语“哪里→怎么/如何→为什么”一致，如：

例（12）Poza tym **skąd** w tobie tyle agresji?

by the way　this from where$_{FOC}$ in　you　so much aggression

"By the way why are so much aggression in you?"

“话说你为什么那么好斗呢?”

而且，波兰语、英语、汉语的方所疑问词都有否定功能，在非疑问语境下都能引申出否定意义，这进一步体现了不同语言的相关性。波兰语疑问词“skąd”在疑问句中询问源头地点，在非疑问句中，表示否定义的“skąd”相当于汉语表否定义的“哪里”。如：

例（13）–Jak jest po rumuńsku " czekać" ?

how it is in Romanian waiting

–**Ską̦d** ja mam wiedzieć, jak jest " czekać" !

from where I I have know how it is waiting

" –How is ‘waiting’ in Romanian? –How should I know how to say ‘wait’ in Romanian!"

"—罗马尼亚语的‘等待’怎么说? —我哪里知道罗马尼亚语的‘等待’怎么说!"

例（13）中"Ską̦d"表示否定义，"Ską̦d wiedzieć"（哪里知道）相当于"nie wiedzieć"（不知道）。

（二）共性研究

"共性"是和"类型"相对的概念，类型是依据共性建立起来的较为特殊的集合体，而在集合体/类型之间表现出来的却是个体差异。语言个性和差异并不是语言研究的终极目标，语言学追求的终极目标是语言共性，即寻求语言和语言之间的差异本质上是由哪些极其有限的共性因素造成的。深入研究语言共性，需要依赖语言类型的工作。语言类型学家们需要先通过分类来揭示语言共性，他们观察不同语言类型的形式和规则，以发现哪些类型在我们的语言中更有普遍性、哪些类型不能被验证、哪些类型只能被部分验证。SOV、SVO 这两种优势语言类型揭示了语言共性和语言类型的密切关系，如果不对六种可能的基本语序类型进行调查，就无法发现这些语言结构的倾向性，也就是说，分类工作是阐释人类语言的重要前提，只研究一种或少数几种语言而得出语言倾向性的论断是靠不住的，语言类型学基于语言内部结构倾向性的语言共性研究需要调查数据的支撑并且具有统计学的属性。

同时，语言类型学根据逻辑学上的蕴含共性进一步揭示了语言共性与语言类型的共生交互关系。例如，动词前置语序蕴含了前置词的出现，逻辑学上用"$p \rightarrow q$"或者"$p \supset q$"来表达，这种蕴含关系反映了事物与事物之间的制约关系和条件关系，在形式逻辑中，p 是 q 的充分条件，"如果 p 则 q"逻辑模式存在四种可能性：

i. p 为真，q 为真：如果是动词居前语言，那么有前置词的使用。

ii. p 为真，q 为假：如果是动词居前语言，那么没有前置词的使用。

iii. p 为假，q 为真：如果不是动词居前语言，那么也会有前置词的使用。

iiii. p 为假，q 为假：如果不是动词居前语言，那么也就没有前置词的使用。

第（2）种可能性（p→-q）在现实语言中并不存在，我们可以排除这种逻辑可能性。同时，语言类型学不关心第（3）、第（4）这两种条件为假时的命题真假，它更多关注条件为真时人类语言的共性，即 p→q。要真实客观地阐述语言共性，就要确定这四种逻辑可能性是否存在于我们现实的语言中，而这些都需要基于语言类型学家们对人类语言的分类以及前置词、后置词分布情况的研究。

语言共性与语言类型的交互影响还强调基于类型学分类的共性表达。类型学意义上的分类，通常要求语言数据来自丰富的语种。语种大样本能够降低把非共性特征视为共性特征的风险。数量不多、众所周知的语言也许并不能真正代表人类语言的结构特征，例如，关系从句使用关系代词的现象在印欧语言中很普遍，但是科姆里（Comrie，1989：149）指出，关系代词在跨语言比较研究中其实是一个少见的类型。因此，仅基于印欧语系的某些语言就得出关系从句具有共性的结论是让人怀疑的。

考察不同语言在语序上是否存在共同点是语言共性研究的重点所在。名词层面的语序主要有：形容词与核心名词的语序（AN/NA）；指示词与核心名词的语序（DemN/NDem）；领属词与核心名词的语序（GN/NG）；数词与核心名词的语序（NumN/NNum）。在实际语料中，名词常常带有几个修饰语，而充当修饰语的代词、指别词、数词、形容词、名词等多项定语也需要遵循一定的规则排序。汉语、土家语和苗语分属汉藏语系下的汉语族、藏缅语族和苗瑶语族，彼此之间有共性也有差异，共性是这三种语言都存在修饰语位于核心词前后的情况。尽管现代汉语的修饰语几乎都在核心名词的前面，但修饰语在核心名词后面的构词特点还保留在一些名词性词汇中，如“马匹”“纸张”“船只”等。下面以滇东北苗语（王维阳，2005）和渝东南秀山、酉阳土家族苗族自治县的土家语（田德生、何天贞，1986：88）为例，说明苗语、土家语的修饰语与核心名词的语序（见表 1-1）。

修饰语和核心名词的语序有三种情形：第一种情形是中心语在后，这是苗语、土家语和汉语的名词性结构的语序共性；第二种情形是中心语在前，这类名词性结构在苗语和土家语中都普遍存在，这是苗语和土家语的语序共性；第三种情形是中心语居中，这类词性结构只存在于苗语中，这是苗语有别于土家语、汉语的语序差异。语序差异反映了语言的多样性，语言类型学家关注的是从多样性的语言中寻求语序共性规律。

表 1-1　苗语、土家语的修饰语与核心名词的语序

	苗语（以滇东北苗语为例）	土家语（以渝东南土家语为例）
中心语在后	Ku^{55}nie^{33} 我　母亲	si^{55}lan^{55}kʰa^{55} 花 被 子
	tsau^{35}tɛ^{51} ʐo^{12} 他们 个 寨子	ɕĩ^{21}phau^{35}tsho^{55} 茅草　房
	kau^{31}ɕau^{33} 十　年	kai^{35} wu^{35} 这　牛
中心语在前	tʂo^{33} tʂie^{54} 衣服 新	si^{55}pa^{55} miã^{55}tɕe^{55} 衣服　红　色
	ɕau^{33}ȵi^{55} 年　这	la^{21} kʰi^{55}li^{55} la^{35} zoŋ^{55} 鸳 鸯　一 对
	tw^{54}nw^{53}ŋkw^{12} 人 懒惰	tsi^{21} la^{35} su^{53} 饭　一　碗
中心语居中	lo^{54}la^{54} və^{54} 大　桥　石	
	lɛ^{55} ntoey^{33} ȵi^{55} 本　书　这	
	tɛ^{51} tw^{54}nw^{54} vai^{35} 个　人　那	

第二节　语言类型学的研究内容

语言类型学在进行跨语比较、寻找世界语言的共性特征时，主要涉及语序类型、格范畴和蕴含共性三大理论内容，对社会统计学、语法学、逻辑学等学科领域的研究方法进行了借鉴和综合运用。

一、语序类型研究

语序涉及现实语言中都有的三个主要成分 S、V、O，由形态研究转向语序研究是传统类型学发展为现代类型学的重要标志。语序，其英文表达是“word order”，直译成汉语是“词序”，汉语“词序”的概念仅涉及词与词之间的顺序，没有考虑到比词更小的语素顺序，也没有考虑到比词更大的短语和小句等结构单元的顺序，而语言类型学的“word order”是用来表达语言结构成分之间的先后顺序的，为了正确理解“word order”包含的类型学意义，学者们皆把“word order”表述为“语序”。“语序”这一术语最早由 Greenberg（1963）提出，但在当时并没有得到太大的重视，而后这一概念引发了语言学界有关验证人类语言特征的深入思考，为今天的语言类型学研究奠定了坚实的基础。

（一）基本语序

如何判定语言的基本语序？着眼于“基本”，语言类型学家们归纳出语用中性（Pragmatic Neutrality）、频率（Frequency）、标记（Markedness）三个标准。第一，语用中性指的是语序不依赖具体语境，Siewierska（1988：8）指出，当主语是确定的有生命的施事、宾语是语义受事、动词是可及物动作行为时，在很大程度上这种典型的“主—动—受”句子表现为语用中性，具有语用中性特点的直陈句子往往没有特定的语用功能，被优先视为基本语序；第二，衡量语序是否基本的另外两个标准是频率和标记（Hawkins，1983：12-16；Comrie，2010/1989：88），频率指的是频率越高越被优先视为基本语序；第三，标记是人类语言默认的优先模式，指的是无语法和无分布标记比有标记优先看作基本语序。

语序除指 S、V、O 这三者的顺序外，还指小句内其他成分之间的语序。在名词层面上，主要有形容词与核心名词的语序（AN/NA）、指示词与核心名词的语序（DemN/NDem）、领属词与核心名词的语序（GN/NG）、数词与核心名词的语序（NumN/NNum）、关系小句与核心名词的语序（NRel/RelN）、复数词与核心名词的语序（PlurN/NPlur），以及介词与名词的语序（PrepN/NPrep/PrepNPostp）等。在实际语料中，名词常常带有几个修饰语，而充当修饰语的代词、指别词、数词、形容词、名词等多项定语也需要遵循一定的规则排序。在动词层面上，主要有否定小词与动词的语序（NegV/VNeg）、介词短语与动词的语序（VAdpP/AdpPV）、助动词与主要动词的语序（AuxV/VAux）、系动词与述谓词的语序（CopPred/PredCop）等。在词的形态层面上，词内部语素间的顺序也按规则排列，名词有“格—数—词根”与“词根—数—格”、动词有“人称—语态—时—体—词根”与“词根—体—时—语态—人称”的镜像对立式的排序。

（二）共性原则

以 Greenberg（1963）为代表的语言类型家们基于 30 种语言样本，并结合观察 30 种语言之外的大量语言，归纳出 45 条可能的共性原则（Universal Grammar，GU），Greenberg 的 GU 原则有如下特点：

其一，语序原则是最重要的原则，45 条原则中有 25 条与语序相关，如 Greenberg 的共性原则的第一条、第三条和第十七条：

GU1：有 S 和 O 的陈述句，优势语序是 S 在 O 之前。

GU3：VSO 语言往往使用前置词。

GU17：VOS 语言的形容词在名词之后。

Greenberg 构建的共性原则都是无例外的，其目的在于发现严格条件下人类语言的变异，他指出，如果语言类型学家的首要任务是定义人类语言，那么就必须努力去寻求人类语言的无例外共性。

其二，语言类型学的共性原则采用逻辑蕴含形式“⊃”来表达事物之间单向的不可逆的相关关系，如 GU25。

GU25：如果代词宾语位于 V 之后，则名词宾语一定位于 V 之后。

Greenberg 指出，很难保证事物间的相关关系具有双向性，很多语言的代词宾语前置于 V 前，而名词宾语放在 V 后。例如，同为罗曼语族的法语、西班牙语和意大利语，这些语言的代词宾语放在 V 后面时，名词宾语都不会前置于 V 前，这就是为什么 Greenberg 蕴含共性原则只能是“p⊃q”而不是“q⊃p”。

其三，主张以不同视角来设定语序参项。为了推测未知语言的语序，Greenberg 语序类型的普遍规则 GU3、GU4 就是通过语序参项的设定而得出的：

GU3：VSO 语言往往使用前置词。

下面以位于不列颠岛西南的威尔士语（Song，2008：3）为例：

例（1）Welsh 威尔士语

a. Gwelodd y bachgen ddyn ddoe

saw the boy man yesterday

" The boy saw a man yesterday. "

b. trwy Gaerdydd

through Cardiff

" through Cardiff"

例（1）a 句展示了威尔士语是动词前置语言，b 句反映了威尔士语只使用前置词。

GU4：SOV 语言倾向于使用后置词。

南美洲 Canela-Krahô 为动词后置语言，该语言倾向使用后置词，如：

例（2）Canela-krahô 卡内拉—克拉厄语

a. hũmre te rop cakwĩn

man PST dog beat

" The man beat the dog. "

b. pur kam

field in

" in the field"

例（2）a 句说明 Canela-krahô 语是动词后置语言，b 句说明该语言使用后置词。

Greenberg 用语序参项来推断旁置词 adpositions（前置词 prepositions 和后置词 postpositions）的分布，见前文 GU3、GU4，而旁置词的分布也可用来推断属格与中心名词的位置，如 GU2。

GU2：使用前置词的语言，领属语几乎总是后置于中心名词，而使用后置词的语言，领属语几乎总是前置于中心词。

根据该条规则，不列颠岛的威尔士语只使用前置词，则领属语就该置于中心名词之后，而南美洲的卡内拉—克拉厄语只使用后置词，则领属语应该是置于中心名词之前的。

其四，阐释语素排列与语序的关系，扩展语序类型学的研究范围，如 GU27。

GU27：仅后缀语素的语言使用后置词，仅前缀语素的语言使用前置词。

现调查到的只有后缀语素或只有前缀语素的语言很少见，北欧斯维亚语

Svan 的次方言 Nak'ra-Laxamula 是使用后置词的语言，如：

例（3）a. čäž ädkinal däb-isga

horse-NOM it run-PST field-in

b. čäž-d ädkinal-e däb-isga

horse-NAR it run-PST field-in

" The horse ran in the field"

在例（3）a 的基础上，čäž 在 b 句添加了后缀语素-d 后由主格变成了叙述格（narrative case），ädkinal 后面添加了后缀语素-e 后仍然表达过去时的语法范畴，而这两个后缀语素的添加并不影响 b 句在该语言中的合法性，a、b 句都是可接受的（Harris & Campbell，2007/1995：326-327）。我们进而发现，Nak'ra-Laxamula 语有后缀语素，也使用后置词 isga，这符合 GU27。也就是说，例（3）使用后缀语素，也使用了前缀语素，谓语动词 ä-dk-inal 由“前缀语素—词根—过去时”构成，例（3）并没有排斥前缀语素与后置词同现，这似乎是 GU27 的例外。规则的例外会促使我们发现新的语言类型。

毋庸置疑，旁置词参项和 VO/OV 参项是语言类型学为语序原则确定的两个最基本的参项。

二、形态类型研究

形态类型关注词的结构以及词形变化所反映的语法范畴类型，是比语序类型更早的类型学研究。当时的类型学家根据词的形态把世界上的语言分成四种类型——屈折语、孤立语、黏着语和复综语，这种按词形变化程度的形态学分类曾在 19 世纪和 20 世纪初处于主流地位，之后一度被诟病，但形态学以世界上某个/某些普遍性语言形态作为研究参照的研究范式，仍然是语言类型学研究的核心内容之一。当前语言类型学在形态类型方面的成果主要是格范畴和一致关系。

（一）格范畴模式

格范畴也称“格标记”（case marking），反映的是名词、代词的语义角色或语义地位。Mallionson 和 Blake（1981）从 SOV 语言中取样 41 种，发现有 34 种格标志语言，Siewierska（1998）从 SOV 语言中取样 69 种，发现格标志语言 49 种，这些格标志归纳起来分为四类：主受格模式（Nominative-accusative）、施通格模式（Ergative-absolutive）、三分模式（Tripartite）和活动模式（AP/*S*）。语言类型学将 *S*、A、P 定义为格标志的三个语法—语义基元：用斜体 *S* 区别于 sentence 的 S，代表不及物动词唯一的核心论元，是不及物句子的逻辑主语；A 代表施事，是及物句子的逻辑主语；P 代表受事，是及物句子的逻辑宾语。如：

例（4）a. 张三娶了李四。

b. 张三结婚了。

例（4）a 句中“张三”是 A，“李四”是 P，b 句中“张三”是 *S*。在例（4）中，“张三”（A）、“李四”（P）、“张三”（*S*）均无格标志，称为格标志的零模式（Neutral）。零模式和上述四种模式如图 1-1 所示：

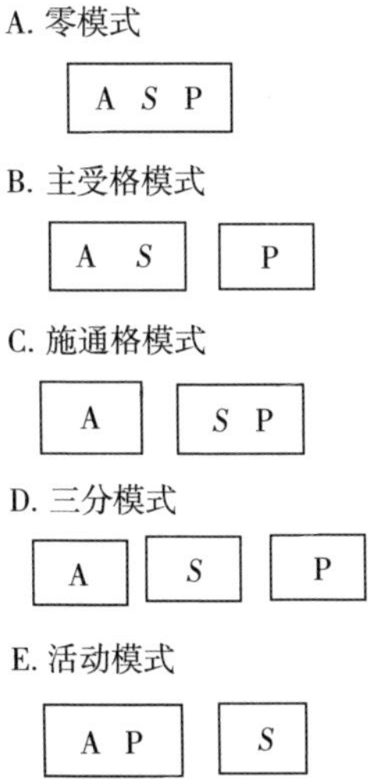

图 1-1　格标志的 5 种逻辑组合

1. 主受格模式

主受格模式的语言，A、*S* 使用相同的格标记，P 使用不同的格标记。如英语：

例（5）a. He　　bought　　them.

he-NOM-A　bought-PST　them-ACC

b. He　　smoke　　again.

he-NOM-*S*　smoke-PST　again

例（5）a 句“he”（A）、“them”（P），b 句“he”（*S*），其中 A、*S* 同格，P 使用了不同的格形式。

2. 施通格模式

A 使用有别于 P、*S* 的格形式，且 P、*S* 使用相同的格形式。Blake（1977：8）发现，澳大利亚的亚拉那戛语就是一种施通格语言，如：

例（6）Yalarnnga 亚拉那戛语

a. ŋia　　waka-mu

I-NOM-*S*　fall-PST

" I fell. "

b. kupi-ŋku　　ŋja　　taca-mu

fish-NOM-ERG-A　me-ACC-P　bite-PST

" A fish bit me. "

例（6）a 句中不及物动词的主语（*S*）和 b 句中动作行为的受事（P）都使用了相同的 ŋia，而 b 句的施事“kupi”（A）使用了有别于 *S*、P 的格形式-ŋku。

3. 三分模式

A、*S*、P 分别使用不同的格标志形式，以三分模式为格标记的语言很少，澳大利亚的土著语言哇库马拉常用来作为分析的例子。如：

例（7）Wangkumara 哇库马拉语（Mallinson & Blake，1981：1-50；Comrie，1989：125）

a. kaṇa-ulu　　kalka-ŋa　ṱiṱi-ṋaṋa

man-NOM-ERG-A　hit-PST　dog-F-ACC-P

" The man hit the bitch. "

b. kaṇa-ia　　palu-ŋa

man-NOM-*S*　die-PST

" The man died. "

例（7）man 在 a 句中为施事 A，其格标志为-ulu；在 b 句中为当事 *S*，格标志为-ia；dog 在 a 句是受事 P，格标志是-ṋaṋa。

4. 活动模式

活动模式是极少数语言用到的格标志模式，这些语言因为使用不同的时态，名词的格标志会发生从 X 到 Y 的变化。Comrie（2010/1989：125）曾发现伊朗境内有一种叫鲁斯兰语（Rushan）的语言，这种语言正在从早期的施通格模式向主受格模式迁移，这种变化仅须改变名词性成分的形式。帕米尔语是鲁斯兰语的原型语言，原型帕米尔语只有直格（Direct）和旁格（Oblique），这两个格根据现在时和过去时采用不同的形式，即现在时的情况下使用主受格模式（A*S*/P），过去时的情况下使用施通格形式（A/*S*P）。鲁斯兰语在过去时的情形下，A、P 各自使用不同的格标志，*S* 有时与 A 同格有时与 P 同格，在 A、P 之间流动。

（二）一致性原则

在 SOV、SVO、VSO、VOS、OVS 和 OSV 这六种基本语序中，格标记是确定名词性论元的标志，是鉴别施受等语义关系极其重要的语法范畴，而缺乏或没有格标记的语言，施受关系则需要借助词形变化和使用功能词等其他方式来辨别。六种基本语序中有四种语言（SOV、VOS、VSO、OSV）的 S、O 是彼此靠近的，如果不使用格标志的话，常常难以辨别施受关系，因此有形态标记的语言都倾向使用格标记将名词性成分的论元区分开来，如：

例（8）Tzutujil 楚图基尔语（VOS）

x-ø-kee-tij　tzyaq　ch'ooyaa

ASP-TER/SG-TER/PL-ate　clothes　rats

"Rats ate the clothes."

例（9）Japanese 日语（SOV）

boku　ga　tomodati　ni　hana　o　ageta

I　NOM friend　DAT　flowers　ACC　gave

"I gave flowers to my friend."

楚图基尔语的动词位于句首，动词词根-tij 前的-ø 和-kee 既表示动词和名词之间的语法功能和语义关系，也用来表示名词的人称和数，但由于后面的两个名词都没有格标记，其施受论元不容易区分，只能通过语境来判断。例（9）日语中名词后面的 ga、ni、o 分别表示前面的名词论元为主格、与格和宾格，格标记较为清晰。

SVO、OVS 是 S 和 O 之间有其他成分隔开的语言，尽管这两种语序的语言有 V 将名词性成分前后分开，但不少语言也要使用格标记。就 SVO 来说，它们对格标记的使用分三种情况：第一种，不使用格标记，如汉语；第二种，部分使用格标记，如英语；第三种，使用格标记，如波兰语。在汉语“张三打李四”和“李四打张三”中，“张三”“李四”这两个名词性成分没有可见的施受标记。在英语“The man laughed at woman”和“The woman laughed at the man”中，“man”和“woman”也没有可见的施受标记，可是在“He laughed at her”和“She laughed at him”中，则按论元所属语义角色的格范畴类型分别使用了主格 he/she 和宾格 him/her。波兰语名词性成分的论元角色都带有格标记，如：

例（10）Polsku 波兰语（SVO）

straciłam　faceta,　którego　kocham.

lost-PRI/SG-PST　man-TER/SG-ACC　who-GEN　love-PRI/SG

"I lost the man I love."

波兰语宾格位置上的名词一定会采用相应的宾格形式。例（10）中 facet 为阳性名词，在句中作宾语，词缀-a 是阳性名词作宾语的宾格标记。而且，如果作宾语的名词前有形容词，即“形容词+名词”作宾语，名词的宾格也决定其前面的形容词要用宾格，这就是格范畴的一致原则，如：

例（11）a. On　ma　sympatyczną　matkę.

he　has　affable-F--SG-ACC　mother-F-SG-ACC

b. Ja　mam　dobrego　brata.

I　have　nice-M-SG--ACC　brother-M1-SG-ACC

c. Ty　masz　ładnego　psa.

you-SG　have　nice-M-SG-ACC　dog-M2-SG-ACC

d. My　mamy ładny　samochód.

we　have nice-M3-SG-ACC　car-M3-SG-ACC

e. Oni　mają　małe　dziecko.

they　have　small-N-SG-ACC　child-N-SG-ACC

格关系保持一致只是格范畴一致性的内涵之一，格范畴的一致性还包括形容词在性、数等其他语法范畴方面也要与所修饰的名词保持一致。如例（11）中 a 句 matkę 是阴性名词，其前的形容词 sympatyczny 后面的词缀-ą，就是形容词的阴性标记；b、c 句的名词 brata、psa 分别是一类阳性、二类阳性名词，其前的形容词 dobry、ładny 后面的词缀 -ego 就是阳性标记；而 d、e 句的 samochód、dziecko 分别为无生命阳性名词、中性名词，其前的形容词则采用了原形形式，即零性或中性标记。

修饰名词的形容词在数的范畴上也要与名词保持一致。上例名词是单数，故前面的形容词也是单数，如果作为中心语的名词是复数，那么修饰名词的形容词也必须用复数，如：

例（12）a. sympatycznym　　nauczycielem

affable-M-SG-INSTR　teacher-M-SG-INSTR

b. sympatycznymi　　nauczycielami

affable-M-PL-INSTR　teacher-M-PL-INSTR

例（12）中 a 句 nauczyciel 是阳性名词工具格的单数，前面的形容词 sympatyczny 除用阳性工具格形式外，也是单数形式；b 句 nauczyciel 后面有复数标记 -ami，它前面的形容词 sympatyczny 也必须加上复数标记-(m)i 的词缀。

三、语言共性研究

语言类型学研究不同类型语言的语法特点并对语言共性加以概括。语言共性涉及语言的共享特征，有非限制性共性和限制性共性两种表述类型。语言共性用来说明给定范围内的某个语言的特性完全分布，具有周遍性质，如：

a. 所有的语言都有元音。

b. 对于所有的语言，如果有浊音 b，那么一定也有清音 p。

其中，a 涵盖了所有语言的共性，是最简单、最具有预测性的表述类型，属非限制性共性，也称非蕴含共性。b 除了给定周遍性范围，还给定了共性表述的限制条件，让我们可以辨明人类语言的某个子集的存现与否有确定无疑的分布，这就是限制性共性，也称蕴含共性。现代语言类型学最突出的贡献就是把古典类型学对不同语言要素的相关性观察变成了明晰的蕴含共性（刘丹青，2004：29）。蕴含共性理论在经历了半个多世纪的构建后，逐渐形成了一套科学的推导方式，致力于对世界语言的类型进行形式逻辑上的验证。

（一）四缺一逻辑式

Greenberg（1963）以 30 种语言为调查对象，建立了许多与语序有关的重要共性。Greenberg 得到的蕴含共性有两种逻辑表达形式：一种是蕴含命题，另一种是四缺一逻辑模式。

逻辑学中的蕴含命题是这样的：如果 A，那么 B。有 A 则有 B，有 B 却不一定有 A，A 是 B 出现的充分条件。例如：如果下雨了，那么地面是湿的。下雨是地面湿的充分但不必要条件，原因是，如果不下雨，地面也可能是湿的。根据数学上的排列组合，这样一个“若 A 则 B”的逻辑蕴含命题可以有四种可能性：A 真 B 真、A 真 B 假、A 假 B 真、A 假 B 假。这四种可能性中，第二种可能性是不存在的，语言类型学将这四种可能性纵横排列，称为四缺一逻辑模式，也叫四分表（见表 1-2）。

表 1-2　蕴含共性的四缺一逻辑模式

	B	-B
A	+	-
-A	+	+

在形式逻辑中，如果 A（比如下雨）是 B（比如地面湿）的充分条件，那么可能存在四种可能性：

i. A 真 B 真：AB（下雨，地面湿）。

ii. A 真 B 假：A-B（下雨，地面不湿）。

iii. A 假 B 真：-AB（没下雨，地面湿）。

iiii. A 假 B 假：-A-B（没下雨，地面没湿）。

这四个逻辑命题中只有第二个（A-B）是假，也就是说，上面四个命题组成的逻辑真值表缺少 A-B 这种组合形式，而只具有其他各种组合形式的四缺一模式。我们以屈折动词与特指疑问词蕴含关系（Greenberg，1963：111）为例，可以用四缺一模式表述出来（见表 1-3）。

表 1-3　屈折动词与特指疑问词蕴含关系四缺一模式

	特指疑问词在句首	特指疑问词不在句首
屈折动词在主语前	+	-
屈折动词不在主语前	+	+

上文四缺一模式所表现的规则是：当一种语言的屈折动词居于主语之前时，那么这种语言的特指疑问词通常居于句首，不存在这样的可能性，即屈折动词在主语之前而特指疑问词不在句首。屈折动词不在主语前时，特指疑问词可以在句首，也可以不在句首。

因此，四缺一模式被认为是逻辑蕴含关系最简单、最直观的表现形式。

（二）蕴含共性的推导方式

蕴含共性一定是发生在一个以上的事物之间，通过 A 和 B 的蕴含共性来推测 C。Greenberg 提出的蕴含共性原则，有的是以普遍现象推导出某种具体现象（即一般→个别），如：

GU5：SOV 语序且领属语位于核心名词之后，那么形容词也位于名词之后。

而有的则是以具体现象推导出普遍规则（即个别→一般），如：

GU21：如果某种语言的副词位于形容词之后，那么形容词也位于名词之后，其优势语序是 V 位于 O 之前。

语言类型学强调语言样本的多样性和现实性，认为"个别→一般"的归纳过程比"一般→个别"的演绎过程更有价值（Moravcsik，1997），GU21 相比 GU5 就体现了这一观点。

（三）蕴含共性理论的发展

Greenberg（1963）提出的蕴含共性理论是单向的、无例外的语序共性，反映了语序客观上的不对称。在语序例外的情况下，单向的、无例外的理论无法包打天下，Greenberg 也发现了这一矛盾，他在提出蕴含共性时就直陈 SVO 与 VSO、SOV 语言存在交叉情况，例如，在阐述介词的分布位置时，他指出 PrN 和 NPo 这两种语序在 SVO、VSO、SOV 都有体现，因此有学者（刘丹青，2004：45）指出，Greenberg 的蕴含共性理论一开始就存在优势语序与语序和谐有所矛盾的两个方面。作为 Greenberg 蕴含共性理论的继承者，Hawkins（1983）完善了单向性无例外的语序共性理论，Dryer（1991，1997）则发展了 Greenberg 的语序和谐理论。

Hawkins（1983：319）极大地扩充了 Greenberg 的 30 种语言样本，他采用 336 种语言样本来统计语序共性，用科学计量的方法将验证共现与预测共现区分开来。Hawkins 的主要贡献之一是使用理论原则来解释违背语序类型的反例，他提出了两个相互关联但彼此对立的原则——恒定序列原则（the Heaviness Serialization Principle, i. e. HSP）和迁移原则（Movility Principle, i. e. MP），认为蕴含和分散是两种不同类型的共性，后者只是延展了语言共性研究的量化维度。为了使语言量化更客观、更精确，Hawkins（1980：210；1983：Chapter 4）提出了跨范畴和谐原则（the Principle of Cross-Category Harmony, i. e. PCCH）并用其解释 Greenberg 原始样本和他自己的扩充样本中的语序共性。他认为，对语序相关性的解释实际上也是对语序共性解释的寻求，两者在某种程度上可以通过十分简单的运行原则予以解释。他的“最初直接成分原则”（the Principle of Early Immediate Constituents, i. e. PEIC）指出，语序相关性或者语序共性在真实语言中体现为快速有效地处理信息。在基于语言成分按一定顺序排列的假设下，PEIC 认为，内在的句法结构或两两组合的最小直接成分在现实语言中能被快速有效地辨识出来（Hawkins，1994）。成分排列不同，其结构复杂度也不同，复杂结构影响人们辨识直接组成成分的效率。人类语言的基本语序是信息处理最快、最高效的顺序，反映的也是语言实践的惯例和最佳顺序。

Dryer 则赞同 OV/VO 是人类语言最基本的两种语序类型，他对基本语序的研究也体现了这一思想（Lehmann，1973，1974；Vennemann，1973，1974）。他的观点基于两个目标：①确定与 V、O 语序相关的对子成分语序；②解释 V、O 语序与对子成分的语序为什么具有相关性，也就是说，寻求语序与对子成分和谐对应的解释。他对 Lehmann 和 Vennemann 所推崇的“中心词理论”（the Head-Dependent Theory, i. e. HDT）提出质疑，认为尽管 HDT 能解释名词和领属语、动词和方式状语等 6 对成分，但实际样本中还有一些与 V、O 没有任何关联的对子成分语序与 HDT 的预测是完全相反的。于是，Dryer（1991：18-108）提出了基于词组和词汇语序一致性的“分支方向理论”（the Branching Direction Theory, i. e. BDT）。BDT 对语序的推测是：右分支语言的词组范畴在词汇范畴的后面，左分支语言的词组范畴在词汇范畴之前，VO 语言和 OV 语言根本的区别就是它们在分支方向上是相反的，前者是右分支，而后者是左分支。图 1-2 的三角形表示分支/词组范畴。

BDT 模型是 Dryer 用来解释语序和谐对应的一个假说。这个假说认为，一种语言倾向于向同一方向分支，即不可分支的词汇单位在一侧，可以分支的词组单

（13）English

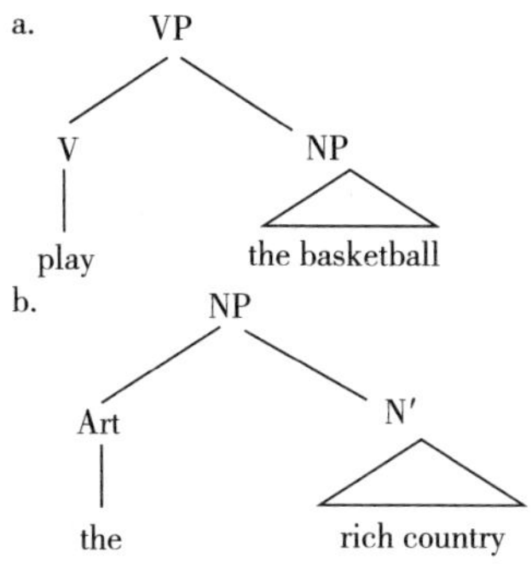

（14）Korean

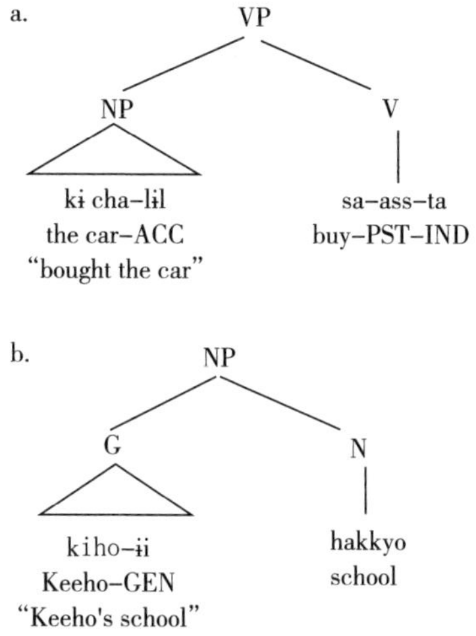

图 1-2　词汇与词组单位的分支方向

位在另外一侧。他的理论似乎可以较好地解释和谐功能的作用范围，即 Greenberg 提出的交叉类似现象。但是，Dryer 的 BDT 模型仍然有不少不尽如人意的地方，证据之一是他没有对 NumrN & NNumr 这一对子成分进行分类，观点也前后矛盾。BDT 模型在逻辑上能表达英语 AdjN 的相反语序 NAdj，可是至于英语中为什么没有 NAdj 这种语序，BDT 无法做出解释，Dryer 后来对 BDT 进行了修订，相继提出了"修订的分支方向理论"和"替换的分支方向理论"，不过仍有人（刘丹青，2004：56）认为，Dryer 强调的语序和谐只是语序共性的一个方面，DBT 只关心结构的层次问题，而不关心结构的关系类别，所以 Dryer 的原则不能成为语序共性的总原则。

第三节 语言类型学的研究方法

语言类型学探求世界语言的共性，尽量多地考察不同种类的语言并进行跨语比较，这个过程所包括的搜集、统计、比较和归纳等环节决定了现代语言类型学的研究路径一定不是单一的，而是一个交叉了多种实现手段的综合集成路径。其中，田野调查、语义地图和多维尺度是现代语言类型学的主要研究方法。

一、田野调查法

语言样本是语言类型研究的基础，确凿可信的语言样本大多是通过跨语言的田野调查得到的。语言样本的搜集整理工作是语言类型学研究的起点，因此，田野调查从来都是跨语言比较研究不可缺少的手段，是语言类型学一切研究方法的基础。田野调查包括语料搜集、语料调查的内容以及语料分析技术等工作。

首先，要做好语料搜集工作。

语料搜集的方法主要有引导式提问、观察和非文字刺激。

引导式提问是最基本的方法。针对一门从未被系统、深入地记录和研究过的语言，在做一个从单词、句子到长篇语料的初步描写时，往往采用引导式提问的方法。这种方法受调查者控制，以翻译词汇表、语法句或由调查者主导的采访活动为主，是一种被设计、被布局的不自然或者半自然的沟通活动。核心词是各民族语中最基本核心的词汇，没有借词成分，排除了借词的干扰，调查者通常使用斯瓦迪士核心词列表，用引导式提问对不同语言的词汇及语音做比较研究。但对一些语种复杂地区的语言研究，比如藏缅语族语言，调查者们会使用大一些的调查词汇表，如《藏缅语语音和词汇》（藏缅语语音和词汇编写组，1991）和《藏缅语族语言词汇》（黄布凡，1992）。

使用引导式提问的好处是，调查者能引导调查朝预测方向推进，并通过提问获得研究所需的负面证据及产生大量结构；弊端是，以引导式提问来翻译词汇表，只能记录那些被调查的语言与媒介语言都共同具有的概念，引导式提问还容易受媒介语的影响，通常有误解的风险，而且用直接提问方式搜集的词汇名词偏多，动词和其他词类偏少，独特的、抽象的语言现象很少，另外，要做到有效的引导式提问，还需要田野调查者在如何构建上下文、如何提问以及如何解释答案等方面对所调查的语言与调查方法有较全面的了解。

观察是调查者在搜集语料时为补充引导式提问的不足而采用的辅助方法。采用该方法时，调查者不介入语言活动，而是作为旁观者观察被调查的语言在真实自然状态下的沟通活动，调查者通过观察有上下文信息的自然语料，发现新的结构。不过，观察是在随意场景下发生的，语料零散，不提供负面证据，最后实际可用的例句少，所调查的结构在不同类型的文本中有不同的出现频率，存在不便于统计的缺点。

非文字刺激是在缺少引导式调查技巧或缺少田野调查经验和时间的情况下较为理想的方法。调查者在调查具体事物时，为减少媒介语的影响，采用非文字刺激的手段来补充媒介语没有而调查语言存在的语言现象。非文字刺激的手段包括图片、绘画、视频、表演等形式。使用该方法搜集语料的好处是：①避免了媒介语的影响；②用图片、视频等非语言方式给被调查者提供了他要表达的明确内容，因此可以把误解的风险最小化；③可以让被调查者很自然地产出大量结构，包括使用率很低的词语；④通过对图片等非文字形式的调整，调查者可以对语料进一步探测，得到理想的数据；⑤可以针对不同的说话人采用同样的非文字刺激，通过比较得到一个更为客观准确的结果。德国马克斯—普朗克学会心理语言学院开发的“演化人类学：田野语言学的类型学工具”（http：//www. eva. mpg. de/lingual/tools-at-lingboard/tools. php）和“心理语言学：L &C 田野手册与刺激素材”（http：//fieldmanuals. mpi. nl/）为非文字刺激的田野调查提供了不少很有参考价值的图片、视频资料。

其次，要确定田野调查的具体内容。

田野调查的两大内容是语音调查和形态句法调查，其对应的研究领域分别是田野语音学和形态句法学，主要工作内容是使用某个现有的词汇表录音、记音、归纳音系，以及选取长篇语料语段的例句、提取词语并进行语法标注。

语音调查方面，包括辅音的记录与描写、元音的记录与描写、声调的记录与描写，以及音位与音系归纳（见图 1-3）。

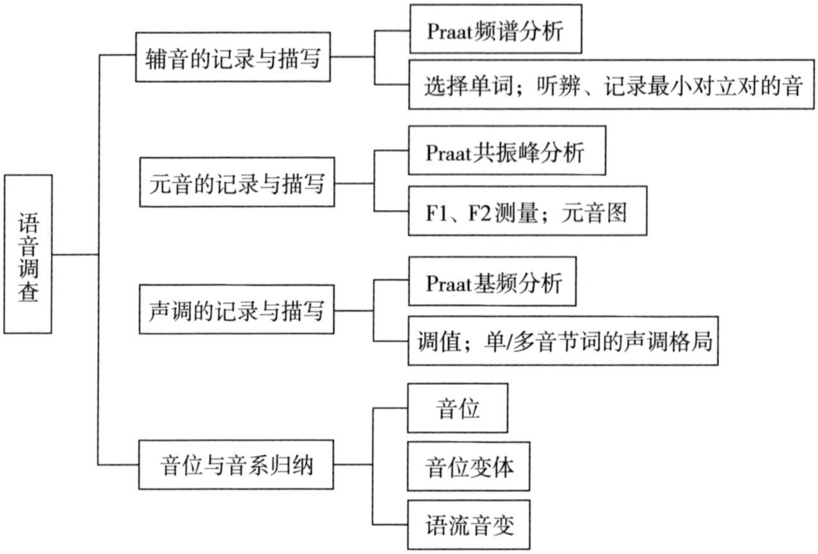

图 1-3　语音调查的内容

形态句法方面，形态涉及语素、词的内部结构和构造规则，具体内容包括用问卷确立时/情态/体等语法范畴并进行语法标注；句法涉及词语顺序、词或词类之间的联系、句子组织方式，以及句子组成部分与小句联系方式等（见图 1-4）。

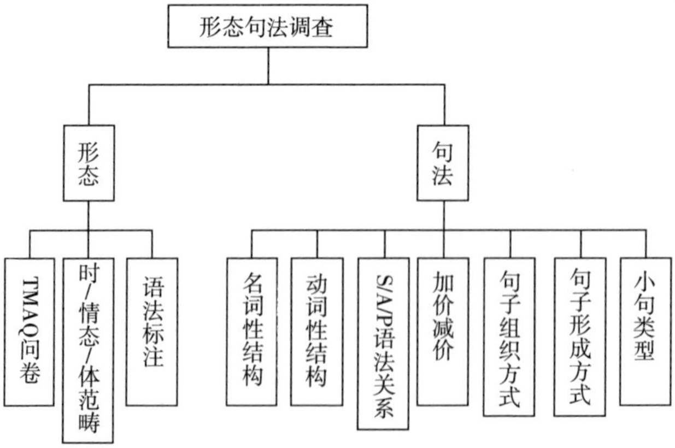

图 1-4　形态句法调查的内容

语法标注是形态句法研究的核心。目前，类型学界基本上依据莱比锡标注系统（the Leipzig Glossing Rules）采用三行标注的范例形式标注对象语言。第一行是对象语言的国际音标记音，第二行采用行间标注的形式进行逐词标注，第三行是句子的相应翻译。其中，第二行标注使读者能够追踪到原始文本和翻译文本之间的关系，明确地展示被描述语言的结构，方便语料的归类、储存和分析，因此最为重要。在标注对象、形式和体例上，莱比锡系统都做了一系列明确的规定，例如，具有语法意义的屈折词缀才需要标注，被标注词与标注词之间要垂直对应，例句行和标注行之间要以词为单位上下靠左对齐，语素之间对应，用短横线“-”隔开，语法标签采用小字号大写字母的缩写形式和采用下标形式标注语法意义等。同时，莱比锡标注系统也考虑到了不同语言在语法范畴上存在差异，所以特别指出，范畴标签不限于它列出的标签形式，标签的缩写形式可以和它附录中列出的有所不同。

最后，要采用合适的语料分析工具。

获得田野调查的原始语料后，就要选择合适的分析工具进行语料分析研究。语料分析就是语料标注，即对原始文本逐字（词）地解释、翻译和说明。一般来说，语料标注包括：①采用国际音标或国际通行的转写系统进行（同步）注音转写；②对译/直译；③自由翻译；④内容说明、意译注释等。目前执行语料分析的技术工具主要有 Praat、Flex 和 Elan 这三个软件。这三个软件都可用于语料标注，各有针对性的功能，如表 1-4 所示。

表 1-4　语料分析的工具及功能

	适用语料	软件功能
Praat	音频	语音分析
Flex	文本	文本分析；词典编纂
Elan	音频、视频	文本分析

从表 1-4 可以看到，Praat 是做语音分析的软件，无法做文本、语法分析，所以不太适合做语料标注。Flex 处理文本语料的功能十分齐全，具有输入词汇信息、编纂词典、文本分析以及通过标注文本实现各种查询和统计分析的强大功

能。Elan 是记音的有力工具，能标注音频、视频等媒体文件，通过选择标注段，可实现对媒体文件任何时段的浏览和播放。

Flex 或 FLEx 的全称是 Fieldworks Language Explore，是由美国国际语言暑期学院（Summer Institute of Linguistics，SIL）开发的一款软件，专门用于田野调查时的文本分析、语料标注以及辞典编纂。由于 Flex 没有与音频/视频文件发生直接关系，但功能又很齐全，因此南开大学外籍专家齐卡佳创新性地把 Elan 和 Flex 结合起来使用，其具体流程是：①Elan 语音转写，用 Elan 软件以国际音标或国际通行的记音转写系统标注媒体语料的第一层；②Flex 文本分析，即把 Elan 的标注文件导入 Flex，利用 Flex 进行逐词标注、添加相应翻译和注释；③Elan 进一步标注，即把标注完的 Flex 文件导入 Elan，完成媒体语料的标注。

二、语义地图构建法

基于认知理论相似性原则之一的联系项原则，语义地图最早由 Anderson（1982）提出。其主要理念是，如果某个语法形式对应多重功能或意义，而且这种现象在不同语言里也一再出现，那么这个语法形式与概念的关联一定不是偶然的，应该是普遍且系统的。语言类型学家们认为，联系项原则可能反映了人类语言的共性，被用来解释在一对多的形式中所发现的某些共性，即通过构建彼此勾连的语义网络来展示多功能形式在语义远近上的相关程度和蕴含关系。因此，语义地图是一种分析多功能语法形式与语法意义关联模式的方法，它既可以分析语言内部的语义与形式的对应关系，也可以用来分析不同语言之间在形式与语义之间的差异和共性。

Croft（2001：96）首次提出“语义地图连续性假说”，将有关联的语义表征在一个连续的区域（即概念空间）。在这个概念空间上，有些语言的形式与概念之间的关系是相同的，也有一些语言的形式与概念之间的关系与其他语言不太一样，有些区域交叉而有些又是重叠的，这种类似地图的直观方式，能表现不同语言之间的共性和差异。语义关联是构建语义地图最基本的原则，因此 Croft 将语义的连续性作为验证语义推导所必须满足的前提假设。

Croft（2003）用语义地图展示了某些语言的语法化过程，并提出语义地图能表达蕴含、等级等关联性的思想。Haspelmath（2003）介绍了语义地图的绘制方法，自此，语义地图成为语言类型家描写、分析语料的重要技术手段，以及用来阐述语言形式与意义功能的关系的重要工具（陆丙甫、金立鑫，2017：263）。Haspelmath（2003：213）构拟了一个与格介词的语义地图，如图 1-5 所示。

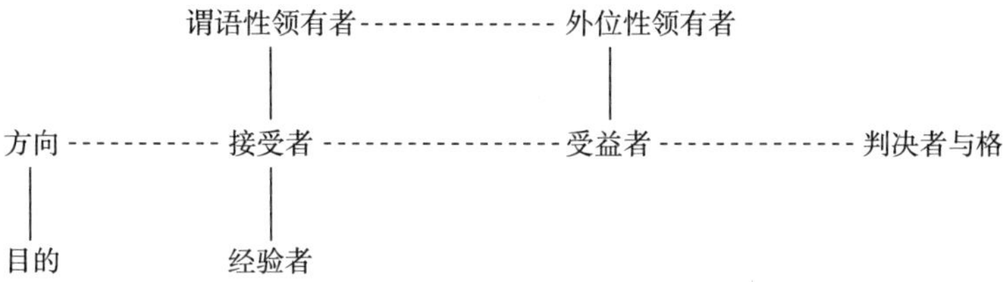

图 1-5　与格介词的语义地图

在这个语义地图中，英语与格介词“to”所表达的概念空间是“目的—方向—接受者—经验者”，法语介词“à”所表达的概念空间是“方向—接受者—经验者”，这两个概念空间都是连续的，符合语义地图连续性假说，说明语义推导是没有问题的。根据语义地图连续性假设，如果英语“to”有表达“目的”和“接受者”的功能，那一定就会有表达“方向”的功能，或者说如果英语“to”或法语“à”有表达“方向”和“经验者”的功能，那一定就会有表达“接受者”的功能。通过语义地图，语义之间的关联和不同语言语义功能之间的蕴含关系就能很直观地表达出来。

三、多维尺度分析法

语义地图能直观呈现语义的关联性，但是这个方法无法表现各个语义项目之间的关联强度、频率，更无法准确反映各节点之间的空间距离以及支持节点距离背后的理论意义。于是，语言类型学家们开始尝试用多维尺度分析法（Multidimensional Scaling，MDS）来取代传统的语义地图分析法。MDS 借鉴统计学处理数据的方法，从描述统计和推断统计两个层次对数据进行分析。MDS 通常借助 SPSS 统计分析软件，用 SPSS 构图之前，需要弄清数据类型，不同类型的数据，处理方法不同。MDS 的数据通常是分类数据，对分类数据做出分类整理后，统计分析软件会呈现分类数据所涉及的频数、频率、比例等统计量，能呈现数据的集中趋势、离散程度和分布形状等数据分布特征。MDS 分析语言数据，运用统计学功能对样本进行总体推断、参数估计和假设检验，通过多因素方差分析、相关与回归分析、聚类和因子分析等手段来分析变量之间是否存在相关性、相关强度，以及变量之间是否存在互相影响。

世界上的语言都有疑问词疑问语义的组配现象，这是共性，但不同语言疑问语义的表现形式和组配方式又是不一样的，这是差异。基于统计学方法的语言样本整理和分析，不仅适用于语言之间的比较研究，也适用于某种语言的变量之间的影响分析。例如，我们研究汉语双重疑问词的语义组配及对疑问语义的影响，首先，要确定汉语疑问词的类别和数量。我们用函数式 $Y=f(x_1, \cdots, x_m, z_1, \cdots, z_n)$ 描述疑问词与疑问语义的相关关系，疑问代词（x_1，…，x_m）和疑问副词（z_1，…，z_n）同为输入变量，是影响疑问语义（Y，输出变量）的属性变量。其次，建立 SPSS 数据集。将疑问代词定义为影响疑问语义的第一个属性变量，给变量赋值“谁=1”“什么=2”“哪里=3”“怎么=4”“多少=5”（x_1，x_2，x_3，x_4，x_5），将疑问副词定义为疑问语义的第二个属性变量，给变量赋值“询问类=1”“测度类=2”“反诘类=3”（z_1，z_2，z_3），编制疑问副词与疑问代词的交叉列联表，将疑问词组配数据输入 SPSS 的数据视图中。最后，利用降维方法，将变量与变量之间的联系同时反映在一张二维或三维的对应分布图（散点图）上，对应分布图使联系密切的类别点较为集中，使联系疏远的类别点较为分散，通过观察对应分布图去直观把握不同变量类别的相似性和选择倾向性。

第四节　本章小结

现代语言类型学基于传统语言类型学，其研究对象不限于有源流关系的亲属语言，还包括没有发生学关系的非亲属语言。现代语言类型学的主要任务是寻找世界语言所具有的共性规律，研究追求是解释性的共时研究而非传统语言类型学的描写性历时研究。以跨语比较考察不同语言之间的相关性和共性是现代语言类型学的主要研究视角。

语言类型学的研究需要语言类型学家们尽量多地占有不同语言的材料，需要借鉴统计学、逻辑学等其他学科的方法进行跨语比较，对人类语言的共性规律进行科学的实证研究。语序类型、形态类型以及语言共性的逻辑验证构成了语言类型学科学性的核心内容。语序类型着眼于人类语言的基本语序和语序的共性原则，形态类型聚焦格范畴和语法结构关系的一致性。蕴含共性的逻辑表达、推导方式以及不断完善的蕴含共性理论表明，语言类型学家们通过推演语序规则并对规则进行证实或证伪而将人类语言的研究真正立足于实证科学的基础之上。语言类型学在实现解释性而非描写性的研究追求上，需要运用田野调查、语义地图和多维尺度分析等科学研究的方法，这体现了现代语言类型学对传统语言类型学的超越。

第二章 波英汉问答句的语法范畴

语法范畴之范畴，是指通过词形变化来反映语法结构关系的语法意义的类的聚合。波兰语是典型的屈折语言，有性、数、格、时、体、态、人称、级等语法范畴。这些语法范畴是波兰语用来实现语法关系的不可缺少的形态手段。这种以词的形态变化反映语法关系的语言是综合性语言，波兰语的语法范畴是综合性语法范畴。英语也是屈折语言，但英语在世界范围扩张的同时，吸收了世界各地语言的非形态手段，现代英语用来表达语法关系的词形逐渐简省并日趋向缺少形态变化的分析语靠拢，因此英语的语法范畴是一种过渡性的语法范畴，是“综合—分析”性语法范畴。汉语缺少形态变化，其语法关系主要是依靠虚词和词序来实现的，所以汉语的语法范畴是分析性语法范畴。综合性、“综合—分析”性、分析性这三种语法范畴在波兰语、英语和汉语的问句系统中各有体现。

问句和答句构成语言沟通的基本单元。本书考察的问句系统着眼于传疑功能，以负载疑问信息的疑问词和疑问句式为研究内容，答句系统着眼于传信功能，以波英汉的陈述句式为研究内容。跟大多数语言一样，波兰语的问句是通过疑问词和句尾疑问语气来负载疑问信息的，疑问语气是超句法成分，不在本书研究范围内，本章第一节从疑问词切入，以波兰语问句系统的语法范畴为主线，对承载问句疑问信息的疑问词进行波英、波汉的语法形态比较，第二节以跨语言的视角，从汉语时体范畴切入，阐述语法范畴的语言类型学特征。

第一节　波兰语问答句的语法范畴

本节首先着眼于波兰语疑问词，考察波兰语问句的性、数、格等与名词有关的语法范畴，其次讨论波兰语答句的时、体等与动词有关的语法范畴。

一、波兰语疑问词的类别

波兰语的疑问词按格位变化，分为有格位变化的疑问词和无格位变化的疑问词。有格位变化的疑问词在词性上为名词性、形容词性、数词性的疑问代词，无格位变化的疑问词为副词性的疑问代词。另外，波兰语的疑问词还包括承载疑问语义的疑问小品词。波兰语有形态变化的疑问代词属静词。波兰语为静词的疑问代词有以下三类：

（1）名词性的疑问代词：kto/kogo/komu/kogo/kim（谁）；co/czego/czemu/czym（什么）。

（2）形容词性的疑问代词：jaki（什么样的）；który（哪个的）；czyj（谁的）；及其 6 种变格情况下的单数阳性、阴性、中性和复数男性、非男性等各种形式。

（3）数词性的疑问代词：ile（多少）；及其 6 种变格情况下的复数的男性、非男性等形式。整理如表 2-1 所示。

表 2-1　波兰语的静词性疑问代词及各格

格	名词性质		形容词性质						数词性质
	kto	co	jaki		Który		czyj		ile
			单数	复数	单数	复数	单数	复数	复数
1	Kto	co	jaki jaka jakie	jacy jakie	który która które	którzy które	czyj czyja czyje	czyi czyje	ilu ile

续表

格	名词性质		形容词性质						数词性质
	kto	co	jaki		Który		czyj		ile
			单数	复数	单数	复数	单数	复数	复数
2	Kogo	czego	jakiego jakiej jakiego	jakich	którego której którego	których	czyjego czyjej czyjego	czyich	ilu
3	Komu	czemu	jakiemu jakiej jakiemu	jakim	któremu której któremu	którym	czyjemu czyjej czyjemu	czyim	ilu
4	Kogo	co	jakiego jaką jakie	jakich jakie	którego którą które	których które	czyjego czyją czyje	czyich czyje	ilu ile
5	Kim	czym	jakim jaką jakim	jakimi	którym którą którym	którymi	czyim czyją czyim	czyimi	ilu iloma
6	kim	czym	jakim jakiej jakim	jakimi	którym której którym	których	czyim czyjej czyim	czyich	ilu

副词性的疑问代词有：

kiedy（何时）；gdzie（哪里）；skąd（从哪里）；dokąd（去哪里）；jak（怎么/怎么样）；jak dawno（多早）；jak długo（多久）；jak dużo（多少）；jak daleko（多远）；jak bardzo（多么）；jakby/jak gdyby（怎么样的方式）；dlaczego（为什么）。

另外，波兰语疑问词还包括语气词性质的疑问小品词 czy、连词性质的小品词 czy/lub 和表示不确定性建议的小品词 może（要不）。

二、波兰语疑问词的格位变化

波兰语名词性的、形容词性的和数词性的疑问代词都有变格要求，如：

例（1）Myślicie，że tu pracują wyłącznie idioci，że nie wiemy，kto **komu** brudne

you think CONJ here work only idiots CONJ not we know who whom dirty

你们想（连词）这里工作 只有 傻子（连词）不 我们知道 $谁_1$ $谁_2$ 脏

palce wkładał w ranny bok?

fingers been putting into wounded side

手指 放进 在里面受伤的 侧面

"Do you think that only idiots work here, that we do not know who put his dirty fingers in the wounded side?"

“你们以为在这儿工作的都是傻子,以为我们不知道是谁让别人伤上加伤。”

例（1）中汉语“$谁_1$”在句中为主语，波兰语用第 1 格 kto，英语用主格 who；汉语“$谁_2$”为动词“放进”（wkładał）的间接宾语，故波兰语用第 3 格给格 komu，英语采用了 whom 的形式（英语的与格与宾格同形）。汉语的“谁”无论在什么位置都没有形态变化，波兰语和英语中的疑问代词“谁”随其在句中的格位而发生了形态的变化。

例（2）Coś, **czego** się bał. Coś, **co** go rozwścieczy. A ty czytaj to!

sth. $what_1$ he scared sth. $what_2$ he will infruiate PTCL you read this

某物 $什么_1$他害怕 某物 $什么_2$他 会使生气 （小品词）你 读 这个

"Something that he was scared of. Something that will make him mad. And you read this!"

“他害怕的东西,激怒他的东西,你读一下这个!”

动词 bać się（害怕）要求后面的静词性成分是第 2 格属格形式，所以 $what_1$ 位置上的波兰语用的是 co 的第 2 格形式 czego；而 $what_2$ 的句法成分是主语，因而波兰语用的是 co 的第 1 格主格形式。英语 what 和汉语“什么”，无论在主格位置还是在属格、宾格位置，都是同一形式。

以上两例反映了英语由综合性的语法范畴向分析性的语法范畴过渡的特点。例（1）中波兰语 kto 和英语 who，格位不同形态也就不同，但波兰语 kto 除了主格和与格，还有其他四种格的形式，而英语 who 简化到只有 who、whom 两种格的形式了。例（2）中波兰语 co 格位不同则词形也不同，而英语 what 和汉语“什么”，无论什么格位，词形都相同。

三、波兰语动词的时体范畴

波兰语的三分时间系统（现在时、将来时和过去时），以及二分体貌系统（未完成体和完成体），构成了波兰语不同于英语、汉语的时体表达，如表 2-2 所示。

表 2-2　波兰语动词的时体（以 pisać为例）

	现在时	将来时		过去时
		简单形式	复合形式	
未完成体	piszę		będę pisa będę pisał	pisałem
完成体				napisałem

波兰语的体，表示动作行为进行的各种阶段和状态。完成体指瞬间的动作、一次性动作、有结果的动作；未完成体指持续的动作、经常性重复性的动作、不表结果的动作。换言之，波兰语的完成体把行为状态作为整体表示，不再分析其内部的时间进展，未完成体则相反。正是基于这种认知逻辑，波兰语的构词没有现在时的完成体，词形也只有现在未完成体。另外，波兰语的体范畴也没有进行体，英语"be+v-ing"表示进行体的概念在波兰语中是通过未完成体的动作行为来体现的，如：

例（3）Ilu　ludzi　z　nim　jedzie?

how many　people　$with_{PREP}$　him_{LOC}　go

"How many people are going with him?"

"有多少人跟他一起去呢？"

波兰语的动词不区分进行体和普通体，两名波籍学生会把同一个动词 dusił（suffocate）用英文标注为普通体和进行体，他们也不严格区分普通体和完成体，在下例中学生 A 和学生 B 将同一个动词 wyjawić（reveal）分别标注为现在完成体和普通体，而将 dusił 分别标注为过去普通体和进行体。

例（4）Szukał kogoś，**komu** mógłby **wyjawić** swój ból.

he saught　somebody　who_{DAT}　he could　reveal　his own　pain

I coraz bardziej[①] się **dusił**.

and　more and more　QUB　he suffocated

a. He was looking for somebody, to whom he could *have revealed* his pain. And

① 此处 coraz bardzie 的下划线，是说明这两个词搭配组合成了一个固定结构，意义为"more and more"。下文中出现的两个或两个以上连续词语下的下划线，皆表示这些词语组合在一起后构成了波兰语的固定表达。

he *suffocated* more and more.

“他在寻找一个曾经见过他展示伤痛的人,他更多地感到了窒息。”

b. He was looking for somebody, to whom he could *reveal* his pain, and he *was suffocating* more and more.

“他在寻找一个可以展示其伤痛的人的同时,他越来越感到窒息了。”

波兰语是典型的形态语言，静词与静词的修饰成分在性、数、格，以及动词在人称、时、态、体等语法范畴的形式上要保持一致，但是，波兰语也有语法范畴不一致的例外，即习非成是的情况，如：

例（5）Dwóch właścicieli zazwyczaj wie, **gdzie** trzeci

two$_{NUM/M/ACC}$ owners$_{PL/M/ACC}$ usually he knows, where the third$_{NUM/SG/M/NOM}$

jedzie na wakacje.

he is going$_{SG/M/PRES}$ on holiday$_{SUBST/SG/N/ACC}$

" Two owners ususally know where the third one is going on holiday. "

在英语中“two owners”必须跟“they know”的人称保持一致，但是波兰语却可以接受“Dwóch właścicieli”（two owners）与“wie”（he knows）的人称不一致的情况，这种似乎看起来不合逻辑的现象在波兰语日常表达中很常见，如他们总能很自然地说出“Dwóch właścicieli wie”（two owners knows）这样的主谓单复不一致的表达。人称、数、性等语法范畴的一致性要求，是形态语言要遵照的基本结构规则，但波兰语在上例中并没考虑这些规则。这是否与没有人称、数等形态范畴的汉语在语法表达上有相似之处，以及波兰语是否同时具有形态语言和非形态语言的混合特征，是一个值得进一步探讨的问题。

第二节 汉语问答句的语法范畴

同波兰语、英语一样，汉语问句的疑问信息也是由疑问词和疑问语气来承载的，疑问语气是超句法范畴，不在本书研究范围内。汉语疑问词是一个包含代词、副词和语气词的大类，故汉语疑问词有疑问代词、疑问副词、疑问语气词三类。问句中，汉语名词性的疑问代词“谁”“什么”“哪里”、形容词性的疑问代词“哪”“哪一个”“多少”、副词性的疑问代词“怎么”“怎么样”以及“吗”“吧”“啊”等疑问语气词都没有波兰语、英语等屈折语所需要的变格要求，汉语的语法范畴更多体现为一种超形态的时体语法范畴。

汉语表示语法结构关系的语法范畴是以一种不同于屈折语言的超形态方式来实现的，这种超形态方式通过定位那些承载性、数、格、时、体、态等语法范畴的词类来标示语法意义。本节以“尚未 VP 之前”为具体分析对象，阐述汉语时体宿主超形态定位的特点。汉语时体宿主的超形态定位，是指不以词形变化来体现时体范畴，而是由副词、介词、助词等独立词类或结构来承担时体范畴的宿主职责。“尚未 VP 之前”历来备受争议但仍被广为使用，其根本原因是受到了时体和谐原则的制约和语用习惯的推动的双重作用。以典型结构“尚未 VP 之前”为例考察汉语的时体范畴，对于厘清西方形态学单维框架下汉语时体范畴的有无之争、揭示汉语时体的类型学特点以及话语的有效表达与接受具有重要的理论价值和现实意义。

一、汉语的时体范畴之争

自从形态学分类法根据语法结构特点把世界上的语言分成孤立语、黏着语、屈折语和复综语以来，汉语有没有时体范畴一直是学界争论不休的话题。欧洲绝大多数语言的形态都很丰富，早期的时体范畴研究是以欧洲语言的动词词形变化为主的，以形态作为语言类型的分类标准，将汉语定性为缺乏形态变化、没有时体语法范畴的孤立语的观点，是“印欧语系中心说”的体现。随着研究的深入和语言自身的演变，在印欧语言内部，形态标准开始分化，而对于非印欧语言，用形态标准定义语法范畴的语法理论更是引发了一系列持续不断的讨论：汉语需不需要以西方语言的形态标准来定义时体范畴？汉语有没有与西方语言一致的时体范畴？汉语的时体范畴属于什么性质？汉语的时体成分是哪些？若存在一个独立于形态语言之外的语法体系，那么汉语的时态系统和体貌系统又是什么性质？等等。西方语法学界时体范畴的概念是 Comrie（2000/1985：36，56）在 Reichenbach（1966：288）“三时”概念（Point of Event、Point of Reference 和 Point of Speech）的基础上定义“二时”（Absolute Tense 和 Relative Tense），并将“时”（tense）与“体”（aspect）区分开来后确立下来的。后来，语言界时体研究的学术传统都深受 Comrie 的影响，王力（2002：221－223）、高名凯（2011/1986：212）、戴耀晶（1997：6）等前辈按此框架定义的“汉语有体无时”的观点也一直在汉语语法界占主导地位，也正是汉语时体研究历来遵照西方形态学所强调的语法标记形式，有关汉语时体范畴的“有”（朴珉娥、袁毓林，2019；张济卿，1996）和“无”（胡建华，2010；曹道根，2012；曹道根、许凌春，2017，2019；罗天华，2021）之争至今仍未平息。

争议结果表明，在印欧语法体系的框架下采用“形态标准”这把尺子来衡量汉语，最终都不尽如人意。事实上，语言涉及的“时间”“论元”是人类社会的普遍概念，但如何将句子所描写的情景锚定在时间轴和事件对象上，不同语言采取的方式和实现途径有同有异，奉屈折语的形态标准为圭臬给汉语时体范畴贴上“有”或“无”的标签是无法反映汉语时体系统的真实面貌的。因此，突破既定的研究模式是解决问题的关键，既然汉语缺少词形变化，我们就没有必要生搬硬套形态标准来定义汉语的时体范畴，而是应该结合具体典型的汉语语料来解读汉语的时体对象，构建符合汉语语法自身特点的时体系统。

“尚未 VP 之前”是一个包含时、体范畴的典型结构，尽管其语法和语义的合法性一直受到质疑，但该结构终究没能被叫停，相反还活跃于各种文体。本书以“尚未＊之前”检索 BCC 现代汉语语料库，结果为“文学$_{84}$、报刊$_{338}$、多领域$_{998}$、科技$_{968}$、综合$_{1086}$”，共 3474 个；又使用《人民日报》图文数据库（1946～2022 年）（http：//data. people. com. cn/）检索了该报近五年的文章，也发现了多处用例，如：

例（1）应用数字孪生技术可以在设备尚未安装之前就完成虚拟调试，并对客户进行远程培训。（《应用日益广泛的数字孪生技术（开卷知新）》2021 年 6 月 15 日第 20 版）

例（2）只要认定“受到危险威胁”，巴伐利亚警方就有权在犯罪行为尚未发生之前、必要时不经过法官开搜查令的程序，启动执法手段。（《尊重执法权威 维护社会秩序》2019 年 8 月 16 日第 16 版）

例（3）奔流的长江尚未高峡出平湖之前，江城万州下有夔门、巫峡，上有巴阳峡，万州是长江上一方枕梦驿站。（《江城万州（我与一座城）》2020 年 7

月 29 日第 20 版）

例（4）在相关调查尚未结束之前，美国商务部工业与安全局就施以最严厉的制裁，是极不公平的，也是不能接受的。（《尽最大努力保护全球用户利益》2018 年 4 月 24 日第 3 版）

“尚未 VP 之前”的核心成分是“未 VP 之前”，这个成分既有否定标记“未”，又有隐性否定词“之前”。20 世纪 60 年代以来，学者们主要着眼于肯、否语义的分辨，对相近结构“没有 VP 之前”讨论较多，较少涉及“未 VP 之前”，尚无“尚未 VP 之前”的研究。其研究大致分为三个阶段：第一阶段，提出“‘没有’是多余的”的观点。20 世纪八九十年代学界沿袭这一观点，从语言规范出发，认为“未/没有 VP 之前”存在语义逻辑问题，是一个不健康的句子，正确的做法应该是去掉“未/没有”（朱兆明，1980；唐光辉，1992）。第二阶段，认为“没有 VP 之前”有存在的理由。从 20 世纪 90 年代末开始，学界从心理因素、否定强调、概念叠加和结构整合等方面谈到“没有 VP 之前”的可行性，不过都仅为略微提及，没有翔实论证。第三阶段，对“没有 VP 之前”及其相关句式“未 VP 之前”进行溯源。其中，江蓝生（2008：494－495）指出，“否定式‘没有 VP 之前’最早可追溯至魏晋六朝时期的‘未至之前’，‘未至之前（没到之前）’就是现代汉语中‘没有 VP 之前’的直接前身”；曾少波（2012）进一步上溯，认为“未 VP 之前”最终在南朝分化发展出来，他提出先秦蕴含时间义的“未 VP”是“未 VP 之前”的前身；接着，张福通（2017：28）以先秦“未 VP”至南朝“未 VP 之前”的句式为关注点，认为两者之间还存在一个在先秦就已出现的“未 VP 时”。上述溯源成果皆散见于期刊论文，需经梳理才能串联出一条大致的“未 VP（先秦时期）→未 VP 时（先秦时期）→未 VP 之前（南朝时期）→没有 VP 之前（现代）”的演变链。可见，“未 VP 之前”及其相近结构早已引起过学界的关注，但由于研究思路主要为语义分辨和结构溯源，语用和认知的零星提及无法解释清楚“未 VP 之前”所涉的理论难题，“未 VP 之前”合法与否的问题就这样被搁置下来了。过去没有解决的问题仍然存在，不会自行消失。如：

例（5）目前疫情尚未结束，在大规模接种疫苗之前，欧洲各国仍需密切观察，努力平衡疫情防控和社会经济发展。（《欧洲国家努力应对疫情反弹》2020

年 9 月 14 日第 17 版）

例（6）20 世纪 80 年代之前，电视尚未普及，花钱进影院尚属奢侈之举。（《与电影重逢，向未来出发》2020 年 8 月 5 日第 15 版）

例（5）和例（6）来自近年的《人民日报》，文章作者对出现于各种文体中的“尚未 VP 之前”应该并不陌生，但很显然他们又意识到“尚未 VP 之前”的时体信息有些复杂，不易把握，在“尚未结束”与“尚未结束之前”、“（大规模）接种疫苗之前”与“尚未（大规模）接种疫苗之前”、“电视尚未普及”与“电视尚未普及之前”之间，他们选择了前者。其采取单用“尚未”或“之前”的表达方式，反映了他们对可否共用“尚未”“之前”的不确定态度。

汉语时体表达不同于形态语言，不以词形变化的直观形式表现出来，而是渗透到语义和语用表达之中，选取典型结构考察汉语的时体范畴十分必要。本节以包蕴时体信息的“尚未 VP 之前”为切入点，跳出传统形态学的研究思维，以语言类型学的超形态视野用分段定位的方法定位汉语的时体宿主，分析汉语时体范畴对语法结构的影响，这对于厘清西方形态学单维框架下汉语时体有无的观点，探讨世界语言类型的多维划分和汉语语法体系的科学构建，揭示汉语时体范畴的类型学特征以及话语的有效表达与接受具有重要的理论价值和现实意义。

近年来，学界不断有人质疑汉语没有时体范畴的说法，他们提出“世界上有些语言的时体标记并不依附于动词而是由名词来担任动词时体范畴的‘宿主’”（王灿龙，2019：329）、“每个语言都有自己的一套策略来实现事件的时空定位”（蔡维天，2019：2）等观点，并试图从名词、副词、介词以及助词等词类入手来考察语义范畴与汉语时体范畴的制约关系。但是，时体作为形态语言的典型语法范畴在弱时语言（weakly tensed language）的汉语中是以何种具体的形式来体现的，即汉语的时体宿主如何定位，以及汉语时体系统在句式结构、语义结构中如何表达等问题还缺乏明确的研究。本节以“尚未 VP 之前”为研究对象，以屈折语言按形态确定语法范畴为对立参照，提出“汉语的语法范畴是以超越词形变化的非形态手段予以实现”的观点，通过考察汉语时体范畴以非形态方式对时体对象的锚定，论证汉语时体宿主超形态定位的特点。为完成这一研究任务，下文首先定位承载“尚未 VP 之前”时体概念的形式宿主，进而分析时体宿主对“尚未 VP 之前”的语义和语法结构的制约作用，并提炼归纳出制约“尚未 VP 之前”

的时体和谐原则，最后从语用角度讨论增效动因、认知动因和相似结构对“尚未VP之前”的推动作用。定位时体宿主、考察制约“尚未VP之前”的时体和谐原则，是从语言内部做出解释；以语言使用的视角讨论“尚未VP之前”的动因和相似结构的推动，是从语言外部做出解释。本节从汉语时体宿主切入考察“尚未VP之前”，一方面为这一结构的历史遗留问题寻求妥善处理方案，另一方面为超越语言形态变化的汉语时体范畴的讨论提供新的研究思路。

二、超形态的汉语时体宿主

国外学界在研究玛雅人的K'ichean语时发现，尽管玛雅语没有专门的表示时体范畴的词汇形式，但是他们能通过整个语言结构传达时体概念（Vinogradov, 2019）。汉语作为世界上最古老但仍生机勃勃的语言之一，同样也有表达时体范畴的特有语法手段。其中，最具针对性的表述莫过于“我们不应以形态变化的有无来作为衡量语法特点的标准，形态变化在汉语里稀少且不起主导作用，应该把汉语的虚词、句式、框式、语序等看作与形态变化具有平等地位的语法手段”，“把作为语法意义的重要载体的副词从虚词中剔除出来实际是对语法意义进行深入探讨的放弃”（邵敬敏，2020）。汉语时体宿主的超形态指的就是汉语不以词汇的形态变化方式来表现时体范畴。“尚未VP”的内部结构是“尚·未·VP”，其表示时体的语法意义不是通过VP的词形变化而是依靠副词“尚”和“未”来实现的。因此，“尚”“未”作为时体宿主，是超形态的时体标记，是用来定位动作时体和承载动作时体范畴的语法形式，本节就“尚未VP之前”所提炼的时体标记，是汉语以词汇形式来表达时体意义的标记手段。人类语言实现语法意义的语法手段可能不同，但标记时体是人类语言都具有的功能。

（一）持续体标记：“尚”

在“体”的语法属性上，Comrie（2000/1985：6）最先提出“体”（aspect）是观察情状的内部时间成分的不同方式，后来“体”被汉语界进一步表述为“观察时间进程中的事件构成的方式”（戴耀晶，1997：5）。“时”（tense）指示情状发生的时间，“体”则表现情状在某一时刻所处的特定状态，“时”“体”是形态语言学的两个不同维度，体现了“时体有别”“时体分立”的观点。

汉语的“体”是以体貌义来表现的。我们可通过语义溯源来提炼“尚”的体宿主功能。“尚”最初为动词，“尚”与“曾”“尝”发生混淆是在兼具了副词功能之后。“尚”为副词时释“犹”，其义为“仍”“还”“一直”，表示动作或事件的持续状态，类似动态助词“着”，相当于持续体的体标记。

古籍用“曾”注释动词“尚”，后又用同形不同音的“曾”来注释时间副词“尝”，清代人段玉裁对此做过辨析，他在引用南朝经学家皇侃的《论语义疏》时指出，“曾是以为孝乎”即“尝是以为孝乎”，“尝”相当于后世的“曾经”。可见，标记时间的词是“尝”而不是“尚”（见表2-3）。

表 2-3　“尚”“曾”“尝”的语义及时体功能

		尚	曾	尝
动词	本义	分散		品尝、辨滋味
	引申义	增加；推崇；希望		经历、经受
副词	引申义	犹；仍；还（表动作/状态持续）	曾经（表过去时间）	
	语法范畴	体	时	

在形态学理论中，表示动作行为各个阶段和状态的“体”和表示时间概念的“时”是两个与谓词相关且各自独立的语法范畴，但在同属印欧语系的形态语言中情况又有所区别，比如，现代英语由于形态简化，在诸如“过去完成时”之类的表述中，“过去时”和“完成体”是混在一起的，而在芬兰语、挪威语等北欧语言和俄语、波兰语等斯拉夫语言中，“时”和“体”是两个分得很清楚的概念。多数印欧语言在定位时体标记时，须以词的形态变化来区分时体，以避免将“时”和“体”混为一谈。汉语缺乏词的形态变化，时体概念是从词的语义中获取的，“尚”作动词时，“尚”“曾”互释，两者存在于共同的语义空间，而作副词时，“尚”独立于“曾”“尝”之外，其义为“犹”“仍”“还”，表示事件在某个阶段的持续状态，是表示持续体的体标记。

（二）未完成体和现在时标记：“未”

“未”为古人记录时辰的十二地支之一，“未时”又称“日昳”或“日跌”，相当于下午一点至三点，是时间名词。“未”假借为否定副词，较早见于春秋时期，与 VP 构成“未 VP”，表示事情还没有进行到某种状态或事情还没有实现，是对现在情况的否定（王灿龙，2004：434）。郭锡良等（1999：317）指出，

"'未 VP'和'未尝 VP'的区别是很清楚的，'未闻'是'没有听说'，只指现在的情况，表示还没有实现，包含将来实现的可能性；'未尝闻'则是'没有听说过'，只是简单地否定过去"，并举例：

例（7）a. 宋人既成列，楚人未既济。(《左传·僖公二十三年》)

b. 臣未尝闻也。(《战国策·魏策四》)

"未"表示动作行为处于未完成的阶段和状态，是作为未完成体的"体"标记而存在的。在"未"所涉时间域的问题上，例（7）说明"未"只与现在相关。可是，到了明末清初，由于"没"的出现及高频使用，"未"被"没"取代，"未"的时间概念也被混同化了，因此有人认为"'未'是一个对以往（过去以迄现在）表示否定、对将来表示可能或愿望的副词"（邢公畹，2000：174），甚至中国社会科学院语言研究所古代汉语研究室编撰的《古代汉语虚词词典》（1999：602）还有一个相左的释义，认为"'未'表示过去不曾发生，用在动词谓语前，或单独成句，可译为'没有'"，并举例：

例（8）俎豆之事，则尝闻之矣；军旅之事，未之学也。(《论语·卫灵公》)

可是，我们发现例（8）前半句的"尝闻"与后半句的"未学"形成过去和现在的前后对比，就当时的叙事语境来看，将"未"理解成表示现在不曾发生似乎也无不妥。

对"未"的所涉时间域，学界意见不一。我们认为造成分歧的主要原因是，汉语在表达事件的发生时间和完成状态的时候，缺乏属性明确的专门形式来表现性、数、格、时、体、态等与体词和谓词有关的语法范畴。近年来越来越多的学者开始关注语法范畴的问题，认为汉语通常不用词法手段标明现在、过去、未来等时态概念，而是将分辨重点放在实然（realis）和非实然（irrealis）的区别上，于是时间概念的重担就落在了汉语种类繁多的模态词（modals）身上，这个现象在许多语义含混、模棱两可的结构中尤其普遍（蔡维天，2019：3）。形态变化丰富的语言则不同，它们一般有相应的词形变化来表现这些语法范畴，汉语"时"和"体"的语法意义在它们那里是由两个彼此独立的语法范畴来分担的。吴福祥（2004：93）将"未"称为"已然性否定副词"，指出"'未'是对完成体的否定，即否定动作或状态的完成"。需要注意的是，在形态学术语中，"完成"是体范畴，"过去"是时范畴，"时""体"是两个维度，"完成"不等于"过去”，吴文所说的否定“动作或状态的完成”并不等于否定“过去”。

形态语言的时体范畴大部分能通过谓词的词形变化表现出来，比如俄语等斯拉夫语言，如果以“体”为轴，按语法系统性的原则，它们的谓词分为完成体和未完成体，完成体动词则有过去时和将来时两种形式，未完成体动词则有过去时、现在时和将来时三种形式。“完成”不代表已成为过去，“完成”可以与过去结合，也可以与现在和将来结合。这种通过词形变化来直观反映完成/未完成状态与时间域的搭配关系的语言就是屈折语，当然，不是所有的屈折语都能完全体现这种“时”与“体”的平衡对称分布的，现代英语、德语、法语等由于形态简化而导致屈折缺省的现象不少。相对来说，俄语、波兰语等斯拉夫语是屈折变化保留得比较完整的语言，比如波兰语的完成体动词很多就是在未完成体动词的基础上加上前缀 z-、prze-、na-、po-、szyć-等构成的，如 uczyć（教/学）为未完成体，加上前缀 na-后的 na-uczyć（教/学）就成了完成体，按波兰语语法规则，未完成体动词 uczyć（教/学）在时间域上可搭配过去、现在和将来，而完成体动词 na-uczyć（教/学）则只能搭配过去和将来。汉语词汇没有这种形态变化，事件的完成与否以及如何搭配时间不是通过动词的词形来体现，而是通过副词、名词以及助词等辅助性手段并结合语义来实现的。

“未”所否定的事件与现在相联，“未尝”“未曾”所否定的事件与过去相联（张玉金，2013）。“未”在述谓成分前，同时承担未完成体（imperfect）、现在时（present）、否定（negation）三种语法范畴的功能，可是在“未”与述谓成分之间插入“尝”“曾”等时间标记后，“未”就仅剩否定功能，述谓成分的时体信息由“尝”“曾”来承担了（见表 2-4）。

表 2-4 “未 VP”“未尝 VP”的时体宿主

事件	时体宿主	时	体	否定标记	结构语义
未 VP	未	现在	未完成	未	否定现在
未尝 VP	尝	过去	完成	未	否定过去

“未”在“未 VP”中，表示事件、动作或状态的现在情况，既是 VP 的时宿主，也是体宿主；在“未尝 VP”中，“未”仅为否定标记，时体功能是靠“尝”

来实现的。而“尚未 VP”的“尚”是表持续义的体标记，不改变“未 VP”的时间属性，“尚未 VP”理应仍是表示现在情况的，也就是说，其时间域为现在。

（三）双向时间标记：“之前”

“VP 之前”的“之前”是隐性否定词，也可称为“不出现否定词却能表达否定概念的零形否定”。前辈时贤在“前”的时间指向上有两种观点：第一种观点认为“前”既可表过去，也可表将来（蔡淑美，2012）；第二种观点认为“前”基本上表过去，“前”在时间指向上的无标记用法就是表过去，尤其是在作为后置语素或后置词来使用时（王灿龙，2016）。学者们的观点尽管不同，但他们都认为“之前”与“年、月、日、时”等本体时间一样，是具有同样指称时间功能的代体时间（李向农，1995）。前辈时贤的研究说明了“之前”的“时宿主”身份。

“VP 之前”作为句子的时间状语成分，其时间域由时宿主“之前”来标示，受主句（S）情态事件的制约。情态（mood）在传统语法、功能语法和模态逻辑中有不同的内涵，Bybee（1994：176）指出，“不可能通过简明术语来说清楚情态系统的语义范畴或体现其意义的语法手段”。本书的“祈愿事件”指与情态相关，主句用“可能”“可以”“应该”“必须”“只要”等情态动词或条件副词来表达建议、允许、必须、猜测、可能、预测、要求或义务等语义的事件。如果 S 是祈愿事件，则“VP 之前”的时间域是未然，表示事情还没有发生，我们用“｛-过去｝”来标示；如果 S 是非祈愿事件，则“VP 之前”的时间域是已然，表示事情已经发生，我们用｛+过去｝标示。“之前”具有［±过去］的时间双向指示功能（见表 2-5）。

表 2-5 “VP 之前”的时间域

P		S	
时间域	VP 之前	主句	祈愿与否
未然 ｛-过去｝	在交换之前	必须先有生产	祈愿事件
	在养子女成年之前	收养人不得单方面解除收养关系	
	在婴儿习得语言之前	已能感知各种声音	
	在了解什么是伦理学之前	先来看看这两个概念	

续表

<table>
<tr><th colspan="2">P</th><th colspan="2">S</th></tr>
<tr><th>时间域</th><th>VP 之前</th><th>主句</th><th>祈愿与否</th></tr>
<tr><td rowspan="3">已然
｛+过去｝</td><td>在国家出现之前</td><td>人类处于自然状态中</td><td rowspan="3">非祈愿事件</td></tr>
<tr><td>早在此项制度消失之前</td><td>已有此项制度的后影</td></tr>
<tr><td>在他出生之前</td><td>已有人替他准备好了一切</td></tr>
</table>

主句中含有“必须”“不得”“能”等情态动词的句子构成祈愿事件，在祈愿语境下，“VP 之前”的时间域为｛-过去｝，反之，在非祈愿语境下，“VP 之前”的时间域为｛+过去｝，表 2-5 中的语料来自 CCL 现代汉语语料库，笔者随后又随机抽得 150 多个“VP 之前”，显示在非祈愿语境下“VP 之前”都表示过去。

“之前”具有指向｛+过去｝和｛-过去｝的双向时宿主的特点。祈愿语境中，“VP 之前”的语义为“［+否定；-过去］”；非祈愿语境中，“VP 之前”的语义为“［+否定；+过去］”。

三、时体和谐原则

前文分别讨论了“尚”的体宿主属性以及“未”和“之前”的时宿主属性，此节讨论“尚”“未”“之前”等时体宿主各要素对“尚未 VP 之前”的结构合法性的制约。“尚未 VP 之前”的构式义来自“尚未 VP”和“VP 之前”这两个否定结构的叠合（见图 2-1）。

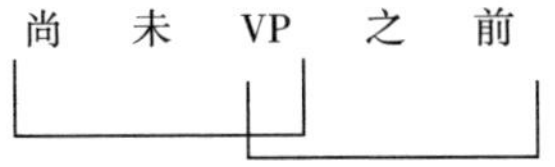

图 2-1　“尚未 VP”与“VP 之前”的叠合

据前文所述，在时间域是否受限于祈愿/非祈愿语境这个问题上，“尚未 VP”不受限，任何语境下其时间域皆为｛-过去｝，而“VP 之前”由于受限于不同语境而呈现出｛-过去｝和｛+过去｝的双向性，如表 2-6 所示。

表 2-6 “尚未 VP”与“VP 之前”时间域的比较

S		祈愿事件	非祈愿事件
时间域	尚未 VP	{-过去}	{-过去}
	VP 之前	{-过去}	{+过去}

据表 2-6，当 S 的语义为祈愿事件时，“尚未 VP”和“VP 之前”在时间域上和谐一致，都是{-过去}；而为非祈愿事件时，两者在时间域上相斥。王灿龙（2004：433）指出，在考察“没有 VP”“没有 VP 之前”的时间提取点时，以“VP”的发生时间为参照基准，用“○”表示“VP”，“○”即现在，“○”的左边是以前或从前，“○”的右边是以后或将来。李向农（1995：2）指出，以当前为基准点把时间区分为过去、现在、将来，人类对时间加以主观确定的“过去—现在—将来”三时时间链比其他的时间表述起着更为重要的作用。我们参考前辈时贤的做法，以“现在○”为时间基准，用图 2-2 表示“尚未 VP”和“VP 之前”的时间域。

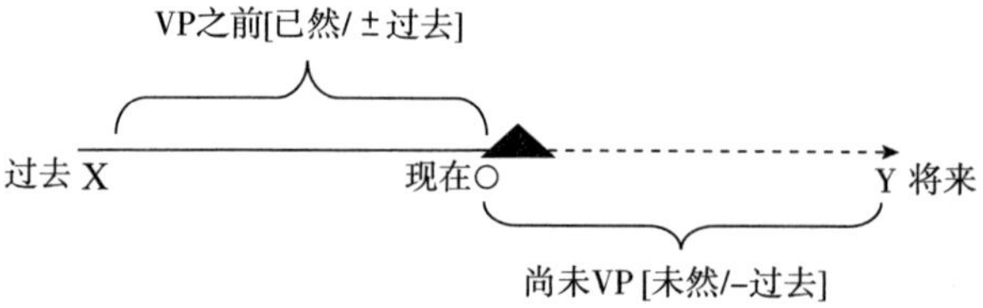

图 2-2 “尚未 VP”与“VP 之前”的时间域

将时间的维度想象成一条从左向右行进的射线，“VP 之前”与“尚未 VP”在○处重合，“尚未 VP”的时间域是现在时点○以及从○向右延展表示非现实可能的一段虚线，而○左边的“VP 之前”的时间域是一个从过去到现在（包括现在）的时段。时间的线性维度决定了“VP 之前”与“尚未 VP”叠合须同时遵守以下“时体和谐原则”：

i. 主句祈愿原则：主句成分必须是祈愿事件。

ii. 时间和谐原则：“VP 之前”的时间域要顺应“尚未 VP”。

请见以下例示：

例（9）a. 警报尚未解除之前，你们不得离开。（自拟）

b. 警报尚未解除之前，你们已经离开了。

例（9）a 句的可接受度高于 b 句。首先，a 的主句成分“你们不得离开”是表禁止义的祈愿事件，满足“尚未 VP”和“VP 之前”组合的第一个原则。其次，祈愿语境下“VP 之前”的时间域为｛-过去｝，其具备了与“尚未 VP”统一的条件，两者的时间域是和谐的。例（9）b 句接受度低或者说不可接受，原因是它的主句“你们已经离开了”是非祈愿事件，违反了第一个原则，且由于非祈愿语境下“VP 之前”的时间域为｛+过去｝，前者｛-过去｝与后者｛+过去｝彼此矛盾，与线性单向行进的时间图式发生冲突，增加了人类大脑解码的负荷，句子理解的难度系数变高而导致可接受度低。

本节例（1）、例（2）主句中含有“可以”“只要”等祈愿标示成分，故主句为祈愿事件，祈愿语境下的“尚未 VP 之前”可作正反同义理解，语义值等同于只选用“尚未”“之前”其中一个的“尚未 VP”或“VP 之前”。而例（3）、例（4）的主句成分都是已然事件，为非祈愿事件，非祈愿语境下“尚未 VP”与“VP 之前”在时间域上是不相容的，强行叠合的“尚未 VP 之前”困扰了受话人对时体的认知，可接受性低。

王灿龙（2004：434）在考察“没有 VP 之前”与“没有 VP”时指出，两者最大的不同是“‘没有 VP 之前’的时间义还包含一种不可忽视的也是表达者着意要强调的语用义‘VP 的未然性’”，换言之，“没有 VP 之前”的时间指向一定不是过去。“尚未 VP 之前”的时间指向是“O”及“O→Y”移动的顺向时间流，“尚未 VP 之前”的非过去时间特征也支持了王文的结论。

四、语用推动

“尚未 VP”在古代并不常见，只是到了现代才多了起来，而“尚未 VP 之前”这一结构在笔者检索的古代汉语语料中暂时还没找到。前辈时贤对“未 VP 之前”的考释很有限，且考释者本人也认为个别语例有存疑可能（江蓝生，2008：495）。虽然这个结构的合法性历来备受争议，但一直未能被叫停使用。我们认为，一方面是语法的时体和谐原则在发挥规约作用，另一方面，语用习惯又在推动着语言的实际表达，两者的双重作用是该结构呈现出“且辨且用”状态的根本原因。前文讨论了时体和谐原则，下面将从增效动因、认知动因、近似结构的影响等方面讨论语用习惯的作用。

（一）增效动因

研究双重否定的学者认为，“未 VP 之前”同时含有显性否定词“未”和隐性否定词“之前”，但在实际的语义理解中至少有一个是没有否定作用的，因此可视为羡余否定（张谊生，2015）。羡余否定是一种重要的语用否定，其语用功能是为了加强否定意义。“尚未 VP”和“VP 之前”这两个否定结构共现于最小构式“尚未 VP 之前”，从语用角度讲，是羡余否定增强否定效果的手段。在讨论否定强化的实现手段上，现主要有以下两种有影响的说法。

其一是“语义变异”说。自然语言中的否定不像数学上“负负得正”那样互相抵消，有时更多是一种语用策略，表现为在语义和语序限制下，否定结构会发生语义变异。发生语义变异的词涵盖了名词、动词、形容词、副词、介词、连词等绝大部分词类，这些词的语义变异有一个共同的特点，即通常只限于否定结构，经历了一个形态化过程，一般用来表示程度或加强否定语气（石毓智，2001：204-214），如：

例（10）a. 好不痛快=好痛快

b. 好不难受=好难受

“好”相当于一个程度副词，和“不”结合成强调副词“好不”，意思等于“好”，例（10）中的否定词“不”是羡余的，没有否定的作用。

否定结构“尚未 VP 之前”，在句子主干为祈愿事件这一特定语境下，显性否定词“未”和隐性否定词“之前”有一个由于语义变异而选择否定忽略：

例（11）a. 尚未 VP 之前=尚 VP 之前

b. 尚未 VP 之前=尚未 VP

“尚未”等于“尚”，或者“VP 之前”等于“VP”，在实际理解时可视其中的任何一个否定在语义上是羡余的。

其二是“肯定与否定的不对称”说。梅祖麟（1998：20）曾论证汉语存在正反两式的平衡，认为“正反两种形式在短期内可以不对称，长时期会走向平衡”。“尚未 VP”“尚未 VP 之前”就是汉语正反结构变化的体现。沈家煊（2005/1999：121）指出，汉语里肯定与否定对立的消失与说话人的心理期待有关，在涉及不如意的消极意义的事件时，就会出现肯定与否定对立的消失现象，如：

例（12）a. 差点儿闹笑话=差点儿没闹笑话

b. 一个人难免犯错误=一个人难免不犯错误

c. 留神摔下来=留神别摔下来

d. 有个别单位拒绝执行=有个别单位拒不执行

如果从交际效能出发，也能解释这种添加一个否定词而意思不变的情形。交际中说话人感到有必要去强调否定意义以避免误解，于是加上实际上是赘余的否定词。“之前”与“差点儿”“难免”“留神”“拒绝”类似，都含有否定的意义，但又不明确，为强调否定，说话人就在“VP 之前”又加上否定结构“尚未 VP”，于是就构成了“尚未 VP 之前”。

上述羡余否定的语用增效观点在学界影响较大，但要注意的是，“尚未 VP 之前”内部有两个时间成分，受时体和谐原则制约，叠合成功后才能成为羡余否定结构。

（二）认知动因

汉语的结构顺序反映了汉族人思维的时间顺序性和汉语“句尾焦点”的原则，汉语的核心内容总是在句尾出现的（戴浩一，1988）。“尚未 VP 之前”是时间标示成分，通常位于句子前部，而位于句尾的句子主干才是句子的新信息和焦点内容。“尚未 VP 之前”作为句子的次要成分，不负载句子的主要信息，只可能出现在除句尾之外的非焦点位置。不显眼的非焦点位置为含混表达提供了暂时的栖居空间，同时也影响了人们对此处信息的认知注意和处理态度。在认知上，人们对非主要信息往往止于一种模糊的、不准确的认识甚至忽视的认知态度，此种态度有可能是叠合否定结构“尚未 VP 之前”得以存在的认知动因。

近代汉语中有不少“尚未”和“之前”共现的句子，不过皆以分离形式出现，还没有叠合成“尚未 VP 之前”。时间指代成分“VP 之前”位于前面，动词词组“尚未 VP”作为焦点信息置于句尾，“尚未”“之前”这两个都表示时间的成分没有共处于同一个构式，认知处理相对简单，句子是易于理解的，如：

例（13）贯著新语，在申公卒业之前，浮邱尚未甚老。（《新语校注》）

根据上文时间域的确定规则，由于例（13）主句成分不是祈愿事件，那么

“之前”的时间指向是过去，而否定副词“未”是与现在情况相联系的，主从时间域势必形成了冲突。如何解释这种冲突？我们认为，尽管次序象似性在世界语言里广泛可见，且在汉语里极为强势，不过也有其作用的范围与效度问题。在包含多于两个述谓单位的构造里，若为非对称型的向心结构，语序往往由其他原则决定，其中最主要的是距离象似性，亦称概念距离原则（张敏，2019）。述谓结构“尚未 VP”是焦点信息，句子其他述谓结构在概念上要向这个焦点信息靠拢，“尚未 VP”的［+否定；+现在］语义才是言者所要强调的，非焦点位置的“VP 之前”可以模糊处理，言者用“否定现在”来描述一种身临其境的当下状态。

（三）近似结构的影响

“尚未 VP 之前”的出现，有可能是受到了两汉魏晋以来近似结构“未 VP 之前”，以及元明以来“尚未曾 VP”、“未曾 VP 之前”和“没（有）VP”的影响。

1. 未 VP 之前

张福通（2017）认为，“未 VP”“未 VP 时”“未 VP 之前”同义，“未 VP”是最早的前身，战国时期出现同义结构“未 VP 时”，至两汉时期出现“未 VP 之前”后，这三个结构就并存且可以交替使用了。“未 VP 之前”的用例在先秦经文中罕见，大多出现在西汉以后的史书和后人的经文注疏中。

唐宋注疏把“未 VP”“未 VP 时”“未 VP（之）前”作为同义结构交替使用，是“尚未 VP”“尚未 VP 时”“尚未 VP 之前”被视为同义结构，以及近现代“尚未 VP 之前”得以广泛使用的最直接源头。

2. 尚未曾 VP

在元明至近代时期，出现了“尚”和“未曾 VP”结合使用的情况，就笔者所检古汉语语料，发现“尚未曾 VP”主要出现于民间通俗的话本小说中，如：

例（14）（正末云）且住。那渔父的大恩尚未曾报得。怎好着这村厮儿又为我而死。（《全元曲》）

古汉语多用“尝”表“曾经”义，少用“曾”，通常用“未尝 VP”表示对过去事件的否定，相当于“没有 VP 过”，元代以来民间话本中的“尚·未曾 VP”即“尚·未尝 VP”。由于古音的“尚”“尝”同为禅母阳部字，“尚”“尝”在近音替代过程中，“尚·未尝 VP”有可能错衍为“尚·未尚 VP”，又由于汉语在先秦时期就存在“尚未/未尚”“尝未/未尝”等副词逆序构词的传统（黄珊，1996），由“尚·未尚 VP”逆序而成“尚·尚未 VP”，再由“尚·尚未 VP”删除多余且合并为“尚未 VP”，如图 2-3 所示。

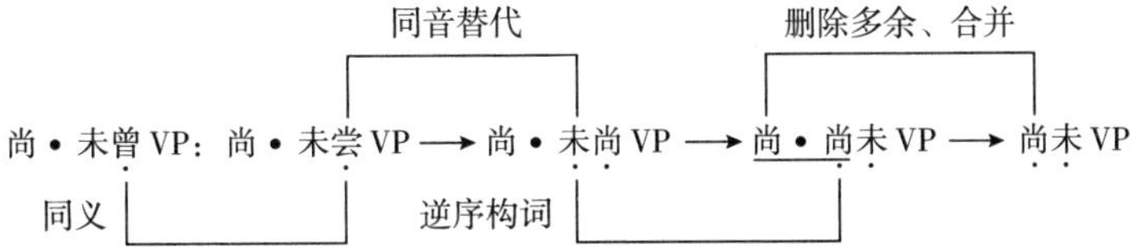

图 2-3 “尚未曾 VP”演化为“尚未 VP”的可能路径

“尚未曾 VP”与“尚未 VP”，后者很有可能源自前者，当然，这一推测尚需历史材料进一步佐证。

3. 未曾 VP 之前

在表层形式上，“未曾 VP 之前”是“尚未 VP 之前”的同形结构，如：

例（15）尚在未曾查禁之前，本人久已身故，其子孙亦无另行刊刻之事，均非徐述夔一案可比。（《纂修四库全书档案》）

“曾”是表过去的时间副词，由于例（15）“VP 之前”所在的主句不是祈愿事件，故“之前”也表过去时间，于是“未曾 VP”和“VP 之前”在时间范畴上是一致的，隐形否定词“之前”与“未”构成了羡余否定，所以“未曾 VP 之前”是羡余否定结构。

“尚未 VP 之前”的时间域有别于同形结构“未曾 VP 之前”，前者只能是现在，后者只能是过去。不过，尽管两者在时间域上完全相对，但由于结构相近，“未曾 VP 之前”也有可能成为“尚未 VP 之前”效仿的诱因。

4. “没（有）VP”以及“未”的时间特征淡化

上文述及，来自上古汉语的否定词“未”仅限于否定现在，与中古以后既否定现在也否定过去的通用否定词“没”有别。可是由于“无”“未”“不”“没”都有表达主观小量的语义特点，近代人们使用否定词时，实际上已开始逐渐混同使用“未”“没”。“未”表现在时的时体特征逐渐模糊。

古汉语中“未”假借为否定词时，只能用在动词前构成“未 VP”和“未尝

VP”。前者否定现在，表示动作还没有发生或事情还没有进展到某种状态；后者与过去时间副词“尝”结合，表示动作或事情过去没有发生过，用来否定过去。而当被否定成分为NP时，则用否定词“无”。

中古以后，随着动词“没”逐渐语法化为否定词，无论否定现在还是过去、否定VP还是NP，“没”囊括了“未”“未尝”和“无”，如表2-7所示。现代汉语中，“没”作为否定词已经取代了“未”“无”。“未”通常不在现代口语中出现，其标示现在的时宿主特征也逐渐淡化。

表2-7 “未”“未尝”“无”“没”

词性		上古	示例	中古以后	示例
P	现在	未VP	未见	没VP	没见
	过去	未尝VP	未尝见		
NP		无NP	无人	没NP	没人

综上，当前“尚未VP之前”除了语用增效和认知动因，还有可能是受两汉至近代以来“未VP之前”“尚未曾VP”“未曾VP之前”“没（有）VP”等近似结构的推动，并在淡化“未”的时宿主语义特征“［-过去］”的情况下出现的。

前文以汉语典型结构“尚未VP之前”为例，从定位汉语时体宿主切入，分析时体范畴对这个结构的制约，讨论时体和谐原则与语用习惯对该结构的双重影响，研究结论是：“尚”是持续体宿主，“未”既是现在时宿主，也是未完成体宿主，“之前”是指向现在、过去的双向时宿主。“尚未VP之前”既要受语言内的句法时体和谐原则的制约，同时又受到增效动因、认知动因和近似结构等语言外因素的语用推动，语言内外的双重作用是该结构表现为争议状态的根本原因。本章旨在通过以上研究，一方面对该结构合法性的历史争议进行解释，另一方面为汉语时体研究突破西方传统形态学框架提供新的研究思路和方法。

“时”和“体”作为语法范畴，原本是西方语言学界以屈折语言为研究对象的两个概念，汉语中有没有与之对应的语法范畴，在汉语语法界历来是一个颇有争议的学术问题。语言中的时间、体貌、性质、状态等意义是人类的普遍概念，标记和承载这些普遍概念的方式有同有异，汉语不同于形态语言，时体等语法范畴的实现是在虚词的辅助下结合语义来实现的。虚词和形态变化，两者异曲同工、殊途同归（邵敬敏，2019）。汉语不以词形变化来呈现时体范畴而是用副词、助词等词类来担当时体宿主的特点，决定了以西方形态学设定的形态范畴来讨论汉语的时体，不能真正解决问题。

第三章　波英汉问句的疑问范畴

不同于语法范畴之范畴，疑问范畴之范畴是指包含“疑问”这一语义内容的类的聚合。在本章，疑问范畴研究两个内容：疑问形式和疑问语义。本章第一节比较波兰语、英语和汉语的问句形式，揭示波英问句系统疑问范畴的异同。第二节讨论汉语问句的疑问语义，探讨双/多重疑问词组配疑问语义的语义类型学特征。

第一节　波英汉的问句形式

波兰语的问句主要有是非问（“Yes/No” questions）、特指问（“wh” questions）、正反问（tag questions）、反问（rhetorical questions）、回声问（echo questions），英语、汉语虽然也有这几种问句，但它们的问句形式有同有异。

一、波英汉的是非问

波兰语以 czy 置于句首构成是非问，无论句子的主语是什么人称，不论句子的主语是单数还是复数，也不论句子谓词的时体范畴，如果要构成是非问，皆可使用 czy。这个构句规则与汉语是非问的构成有异曲同工之妙，汉语通过在句末加上疑问语气词来构成是非问，汉语疑问语气词的添加也是不考虑句中主语的单复数、谓词人称/时/体范畴的。英语则不同，置于句首的助动词（do/does/did/will/was/were，etc.）要随着句子主语的格和谓语的时/体做出相应的调整，如：

例（1）Czy dzisiaj jest wietrznie？

PTCL today it is windy

"Is it windy today？"

“今天刮风吗？”

例（2）Czy on potrafi piec ciasta？

PTCL he be capable bake cakes

"Can he bake cakes？"

“他会做蛋糕吗？”

例（3）Czy chcesz iść ze mną？

PTCL you want go with me

"Do you want to go with me？"

“你想跟我一起去吗？”

例（4）Czy Sara kupiła mu prezent？

PTCL Sarah she bought him present

"Did Sarah buy a present for him？"

“沙娜给他买了一件礼物吗？”

波兰语是非问的句首疑问小品词 czy 是用来加强疑问语气的，也可以省略，省略后仍然构成是非问。另外，波兰语的是非问还有一种特别的敬语形式，即说话人用第三人称来称呼自己面前的受话人，如：

例（5）Chce pani① coś zjeść？

she wants Mrs. something eat

"Do you want to eat something？"

“您想吃点什么吗？”

例（6）Czy może pani mi powiedzieć która jest godzina？

PTCL she can Mrs. me tell which it is hour

"Can you tell me which time it is？"

① 波兰语称对方（第二人称 you）为“pan”或“pani”，而动词用第三人称单数形式时，是一种向对方表达礼貌和尊敬的敬语。

“劳驾告诉我一下现在几点了可以吗?”

波兰语用“Może...?”表示一种信疑交半的疑问语义，相当于汉语的“……吧?”，如：

例（7）Może znają rosyjski? -spytał z nadzieją w głosie.

maybe they know Russian he asked with hope in voice

"They know Russian? —He asked with hope in his voice."

“他们懂俄语吧？——他期待地问道。”

Może 有两个意思：①He/she can；②maybe。例（7）中的 może 的意思是 maybe，表示“可能他们懂俄语，但也可能不懂，我们不知道他们是否懂”的意思。另外，世界上几乎所有语言都可用语调上升来表达疑问，波兰语也不例外，但是这类通过语调上升而达成的问句，波、英、汉在使用双宾语时，其限制条件有所不同，如：

例（8）Dałeś kotu jedzenie?

you gave cat_{DAT} $food_{ACC}$

"Did you give the cat some food?" or "Did you give some food to the cat?"

" * Did you give some food the cat?"

“你给猫喂食物了吗?”

“ * 你喂食物猫了吗?”

波兰语中的直接宾语和间接宾语是用格位来表示的，间接宾语使用与格（Dative），直接宾语使用宾格（Accusative），由于宾语有格标记，直接宾语和间接宾语可以互换位置。而当英语、汉语的双宾语是由两个名词［如例（8）中“some food”（食物）“cat”（猫）］充当，且这两个名词宾语连用时，只能是间接宾语“cat”在前而直接宾语“some food”在后，英语中，如果直接宾语要放在间接宾语的前面，就需要在直接宾语和间接宾语之间插入介词 to。

二、波英汉的特指问

波兰语、英语、汉语的特指问句都离不开 wh 疑问词，但 wh 词在这三种语言中的分布不同，波兰语、英语是 wh-疑问词前置的语言，汉语是 wh-疑问词留在原位的语言（wh-in-situ language）。不过，尽管波兰语和英语都是 wh-疑问词前置的语言，但它们的疑问词前置时表现为同中有异，如：

例（9）Gdzie ją zabrałeś?

where her you took

"Where did you take her?"

“你把她带到哪里去了？”

例（10）Gdzie ty jesteś?

where you you are

"Where are you?"

“你在哪里？”

例（11）Kiedy odbywa się ten koncert?

when it take place oneself this concert

"When does that concert take place?"

“音乐会什么时候举办？”

例（12）Jak masz na imię?

how you have for name

"What is your name?"

“你叫什么名字？”

英语问句中，主语和谓词之间必须插入助动词和情态动词，而波兰语的问句没有助动词和情态动词，时体是通过谓词词形来实现的。波兰语中的 wh-疑问词前置到句首后，谓词待在句中原位不动，而英语的 wh-疑问词前置到句首时，表达句子时/体/态等语法范畴的助动词（auxiliary verbs）或情态动词（modal verbs）要紧随 wh-疑问词一起位移到句首，同时英语句中的谓词要使用原形形式，如：

例（13）a. Skąd to wiesz?

from where this you know

"Where do you know from?"

“你从哪里知道的？”

b. Skąd będziesz to wiedzieć?

from where you will this know

"From where will you know it?"

“你打算从哪里知道?”

波兰语中，涉及动作趋向的疑问词 gdzie/skąd/dokąd 和动作的时间、方位处所的疑问词 który/gdzie，其前的 do/w/u/na/o/ze/od 等要与 wh-疑问词一起置于问句句首，如：

例（14）O　której　kończaysz　pracę?

at　which　you finish　work

"What time do you finish work?"

“你几点下班?”

例（15）W　której　dzielnicy mieszkasz?

in　which　district　you live

"Which district do you live?"

“你住在哪个区?”

例（16）Do　której　restauracji　idziemy?

to　which　restaurant　we will go

"Which restaurant will we go?"

“我们去哪家餐馆?”

另外，波兰语的特指问还有一种省略谓词的问句形式，这种省略谓词的特指问句在英语和汉语中是不存在的，如：

例（17）Co　to?

what　that

"What is that?"

“那是什么?”

例（18）Kto　to?

who　it

"Who is he/she?"

“她/他是谁?”

例（19）Gdzie　to?

where　it

"Where is it?"

“那是哪里?”

三、波英汉的选择问

波兰语、英语和汉语都有一类肯定选项和否定选项共现的问句，这类肯否语义同现的问句包括附加问（tag questions，或称“反意问”）和正反问。在呈现肯定和否定两个选项时，波兰语与英语、汉语有很大差异。我们先来看附加问，如：

例（20）Czy　Dawid　nie　gra　na　pianinie?

PTCL　David　no　he plays　on　piano

"David plays the piano, doesn't he?"

“戴维不是弹钢琴的吧?”

例（21）Czy　nie　zapomnieliśmy　o　mleku?

PTCL　no　we have forgotten　about　milk

"We have forgotten the milk, haven't we?"

“我们不会是忘记了那些牛奶吧?”

波兰语这种肯否式的选择问在句首用疑问小品词 czy 与句中的“nie+谓词”组合来实现，英语的这种选择问句分为陈述句和附加小句两个部分，而汉语则采用“否定词+推量语气”的问句形式。

正反问属于选择问的一种，在汉语中指的是用“V 不 V”或“V 不 VO”来征求对方确认的问句，这类问句表达的疑问功能类似波兰语在陈述完事实后再在句尾加上带有疑问语调的“prawda”“czy nie”“zgadza się”“mam rację”，如：

例（22）Umiesz　pływać, prawda?

you can　swim　right

"You can swim, right?"

“你会游泳对吧?”

波兰语句末的“prawda?”“czy nie?”“zgadza się?”“mam rację?”相当于英语的“am I right?”“is it true?”

第二节　双重疑问的组配

第一节分析了波兰语、英语和汉语在表达疑问语义时其疑问句式的异同，是从句子这个层面考察疑问系统。但在语言的自然使用中，疑问语义的高效释读有赖于对承载疑问焦点的疑问词进行定位，而且复杂情况下疑问信息的负载不仅仅依赖某个单一的疑问词，而是涉及多个疑问词的共同作用。本节从汉语疑问词的疑问组配切入，运用统计分析的手段讨论疑问双重组配的语义类型学特征。

疑问副词（z）和疑问代词（x）组配表达疑问语义时，其组配形式为间隔组配和连续组配，组配规律是 z 前 x 后，组配影响为疑问语义的累加和消减两个相逆走向。SPSS 生成的对应分布图检验了两类疑问词的组配偏好以及同类变量的组配相似性，即 z、x 的组配偏好是间隔组配，同类变量的组配相似性决定彼此的可替代性。

汉语疑问词有疑问代词、疑问副词和疑问语气词三类。疑问语气词是超句法成分，本书不予考察。

疑问代词的研究主要为：20 世纪初，学者讨论了疑问代词的名称、性质、指代功能（王力，1954；吕叔湘，1982/1942；黎锦熙，2001/1953；等等）；20 世纪中后期至 21 世纪初，前辈时贤讨论了疑问代词的疑问及非疑问用法与分类（徐杰、张林林，1985；杉村博文，1992；邢福义，1996；李宇明，1997；张伯江，1997；邵敬敏、赵秀凤，1989；等等）。疑问副词的研究主要为：提出了疑问副词能表疑问语气并负载疑问信息的观点（吕叔湘，1982/1942；廖秋忠，1986；邢福义，1996；贺阳，1992；张谊生，2000；齐沪扬，2002）；探讨了一些代表性的疑问副词的来源（江蓝生，1992；赵长才，1998；袁宾，1989；李宇凤，2007；等等）。

也有人关注超句法成分的句末语气词与副词的互动（刘佳，2019）。但是，对同属句法结构成分的不同类疑问词同现缺少考察。鉴于此，本节尝试在“疑问”这一语义范畴下，考察疑问代词与疑问副词组合表现的疑问语义。首先要说明的是，疑问副词总是表疑问，而疑问代词有表任指或虚指等非疑问用法。疑问副词可与疑问代词的非疑问组合，试比较：

a. 究竟谁不知道呢？　　　　你到底找什么呢？（自拟）

b. 难道谁也不知道吗？　　　你大概在找什么吗？（自拟）

a 组的疑问代词表疑问，构成特指问，与疑问副词组配表达疑问语义；b 组的疑问代词不表示疑问，构成是非问，不与疑问副词组配表达疑问语义。a 是双重疑问词的疑问语义组配现象；b 是双重疑问词组合，但不是疑问语义组配现象。

本节只讨论双重疑问词的疑问语义组配现象。首先整理疑问词疑问语义同现的数据，接着实例分析疑问词与疑问词组配后的疑问语义，最后采用统计学的对应分析方法来分析语义组配变量之间的关系，检验疑问词语义组配的偏好性和相似性。

一、双重疑问词疑问语义的同现分布

双重疑问词疑问语义的同现分布，即疑问代词和疑问副词皆表达疑问语义，且同时出现在一个问句中。我们用函数式 $Y=f(x_1, \cdots, x_n, z_1, \cdots, z_m)$ 来描述疑问词与疑问语义的相关关系。疑问代词（x_1，…，x_n）和疑问副词（z_1，…，z_m）同为输入变量，是影响疑问语义（Y，即输出变量）的属性变量。在考察输入变量与输出变量的关系时，我们首先要确定输入变量的个数。

（一）确定输入变量

疑问代词变量。疑问代词表疑问，一般构成特指问句。疑问代词“谁”“什么”“哪里”“怎么”“多少”分别用来指称并询问人、物、处所、性状/原因和数量，承担句子的疑问信息，是句法上的疑问焦点。因此，我们在收集定性数据时，将疑问代词作为影响疑问语义的第一个属性变量 x，该变量下面，选取“谁”“什么”“哪里”“怎么”“多少”（x_1，x_2，x_3，x_4，x_5）5 个分变量。

疑问副词变量。疑问副词有表示疑问语气并负载疑问信息的作用（吕叔湘，1982/1942；廖秋忠，1986；邢福义，1996；贺阳，1992；齐沪扬，2002；张谊生，2000）。语义分类可整理为三类：

询问类：Ⅰ追问深究，如究竟、到底；

Ⅱ征询测度，如可、还。

测度类：信疑交半，询问探知，如恐怕、大概、也许、或许、想必、莫非。

反诘类：Ⅰ疑讶，如难道、竟然；

Ⅱ反问，如可、还①、岂不/非、岂敢；

Ⅲ感叹，如何必、何尝、何曾、何苦。

测度类疑问副词与疑问代词组配，疑问代词是非疑问用法，表示任指或虚指。以“恐怕＊疑问代词”为条件检索 BCC 语料库，结果为“谁$_{128}$、什么$_{400}$、哪里$_{31}$、多少$_{143}$、怎么$_{56}$”，疑问代词均为非疑问点，如：

恐怕今天谁也不愿意提她了。（《小说月刊》2006 年第 6 期）

大概一辈子都不知道她心里在想什么。（同上）

反诘类疑问副词与疑问代词组配，全句表达说话人的主观态度。以“难道＊疑问代词”为条件检索 BCC 语料库，结果为“谁$_{339}$、什么$_{2298}$、哪里$_{51}$、多少$_{60}$、怎么$_{240}$”，疑问代词均为非疑问点，如：

您难道不知道我是谁？（《长篇小说选刊》2008 年第 5 期）

我们又何必去计较什么成败得失？（同上）

疑问副词是影响疑问语义的第二个属性变量 z。这个属性变量下面，有询问类（z_1）、测度类（z_2）和反诘类（z_3）3 个分变量，而这 3 个分变量下面又各有数个具体变量（z_{11}，…，z_{3m}）。根据样本观察值，由于测度类、反诘类的疑问副词与疑问代词共现时，转移并消除了句子的疑问语义（Y），故测度类、反诘类与输出变量（Y）无关。在后面疑问副词的数据分析时，我们只需考虑询问类副词的 6 个分变量（后文称“询问副词”）：“究竟”“究竟……”“到底”“到底……”“可……”“还……”（z_{11}，z_{12}，z_{13}，z_{14}，z_{15}，z_{16}）。

（二）编制交叉列联表

交叉列联表是将收集到的数据按两个或两个以上属性分类，反映数据两两关系的频数表，是为后面检验属性变量之间的关系做前期准备。我们以 10 亿字的 BCC 综合语料库为检索对象，检索疑问副词与疑问代词“zx”连用和“z…x”

① “可”“还”还用在表反诘语气的问句中。如：赌！赌！赌！输了房子输了地，你这下可好了？一本万利的事，你还不做？（自拟）

隔用两种格式，按 1∶10 的抽样比例人工甄别并去除 z 与 x 同现时不表疑问语义的语例，统计出 z 与 x 组配后仍表疑问语义的语例，共 88224 个。在对这些语例进行分类后，按二维列联表的要求编制原始的数据表格，如表 3-1 所示。

表 3-1 双重疑问词疑问组配频次及组配语义

z \ x (F/P)		频次 (Frequency)					百分比 (Percentage)		语义
		谁 x_1	什么 x_2	哪里 x_3	怎么 x_4	多少 x_5	%		
询问类Ⅰ	究竟 z_{11}	1233	1428	124	1427	93	4.88	98.25	追问深究
	究竟……z_{12}	5926	18254	1859	3012	3711	37.14		
	到底 z_{13}	680	1755	320	4451	237	8.44		
	到底……z_{14}	8012	19980	3977	4866	5324	47.79		
询问类Ⅱ	可 z_{17}	0	0	0	0	0	0	1.75	征询测度
	可……z_{15}	54	201	3	1①	1	0.40		
	还 z_{18}	0	0	0	0	0	0		
	还……z_{16}	10	109	114	254	705	1.35		

根据表 3-1，总体来看，询问副词与疑问代词组配时存在着组配频次的差异：表达疑问语义时，通常多用询问类Ⅰ与疑问代词组配，配对率高达 98.25%；少用询问类Ⅱ去组配，配对率仅为 1.75%。

（三）数据录入

用 SPSS 软件将表 3-1 的数据录入该软件中，定义变量和变量值标签，生成询问副词与疑问代词同现分布的条形图（见图 3-1）。条形图直观呈现了双重疑问词疑问语义组配的两极，即“究竟……”“到底……”与疑问代词在组配中占绝对优势，“可……”“还……”与疑问代词的组配极少，几乎可以忽略不计。

二、双重疑问词疑问语义组配的实例分析

双重疑问词疑问语义的组配，是指疑问代词与询问副词在一个句子中同现，来共同表达疑问语义。语义组配时，在组配形式上有特定限制，其组配结果对疑

① 由于样本庞大，统计数据不可能精确到整数，统计表中的 1 仅表示概率极低，并不表示完全拒绝。

问语义也有影响。

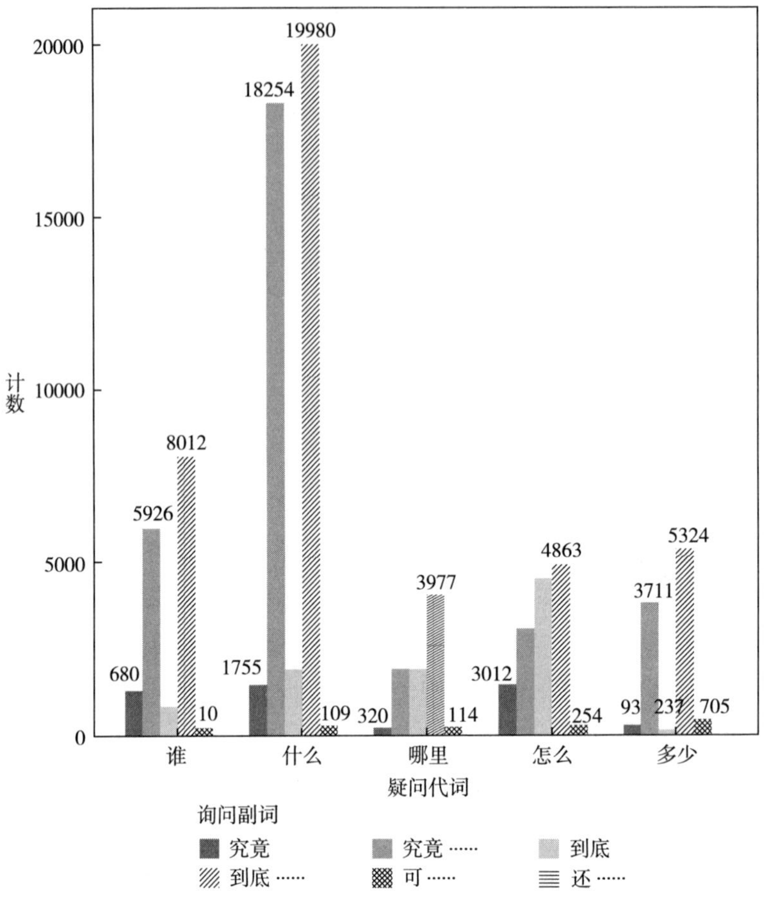

图 3-1 双重疑问词疑问语义分布

（一）组配形式

询问副词与疑问代词组配表达疑问语义有两种方式：连续组配，指询问副词与疑问代词连续使用；间隔组配，指询问副词与疑问代词之间有其他词语。

1. 连续组配

询问副词和疑问代词连续组配时，句中疑问代词，名词性的常作主语、定语，副词谓词性的常作状语或谓语，如：

例（1）究竟

a. 究竟谁来担任呢？（《长篇小说选刊》2006 年第 5 期）

b. 究竟什么样的女人才叫俊？（同上）

c. 这幅壁画究竟哪里出了问题？（同上）

d. 刚才你和他究竟怎么一回事？（同上）

e. 你姐姐李芹究竟多少岁？（叶兆言《马文的战争》）

例（2）到底

a. 到底谁是真的？（文贵、邹静之《铁齿铜牙纪晓岚》）

b. 到底什么事啊？（海岩《便衣警察》）

c. 到底少了什么？到底哪里不对劲？（彭三源《半路夫妻》）

d. 你和薛宇到底怎么啦？（海岩《一场风花雪月的事》）

e. 到底多少钱一把？（海岩《死于青春》）

连用组配是一种弱势组配，由表 3-1 可见，这类组配“询问类Ⅰ”仅占 13.32%，而“询问类Ⅱ”则为 0。

疑问词连用组配句中，疑问代词除作谓语的［例（2）d］之外，不与询问副词构成直接结构成分。副词具有元话语篇章功能（史金生，2003），属于语篇层面，在句中的位置灵活可移，而疑问代词属于句法层面，在句中的位置是固定的。两者属于不同的结构层面，即询问副词与疑问代词句法上是跨层结构成分。

2. 间隔组配

疑问词同现表示疑问语义时，隔用多于连用。句中疑问代词可充当各类句子成分，如：

例（3）究竟

a. 究竟该由谁来负这个责呀？（海岩《便衣警察》）

b. 周志明究竟是犯了什么罪？（同上）

c. 那么这个发现究竟重要在哪里呢？价值在哪里呢？（同上）

d. 她究竟有多少耐性？究竟能承受多长时间？（海岩《平淡生活》）

e. 你究竟要我怎样写毛家？（海岩《死于青春》）

例（4）到底

a. 苏珊到底在帮谁？（《小说月报》2006 年第 2 期）

b. 你到底出去干什么？（海岩《便衣警察》）

c. 沙乐群到底想怎么样？（《小说月报》2006年第7期）

d. 到底都埋在哪里了？（海岩《死于青春》）

e. 你到底有多少线索？（海岩《河流如血》）

隔用组配是一种优势组配，由表3-1可见，这类组配“询问类Ⅰ”占84.93%，而“询问类Ⅱ”为1.75%。

（二）组配规律

1.“z（副）”前“x（代）”后

无论是连续组配还是间隔组配，都是询问副词在前，疑问代词在后，即询问副词语义管辖疑问代词的语义范域。这一规律可以从多个角度来解释。

首先，从疑问词自身的语义性质与特征来解释。询问副词显示言者标示，表达言者主观情感，在交互性话语中传递言者的个人认知感觉，其主要语义特征是［+情感］［+评价］（方梅，2013，2017）。询问副词显示言者态度标记，具有人际交互性元话语的表达功能①，其疑问语义属于句外的元话语层面。其语义是言者“俯瞰”话语成分的高层语义。疑问代词，指代客观对象，承载句子的疑问信息，主要语义特征是［+指代］［+疑问］，其疑问语义构成基本命题，属于句内话语层面，其语义是被言者主观疑问所追问的低层语义。根据语义地图的连接性假设理论（Semantic Map Connectivity Hypothesis），任何有关联的范畴会将其结构关联投射到概念空间上，从而在概念空间中形成一个连接域，概念空间是以语义语法关联来构建概念“modality < object < property < action”的排列顺序的（Croft，2001：96）。而询问副词与疑问代词组配的先后顺序遵从了这一普遍的语义层级规则，即“情态”（modality）<“客体”（object）。

其次，还可以从句法结构层面来解释。根据生成句法学理论，组配式交媾结构有这样一个基本的形式，即［spec［cv comp］］，cv为动词或系动词，comp为名词、形容词、介词短语等谓词性成分，spec为表示评价意义的指示语，cv与它的comp通常称为“核”（core），spec称作“壳”（shell），内核与外壳形成

① Hyland（2008）将态度标记、显示言者标记、邀请参与标记等人际交互性标记定义为元话语第二个类别。

了句子的基本结构。由于疑问代词在句法上的指称性，能与动词短语构成密切的支配关系或管辖关系，从而生成一个相当于句核的内嵌结构（embedded clause）“［cv comp］”。而“究竟”等副词作为标志语（Spec）在语法树形图（syntax tree）上居于高位，与句核成分构成最大投射“［副词［小句］］”。副词在树形图上的向下承递（downward-entailing）的上位节点位置，反映在各成分间横向的线性关系上，则表现为居前（precedence）。

最后，可以从询问副词的语义指向来解释。陆俭明（2014：155）从语义指向的角度指出，“究竟”在语义指向上只能后指一个具体的疑问形式，这个具体的疑问形式可以是疑问代词（谁、什么、多少、怎么等）或选择疑问形式（“A 还是 B”）或正反问“V 不/没 V”等形式。因此，询问副词只能用在疑问代词的前面，是由其疑问语义指向的后指性所决定的。与例（1）比较，试变换：

例（1）'a. 究竟谁出了那么多钱？→＊谁究竟出了那么多钱？（自拟）

b. 究竟他出了多少钱？→他究竟出了多少钱？（自拟）

例（1）'中“究竟”，a 句不能后移，而 b 句可以后移。因为 a 的疑问点是“谁”，“究竟”后移，“谁”就脱离了“究竟”的“指向”，即越出了语义管辖范围；b 的疑问点是“多少”，“究竟”无论在“他”的前面还是后面，都可以后指“多少”，都可以管辖“多少”。

在本节检索范围内，均符合“［询问副词［疑问代词……］］”这一语序。以“疑问代词+询问副词”语序为检索项，我们在 BCC 语料库中仅检索到 4 例，如：

例（5）a. 进了水里，谁到底是谁的食物还说不定呢！（自拟）

b. 那么，哪里究竟是哪里也不知道喽？（村上春树《海边的卡夫卡》）

例（5）是疑问代词呼应结构作主语，其结构是［谁$_1$/哪里$_1$［究竟［是［谁$_2$/哪里$_2$］］］］，疑问代词“谁$_1$/哪里$_1$”与询问副词“究竟”没有语义关系，因此不是疑问代词前置于询问副词结构。所以语料事实表明，询问副词与疑问代词组配时，只有“询问副词+疑问代词”语序。

2. 疑问词与其他成分的语序

一是询问副词的语序，主要表现为是在主语前还是主语后；二是疑问代词的语序，主要表现为在小句中充当什么句法成分。

询问副词在主语前的，一般在句首，很少不在句首。连续组配的，疑问代词作主语［例（6）］；间隔组配的，疑问代词作宾语、定语、状语、补语［例（7）］：

例（6）a. 究竟谁是叛徒？（《长篇小说选刊》2006 年第 5 期）

b. 到底什么叫肝脑病啊？（海岩《五星饭店》）

c. 究竟哪里是他安身立命的地方呢？（《长篇小说选刊》2006 年第 5 期）

d. 到底怎样算接听好电话了？（李可《杜拉拉升职记》）

e. 到底多少才是极限？（《小说月报》2009 年第 9 期）

例（7）a. 到底他在梦里说了什么？（《小说月报》2006 年第 8 期）

b. 这一切究竟是怎么回事？（李冯《十面埋伏》）

c. 这种不可靠不安全的感觉究竟是从哪里来的？（李冯《十面埋伏》）

d. 活儿到底练得怎么样了？（陈枰《三七撞上二十一》）

询问副词在主语后的，询问副词作状语，疑问代词是谓语的下位成分，作小主语、宾语［例（8）］或定语、状语、补语［例（9）］；“怎么”“多少”可以直接作谓语［例（10）］。例如：

例（8）a. 饲料中粗纤维的含量究竟多少合理呢？（中国农科新闻网，http：//eb. nkb. com. cn）

b. 这么晚了你不回来到底在干些什么？（海岩《平淡生活》）

例（9）a. 她和章怀恒到底是什么关系呢？（《小说月报》2006 年第 2 期）

b. 我到底该怎么做呢？（《长篇小说选刊》2005 年第 4 期）

c. 上次的事到底考虑得怎么样了？（《长篇小说选刊》2005 年第 4 期）

例（10）a. 史局长究竟怎么了？（张平《十面埋伏》）

b. 你能拿得出来的到底多少？（六六《蜗居》）

（三）组配影响

询问副词与疑问代词组配构成双重疑问点话语结构。其中，疑问代词可以不依赖疑问副词而独立表示疑问；而询问副词却不能独立表示疑问，必须用在疑问形式“疑问代词或疑问格式”前。这样看来，询问副词与疑问代词组配句式中，疑问代词是常量，而询问副词是变量，双重疑问点对疑问表达的影响，实质上是询问副词对疑问表达的影响。这种影响有三个方面：增强句子主观疑问语义程度、增加句子客观疑问语义程度、消减句子客观疑问语义程度。

1. 增强句子主观疑问语义程度

任何话语都带有主观性。Langacker（1999）认为，语义不仅包括概念自身的内容，也包括附加在概念内容上的解释，这些解释反映了人的认知能力，是语义中的主观性成分。可以说，“言语的主观性和主观化无处不在，不存在纯粹客观的语言表达”（Lakoff，1987）。

就双重疑问点的话语句式来说，首先，疑问代词是特指问句的疑问焦点，而焦点的本质是听说双方对某个信息予以关注和重视，是有关听说双方心理认知状态等主观信息的凸显，与特定语境中主体的认知状态、认知程度有关（王小穹、何洪峰，2013，2015）。因此，仅从疑问的认知特点来看，疑问代词也是自带主观语义的。当然，这种主观语义程度还不太高。

其次，副词是主观情感性的词汇，表达个人视角、情感、态度，增强语力。询问副词表达言者主观的追问深究，加在疑问代词前，一个突出的特征就是更加凸显疑问的主观性语义程度。疑问代词与询问副词组配后，即在疑问这一自身的主观语义之外，又增加了一个表达主观疑问的算子。故有询问副词参与的疑问表达形式，其主观性得以增强，其主观评价特征就更加凸显。

最后，询问副词扩大了句子疑问范域。疑问代词表达疑问信息，仅是一个疑问点；与询问副词组配后，其高层主观语义管控整个句子，对整个事件提出疑问。

这种主观疑问语义程度，依询问副词语义性质而形成两种走向：增加客观疑问语义和减弱客观疑问语义。

2. 增加句子客观疑问语义程度

疑问代词在某些特定构式中同时具有客观和主观的双重语义（王小穹，2016），询问类Ⅰ“究竟/到底”与疑问代词组配，增加了句子客观疑问语义程度，表“追问深究”。试比较：

例（11）a. 谁干的？→b. 究竟是谁干的？（自拟）

a. 你俩什么关系？→b. 你俩究竟什么关系？（自拟）

例（12）a. 这个问题该怎么解决？→b. 这个问题到底该怎么解决？（自拟）

a. 有多少人来了？→b. 到底有多少人来了？（自拟）

比较例（11）可见，a 单用疑问代词构成的特指问句，焦点在疑问代词上，基本是客观地提出疑问，其疑问语义及程度比较客观平淡；b 加进疑问副词后，注入了言者迫切关注的情感，在主观上增加了一种追问深究的疑问，这样，主观疑问渗透进了句子的客观疑问语义中，句子由疑问焦点到疑问范域，增强了客观疑问语义程度。

上述主观、客观疑问语义程度的增加是双重疑问点疑问语义组配的正向累加效应。

3. 消减句子客观疑问语义程度

询问类Ⅱ“可/还”与疑问代词组配，部分消减了客观疑问语义程度，表“征询测度”。试比较：

例（13）a. 你喜欢过谁？→b. 你可喜欢过谁？（自拟）

a. 你有几个好妹妹？→b. 你可有几个好妹妹？（自拟）

例（13）中 a 句仅用疑问代词提出疑问，疑问语义客观直接。b 句加进“可”，则“谁、几”可能是疑问焦点，也可能是表虚指的“某人、一些”，不再是疑问焦点。可见，询问副词“可”的主观疑问语义因其间接委婉，会转移句子的疑问焦点，从而也消减了句子客观的疑问语义。

前辈时贤（袁宾，1989；江蓝生，1992；吴福祥，1996；叶建军，2008）指出，“还”的表疑作用适应于选择问句、反复问句和特指问句等多种疑问句，这些带“还”的疑问句在历史上使用了相当长的时间。用在特指问中的“还”，加重疑问语气，含进一步追究的意味，略相当于现代汉语的“究竟”，如：

例（14）a. 奸夫还是何人？（《水浒传》第二十六回）

b. 请问贵邑有三高祠，还是那三个？（《醒世恒言》第七卷）

因此，“还”与疑问代词组配，有两种理解：一种表示追究询问，相当于“究竟”，此为双重疑问点疑问语义的正向累加；另一种是反问，此为客观疑问语义的消减，邵敬敏（2013）认为此类反问兼具询问句特色，可看作混合型的疑问句，目的是缓和反问语气。试比较：

例（15）a. 你有几个好妹妹？→b. 你还有几个好妹妹？（自拟）

a. 离北京有多远？→b. 离北京还有多远？（自拟）

例（15）中 a 句疑问代词“几”“多”承载疑问语义，是疑问焦点，为客观疑问语义。b句加进“还”后，若为“追究”，即为疑问语义的正向累加；若为“反问”，则为疑问语义的消减。

疑问代词与询问副词组配表达疑问语义时，通常选择“究竟/到底”类而少用“可/还”类。这也说明，两者虽同为询问副词，但与疑问代词组配后，前者可使疑问语义更强更稳定，而后者则表现为或强或弱的不稳定性质。

三、双重疑问词疑问语义组配的对应分析检验

（一）对应分析的思想及基本步骤

社会科学的数量研究经常会对两个或多个变量之间的相关关系进行分析，在变量分类值较多时，不同变量不同分类间的关系存在选择的偏好性和相似性，对应分析正是解决该类问题的一种基于图形分析的直观有效的多元统计分析方法。对应分析的基本步骤是，首先编制两变量的交叉列联表；其次利用“降维”的方法，将变量与变量之间的联系同时反映在一张二维或三维的对应分布图（散点图）上，对应分布图使联系密切的类别点较集中，联系疏远的类别点较分散；最后通过观察对应分布图就能直观地把握变量类别之间的联系。

询问副词（z）、疑问代词（x）是构成疑问语义组配的两个变量类别，其内部又有多个分类，我们利用对应分析来直观揭示不同变量之间的联系是较为合适的。首先，编制z与x的交叉列联表（见表3-1）；其次，根据表录入数据，在SPSS操作页面勾选“加权组配频次”，在“行变量类别”和“列变量类别”处勾选“降维”，生成变量z与变量x的对应分布图（见图3-2）；最后，通过观察对应分布图来分析类别间的联系。

（二）数据呈现与分析

询问副词作为行变量类别有8类，疑问代词作为列变量类别有5类，据8×5列联表可得到行列维度最小值减1的维度，图3-2第一维度Dimension 1解释了列联表的75. 3%，第二维度Dimension 2解释了列联表的19. 2%，说明我们保留的信息中所占据的比例分别为75. 3%和19. 2%，也就是说该二维图已经可以解释原始信息的94. 5%，是比较理想的。图3-2即通过降维处理将点与点之间的关系直观地呈现在二维图上的结果。

图3-2可基本解读为，越接近图中心的变量，组配频率越高且相似性越大。

即不同类变量距离越近，彼此的联系就越密切，就越存在较高的组配频率（即“组配偏好”）；同类变量距离越近，就越具有组配相似性。

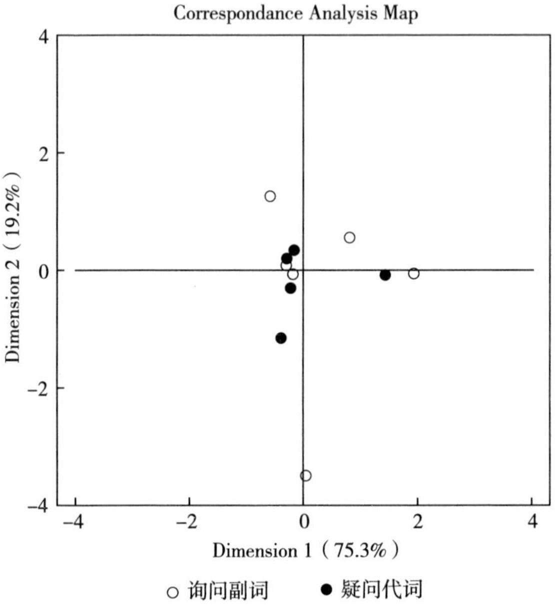

图 3-2　双重疑问词同现的二维对应分布（ i ）

具体而言，在不同类变量的关系上，图 3-2 反映了间隔组配占组配高频，尽管“还……”“可……”在外围，但间隔组配“究竟……”“到底……”居绝对中心，而连续组配“可/还”不见踪影，仅有“究竟”“到底”在较外围。在同类变量的关系上，x 类（实心散点）比 z 类（空心散点）分布更集中，说明它们在与他类变量组配疑问语义时，具有更大的相似性。

1. 行列变量组配偏好的具体分析

图 3-3 是在图 3-2 的基础上生成的，通过向量分析对行列变量的组配进行一个偏好排序。所谓向量分析，即从中心向任意点连线向量。比如，从中心点向“多少”做向量，然后让所有的询问副词往这条向量及延长线上做垂线，垂点越靠近向量正向的表示越偏好这种组配，偏好与“多少”组配的询问副词依次是“到底……＞究竟……＞到底＞究竟＞可……＞还……”。

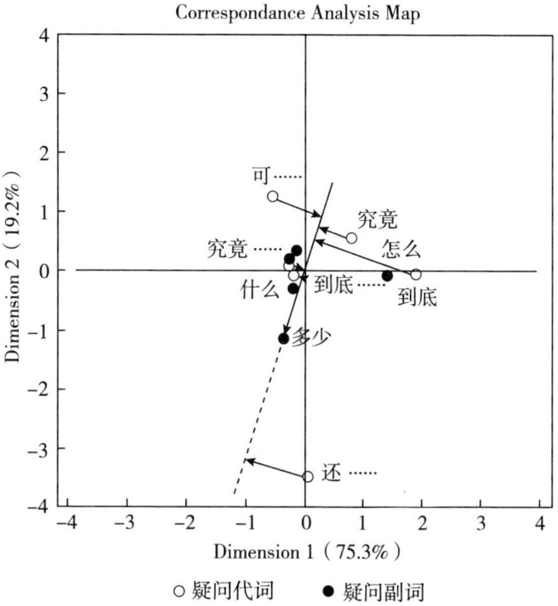

图 3-3　双重疑问词同现的二维对应分布（ii）

依次类推，我们可从中心向任意一个疑问代词做向量和垂线，就能排出每个疑问代词选择询问副词的组配偏好；当然，也可从中心向询问副词做向量，得到询问副词在选择疑问代词进行组配时的偏好排序。表 3-2 为行列变量 z、x 的组配偏好排序，排序值越大，组配偏好越强。

表 3-2　行列变量组配偏好排序

变量 x / 排序值 / 变量 z	谁 x_1	什么 x_2	哪里 x_3	怎么 x_4	多少 x_5
究竟 z_{11}	4	4	4	6	3
究竟……z_{12}	6	6	5	4	5
到底 z_{13}	3	3	3	3	4
到底……z_{14}	5	5	6	5	6
可……z_{15}	2	2	2	1	2
还……z_{16}	1	1	1	2	1

根据表 3-2，z 和 x 组配偏好的线性序列为：（$z_{12}x_1$，$z_{12}x_2$，$z_{14}x_3$，$z_{14}x_5$，$z_{11}x_4$）>（$z_{12}x_3$，$z_{12}x_5$，$z_{14}x_1$，$z_{14}x_2$，$z_{14}x_4$）>（$z_{11}x_1$，$z_{11}x_2$，$z_{11}x_3$，$z_{12}x_4$，$z_{13}x_5$）>（$z_{11}x_5$，$z_{13}x_1$，$z_{13}x_2$，$z_{13}x_3$，$z_{13}x_4$）>（$z_{15}x_1$，$z_{15}x_2$，$z_{15}x_3$，$z_{15}x_5$，$z_{16}x_4$）>（$z_{16}x_1$，$z_{16}x_2$，$z_{16}x_3$，$z_{16}x_5$）。

在行列变量组配的线性序列中，在组配率极低的 z_{15}、z_{15} 忽略不计的情况下，以 z_{12}、z_{14} 为组配成分的间隔组配皆靠近整个线性序列的左边，以 z_{11}、z_{13} 为组配成分的连续组配皆趋于序列的中后部，组配偏好排序也验证了间隔组配是双重疑问词疑问语义组配的强势形式。

2. 同类变量组配相似性的比较分析

仍以图 3-2 为基础，我们从中心向任意两个相同类别的点做向量，根据向量夹角来看同类变量的相似情况，夹角是锐角的话表示两者具有相似性，锐角越小越相似，相似的同类变量即具有组配相似性（见图 3-4）。比如，“到底”“究竟”的夹角是锐角，说明两者具有组配相似性，在与 x 组配时常可彼此替换，而“到底”“可……”的夹角是钝角，说明两者在与 x 组配时差异较大，几乎不具有替换性。

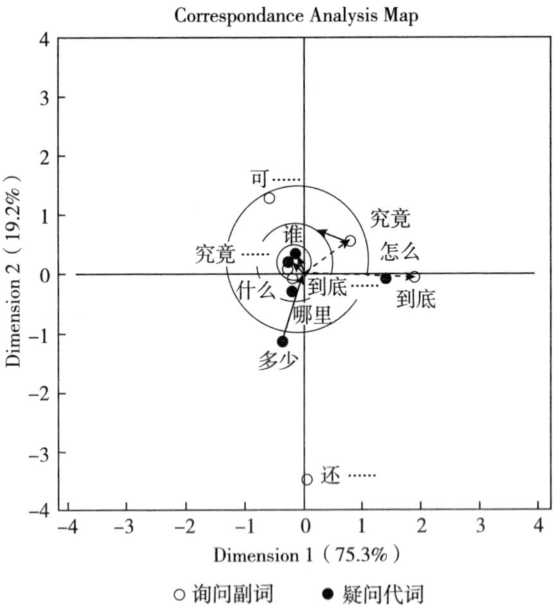

图 3-4　双重疑问词同现的二维对应分布（iii）

根据向量夹角分析，分别对列变量内部的 10 个比较对和行变量内部的 15 个比较对进行两两比较，生成表 3-3 和表 3-4 的标志值（sv）数据，sv 越大，与他类变量组配的相似性越大。

表 3-3　列变量的组配相似性

x	x_1-x_2	x_1-x_3	x_1-x_4	x_1-x_5	x_2-x_3	x_2-x_4	x_2-x_5	x_3-x_4	x_3-x_5	x_4-x_5
sv	10	7	3	5	8	2	6	1	9	4

表 3-4　行变量的组配相似性

z	$z_{11}-z_{12}$	$z_{11}-z_{13}$	$z_{11}-z_{14}$	$z_{11}-z_{15}$	$z_{11}-z_{16}$	$z_{12}-z_{13}$	$z_{12}-z_{14}$	$z_{12}-z_{15}$	$z_{12}-z_{16}$	$z_{13}-z_{14}$	$z_{13}-z_{15}$	$z_{13}-z_{16}$	$z_{14}-z_{15}$	$z_{14}-z_{16}$	$z_{15}-z_{16}$
sv	8	13	1	12	5	4	15	14	7	2	6	9	11	10	3

列变量（x）比较对的相似性序列为 $x_1-x_2>x_3-x_5>x_2-x_3>x_1-x_3>x_2-x_5>x_1-x_5>x_4-x_5>x_1-x_4>x_2-x_4>x_3-x_4$。

行变量（z）比较对的相似性序列为 $z_{12}-z_{14}>z_{12}-z_{15}>z_{11}-z_{13}>z_{11}-z_{15}>z_{14}-z_{15}>z_{14}-z_{16}>z_{13}-z_{16}>z_{11}-z_{12}>z_{12}-z_{16}>z_{13}-z_{15}>z_{11}-z_{16}>z_{12}-z_{13}>z_{15}-z_{16}>z_{13}-z_{14}>z_{11}-z_{14}$。

位于行列变量相似性序列中间位置的比较对是 $z_{11}-z_{12}$、x_2-x_5、x_1-x_5，分别对应表格中的标志值 z（$m_{0.5}$）= 8 和 x（$m_{0.5}$）=（6+5）/2=5.5，体现了中位数对分布数列的代表性，也说明行列各变量在组配相似性上是具有普遍性的。根据以上相似性序列，列比较对“x_1-x_2”和行比较对“$z_{12}-z_{14}$”分别具有最大相似值，靠近线性序列最左端，说明它们组配相似性最大。组配相似性越大的比较对，在与他类变量组配时彼此能替代的可能性越大。

在检验与他类变量的组配偏好和同类变量的组配相似性上，理想点与反理想点模型分析同向量垂线分析（见表 3-2）、向量夹角分析（见表 3-3 和表 3-4）的结论基本一致。即以任意变量为定位点，以任意大于 0 的半径画圆，越先圈进来的他类变量就是该定位点最偏向的组配对象，越先圈进来的同类变量与该定位点越具有组配相似性。比如，以“谁 x_1”为圆心（定位点）画圆，按圈进先后得出的组配偏向、组配相似性顺序分别是“$z_{12}x_1>z_{14}x_1>z_{11}x_1>z_{15}x_1>z_{13}x_1>z_{16}x_1$”和“$x_1-x_2>x_1-x_3>x_1-x_4>x_1-x_5$”（见图 3-4）。同理，以 z 为定位点，能做同样的解读。

综上所述，对应分布图在判断 z、x 这两类变量之间的关系时，也能判断同类变量内各分变量之间的关系，前者关系表现为不同类变量的组配偏好，后者关系表现为同类变量的组配相似性。对应分布图从这两个维度分别检验了不同类变量的组配偏好是间隔组配，同类变量的组配相似性决定它们在组配时彼此替代的可能性程度。

本章统计了疑问词 z 类（“究竟”等 6 类询问副词）与 x 类（“谁”等 5 类疑问代词）同现表示疑问语义的情况，讨论了 z、x 的组配形式、规律和影响，运用二维对应分布图的分析方法检验了 z、x 的组配偏好以及同类变量的组配相似性。其中，$z_{(11,12,13,14)}$ 与 x 的组配占绝对优势，$z_{(15,16)}$ 与 x 的组配只有极少数。z、x 的组配形式有间隔组配和连续组配。组配规律是 z 前 x 后。z、x 组配对疑问语义有三种影响：增强主观疑问语义程度、增强客观疑问语义程度和削减客观疑问语义程度。前两种是双重疑问词疑问语义的正向累加，后一种是相逆消减。统计学的对应分析检验了 z、x 的组配偏好和同类变量的组配相似性。z、x 的组配偏好是间隔组配，同类变量的组配相似性决定它们与他类变量组配时是否可彼此替代。

疑问词是一个历久弥新的研究课题。学界对疑问代词的核心作用已有统一认识，但对边缘词类疑问副词的疑问功能意见不一。所以，我们除了思考各类疑问词的个性特点，更要关注不同类疑问词之间的共性和互动特征，关注边缘词类对语义的贡献。

第四章　波英汉问句的疑问焦点

wh-词是发话人想要获取的信息，是问句的疑问焦点（Interrogative Focus）所在。本章研究波英汉问句的 wh-词，以波兰语的 wh-词为主线，用英语为标注语言，对波英汉 wh-词的分布特点及其所承载的疑问语义进行比较分析。本章语料来自波兰语国家语料库 NKJP（Narodowy Korpus Języka Polskiego），下面逐节考察 co、kto、kiedy、gdzie、skąd、jak、ile 等疑问词在问句中的形态分布特点，对波英汉问句的疑问焦点进行语义类型学的考察。

波兰语 wh-词有名词性、形容词性、数词性和副词性四类。名词性的 wh-词是 co（who）、kto（what）；形容词性的 wh-词是 jaki（what，什么样的，用于修辞描写）、któty（which）、czyj（whose）；数词性的 wh-词是 ile（how much/many），副词性的 wh-词是 kiedy（when）、gdzie（where）、skąd（from where）、dokąd（to where）、jak（how）、dlaczego（why）等。除副词性 wh-词无须变格外，前三类 wh-词都有变格要求，而且形容词性的 wh-词还有性、数的语法范畴。为方便查看比对，将第二章第一节波兰语静词性疑问代词转录于此（见表 4-1）。

表 4-1　波兰语的静词性疑问代词

格	名词性质		形容词性质						数词性质
	kto	co	jaki		Który		czyj		ile
			单数	复数	单数	复数	单数	复数	复数
1	Kto	co	jaki jaka jakie	jacy jakie	który która które	którzy które	czyj czyja czyje	czyi czyje	ilu ile

续表

格	名词性质		形容词性质						数词性质
	kto	co	jaki		Który		czyj		ile
			单数	复数	单数	复数	单数	复数	复数
2	Kogo	czego	jakiego jakiej jakiego	jakich	którego której którego	których	czyjego czyjej czyjego	czyich	ilu
3	Komu	czemu	jakiemu jakiej jakiemu	jakim	któremu której któremu	którym	czyjemu czyjej czyjemu	czyim	ilu
4	Kogo	co	jakiego jaką jakie	jakich jakie	którego którą które	których które	czyjego czyją czyje	czyich czyje	ilu ile
5	Kim	czym	jakim jaką jakim	jakimi	którym którą którym	którymi	czyim czyją czyim	czyimi	ilu iloma
6	kim	czym	jakim jakiej jakim	jakimi	którym której którym	których	czyim czyjej czyim	czyich	ilu

形容词的 wh-词既有 6 格，同时又有单数、复数，其中单数又分阳性、阴性和中性，复数分男性和非男性；数词性的 wh-词也有 6 格，但只有复数，其复数分男性和非男性两种形式。

下文以波兰语国家语料库 NKJP 为语料来源，对该库中的波兰语 wh-词按 6 格的形式从第 1 格到第 6 格依次进行检索分析，针对形式相同但性质不同的格以手工方式对检索结果进行校对整理。若某个 wh-词既有单数阳、阴、中三性，又有复数男、非男两性，下文仅检索单数阳性形式，若某个 wh-词没有单数只有复数（如 ile），则仅检索其复数男性形式。

第一节 名词性疑问代词

一、co

（一）第 1 格/第 4 格

疑问词 co 的第 1 格（nominative，主格）和第 4 格（accusative，宾格）同形，在疑问句中是疑问焦点，在非疑问句中则为不定代词。co 是波兰语用法最广的 wh-词，本节对 co 的第 1 格和第 4 格进行英、汉比较，后面章节再对 co 的其他用法予以解释。

Co 以第 1 格或第 4 格形式承载问句疑问信息的情况多用于“Co to jest?”（这是什么?）提问或问候“Co słychać?”（你好吗?）等简单句，如：

例（1）Co to znaczy sistiema?

what$_{FOC}$ this means sistiema①

"What does Sistiema mean?"

或用于反问语境中：

例（2）Cóż to znaczy "pisałem dla siebie"? Teraz w Polsce trzeba pisać dla ludzi,

what$_{FOC}$ this means I wrote for myself now in Poland should write for people

z ludźmi, o ludziach.

with people about people

"What is the meaning of 'I wrote for myself'? Now in Poland one should write for people, with people and about people."

“我为自己而写，是什么意思? 在波兰，现在应该为人民而写、和人民一起写以及写人民。”

以第 1 格形式出现的 co 多用于复合句中，相当于英语非限定性定语从句的

① sistiema 是一种俄式战斗（Russian type of fighting）。

关系代词，如：

例（3）Pokazał jej prace, co ją zachwyciło.

he showed her_{GEN} work $what_{NOM}$ her_{ACC} delighted

" He showed her his work, which delighted her. "

“他把他的作品给她看了，这让她很开心。”

例（4）Mamy zaginiony laptop, co wskazywałoby na morderstwo.

we have lost laptop $what_{NOM}$ would indicate for murder

" We have lost the laptop, which would indicate for the murder. "

“我们丢失的笔记本也许能为这个谋杀案件提供信息。”

例（5）Jest ciemność, co przychodzi bez ostrzeżenia.

there's darkness $what_{NOM}$ arrives without warning

" There's a darkness which comes without a warning. "

“黑暗不期而至。”

例（6）Dostałem własne konta, co mnie cieszy.

I got one's own account $what_{NOM}$ me_{ACC} enjoy

" I've got my own account, whichmakes me happy. "

“我有了自己的账户，这让我很开心。”

以第 4 格形式出现的 co，用在前置词后面作前置词的宾语，或者用于及物动词，表示行为的客体，在句中作直接宾语，如：

例（7）Jeśli tak, to po co?

if so this for $what_{ACC}$

" If so, then why?"

“如果是这样，那又是为什么呢？”

第 4 格 co 与前置词构成“po co”，有趣的是，波兰语这个固化了的短语结构竟然与汉语询问原因的“为什么”在结构上完全对应，相当于英语询问原因的 why。

第 1 格和第 4 格 co 不作为疑问焦点来提起疑问时，相当于英语宾语从句的关系代词，语义功能上相当于汉语的不定代词，是一种不确定的指代，如：

例（8）On będzie lepiej wiedział *co* robić.

he would be better know $what_{ACC}$ do

" He'd know better what to do. "

“他更清楚他要做什么。”

例 (9) Zaczynam rozumieć, *co* czują samotne matki.

I start understand $what_{ACC}$ they feel lonely mothers

" I'm starting to understand howthe lonely mothers feel. "

“我开始明白单身妈妈的感觉了。”

第 (10) Nocami będziemy sobie opowiadać, *co* robiliśmy.

at night we will $oneself_{LOC}$ tell $what_{ACC}$ we were doing

" At night we will tell each other what we were doing. "

“夜里我们会互相讲我们做了什么。”

例 (11) Nie musiałem mówić *co* czuje do ciebie.

no I had to say $what_{ACC}$ she feel towards you_{GEN}

" I didn't have to say what she feel towards you. "

“我不必告诉你她对你的感觉。”

(二) 第 2 格

波兰语 co 的第 2 格 czego (genitive, 属格), 以其词形变化表示结构上的语法关系, 而非表示事物之间的所属的语义关系。czego 作为 co 的第 2 格, 是波兰语语法约定俗成的惯例。在波兰语中, 有些动词 wymagać (ask)、potrzebować (need)、chcieć (want)、zaprzestać (stop) 等要求后面的直接宾语用第 2 格, 如:

例 (12) Więc **czego** pan oczekuje w zamian od mamy? -LUCJAN Niczego.

so $what_{FOC}$ you is expected to in exchange from mom (name) nothing

" -So what do you expect from your mom in return? -Lucjan: Nothing. "

“—那么您还期待从妈妈那里得到什么呢? —露西: 没什么。”

例 (13) **czego** jeszcze chcą? -Pojedziesz tam,

$what_{FOC}$ yet they want you go there

" What else do they want? -You will go there. "

“他们还要什么? —你去那儿瞧瞧。”

例（14）–I **czego** się[1] dowiedziała?　–Milczałam.

CONJ　what$_{FOC}$ QUB　she found out　I ketp silent

" –And what did she get to know? –I kept silent. "

“—她发现什么了吗？—我没回答。”

例（15）Zenek, **czego** się tak martwisz? –rzekła serdecznie.

Zenek　why$_{FOC}$ QUB　thus　you worry　she said　cordialy

" Zenek, why do you worry so much? She said warm–heartedly. "

“她热心地问：杨乃克，你为什么这么担心呢？”

例（16）Coś, **czego** się bał. Coś, co go rozwścieczy.

something　what$_{GEN}$ QUB　he feared　something　what$_{NOM}$　him　enrage

" Something that he was scared of, Something that infuriate him . "

“他害怕什么，什么会让他生气。”

波兰语“知道”“担心”等感知类以及“期待”“害怕”“需要”等心理活动类的动词后面的 co 要用其第 2 格形式 czego。

另外，波兰语中，当名词或代词前面有前置词（preposition）时，名词或代词要受前置词支配，采用相应的格形式。波兰语有不少前置词用来支配不同的格，表示不同的时间、空间、目的等关系。支配第 2 格的前置词有 bez（no）、blisko（approach < time/place >）、dokoła/dookoła/naokoło（around）、koło（be close to; about）、naprzeciw/naprzeciwko（opposite）、obok（beside; besides）、od（from<place>; towards; at<the start of time>; from<reason/resource/object/genitive relation>; away from<place>; occording to<measurable units>）、oprocz（except）、u（used between assembly unit and entirety, or before owners; very close to sb/sth）、z（used before the start of place/ the resource of information/ the start of time/the original status/reason/motivation/sample/constitutes/affiliation）等。

支配第 2 格的前置词 z 表示起点位置、信息出处、起始时间、原来状态阶段、原因、动机或理由、构成成分、所属组织等，如：

① 主动态和被动态是波兰语、英语和汉语都具有的语法范畴，但是波兰语除了主动态和被动态，还有一个中间态，się 是波兰语中间态的语法标记，当 się 出现在动词前时，说明这是一个表示中间态的语法意义的句子。

例（17）Z **czego** się śmiejecie?　　-Ze mnie?

PREP　what$_{FOC}$ QUB　you laugh at　PREP　me

" -What are you laughing at? -Me?"

"—你们笑谁呢？—笑我？"

例（18）Z **czego** teraz żyć?　-Byłam jego sekretarzem.

PREP　what$_{FOC}$　now　survive　I was　his$_{GEN}$　secretary

" By what do you make a living now? -I was his secretary. "

"你现在靠什么生活呢？—我是他的秘书。"

支配第 2 格的前置词 do 表示"往/至（时间）/对于/达到（数量）"等意义，如：

例（19）Co wypada? Do **czego** to nas doprowadziło,

what$_{FOC/NOM}$　be proper　PREP　what　this　us$_{ACC}$　brought

zastanów się, mamo.

consider　QUB　mum

" What's proper? Think about what it has lead us to, mom. "

"什么适合（这个情况）？妈妈，你想想是什么让我们这样。"

（三）第 3 格

波兰语 co 的第 3 格（dative，与格）为 czemu，当一个动词支配两个名词性成分的时候，名词或代词往往要用第 3 格形式。不过在波兰语中，有一些动词、名词或形容词只支配一个名词性成分的时候，也会要求被支配的名词性成分要用第 3 格，如：

例（20）-Ty, **czemu** ty do siebie gadasz?

you$_{NOM}$　why$_{FOC./DAT}$　you$_{NOM}$　to　oneself$_{GEN}$　you talk

" You, why are you talking to yourself?"

"你为什么自言自语？"

例（21）**czemu** się tak nad tym namyślała?!

what$_{FOC}$ QUB　such　over　this$_{INSTR}$　she thought

" What did she think about it like this?"

"她怎么这样思考问题？"

例（21）中的 gada（说话）、namyśle（思考）要求与产生支配关系的 co 使用第 3 格形式。另外，波兰语中有些前置词也要求后面的名词性成分使用第 3 格，如：

例（22）To **czemu** się nie odezwałeś?

so$_{CONJ}$ why$_{FOC/DAT}$ QUB not you spoke

" So why didn't you speak?"

“那你为什么不说话呢?”

例（23）Ku **czemu** ją obraca?

towards$_{PREP}$ what$_{FOC}$ her$_{ACC}$ she/he spin

" Towards what does she/he turn her?"

“她/他把她向什么转呢?”

“前置词+第 3 格”的高频搭配导致 czemu 的语义在没有前置词的情况下，逐渐演化为询问原因的疑问词，其疑问语义相当于 why，如：

例（24）**czemu** się pan nie rozbierze?

why$_{FOC}$ QUB you not take off clothes

" why didn't you take off your coat?"

“您为什么不脱下衣服呢?”

例（25）-Więc **czemu** nie odjechałeś?

so why$_{FOC}$ not you left

" So why didn't you leave?"

“那么你为什么不离开呢?”

例（26）-A **czemu** ty, budowlaniec, mieszkasz w bloku?

and why$_{FOC}$ you$_{NOM}$ construction worker you live in building section

" Why you, construction worker, live in a block?"

“作为建筑工人的你为什么住在街区呢?”

例（27）**Czemu** Budda jest taki gruby?

why$_{FOC}$ Budda it is such$_{NOM}$ fat

" Why is Budda so fat?"

“佛为什么会这样胖?”

（四）第 5 格/第 6 格

波兰语 co 的第 5 格（instrument，工具格）与第 6 格（location，前置格）同形，皆为 czym。当 co 与系动词连用，表示职业、身份时，用第 5 格，如：

例（28）A pan, jeśli wolno zapytać, **czym** się zajmuje?

CONJ　you　if　allowed to　ask　$what_{FOC}$ QUB　works on

"And you sir, if I can ask, what do you do?"

“可以问下您从事什么工作吗?”

例（29）czym ma pachnieć?

$what_{FOC}$　he's got　smell

"what is he supposed to smell like?"

“他闻起来是个什么味道呢?”

或者，co 与系动词连用，表示状态时，如：

例（30）czym w takim momencie stają się żurawie?

$what_{FOC}$　at　$such_{INSTR}$　moment　become　cranes

"what are the cranes becoming in such moment?"

“在这种时刻鹤会变成什么呢?”

另外，co 与有些前置词连用时，要用第 6 格 czym，如：

例（31）Z **czym** ty mi wyjeżdżasz!

PREP　$what_{FOC}$　you_{NOM}　me_{DAT}　you're leaving

"What are you telling me!"

“你在说什么!”

例（31）中“Z czym ty mi wyjeżdżasz”是口语表达，是对对方无礼言论的反应，相当于英语的“What are you telling me!”

例（32）nie wiem w **czym** mogłabym panu pomóc?

not　I know　PREP　$what_{FOC}$　I can　you　help

"I don't know what I can help you with。"

“我不知道我能在哪些地方帮助你。”

例（33）W **czym**? -No, w tym strzyżeniu.

PREP　$what_{FOC}$ INTERJECTION　PREP　$this_{INSTR}$　shearing

" With what? well, with this cutting. "

“用什么？嗯，用这个修剪。”

例（34）Na **czym** to ja skończyłem?

PREP what$_{FOC}$ it I$_{NOM}$ I finished

" At what did I finish? / Where have I finished?"

“我在什么地方结束的？”

例（35）-Nie powiedziałem ci o **czym**?

not I told you$_{DAT}$ PREP what$_{FOC}$

" What didn't I tell you about?"

“我为什么不告诉你？”

例（36）-Nad **czym** teraz siedzisz?

over$_{PREP}$ what$_{FOC}$ now you sit

" What are you doing now?"

“你现在在忙什么呢？”

二、KTO

（一）第1格

波兰语 kto 表示动作行为或特征的主体，在句中作主语时用第1格形式。kto 用来问人，在简句中作为疑问焦点提起询问时，波兰语的语法形式是“Kto to jest?”（这是谁？），如：

例（37）To jak, **czyj** to syn, kto jego matka? Zgadnąć nie trudno.

this how whose$_{FOC}$ this son who his mother$_{NOM}$ guess$_{INF}$ not difficult

" So what, whose son is he, who is his mother? It's not hard to guess. "

但自然对话中少见这种表达，其使用更多的是幼儿或外语学习者的造句形式。第1格 kto 作为疑问焦点承载疑问信息时，它一般分布在复合句的宾语从句中，如：

例（38）-A wiesz, kto jest już zbędny? -Ty.

But you know who$_{FOC}$ it is already unnecessary you

" -But you knowwho's we don't need anymore? -It is you. "

“—你知道谁是我们不再需要的人吗？—是你。”

例（39）Nawet nie wiem，kto to dama.

even　not I know　who$_{FOC}$　it is　lady

" I don't even know what a lady is. "

“我甚至不知道这位女士是谁。”

例（40）Wiesz kto jeszcze powiedział，że miałaś rację?

you know　who$_{FOC}$　else　he said　COMP　you were　right

" You know who else said that you were right?"

“你知道究竟是谁认为你们是对的吗?”

例（41）Zawsze zastanawiałem się，kto był biologicznym ojcem Penny.

always　I wondered　QUB who$_{FOC}$ was　natural　father Penny

" I always wondered who Penny's natural father was. "

“我总好奇彭尼的亲生父亲是谁。”

例（42）Chcę wiedzieć kto to jest przyjaciel.

I want　know$_{INF}$　who$_{FOC}$ it　it is　friend

" I want to know what friend is. "

“我想知道谁是朋友。”

（二）第 2 格/第 4 格

波兰语 kto 的第 2 格（属格）和第 4 格（宾格）同形，皆为 kogo。

1. 第 2 格

kogo 作为 kto 的第 2 格形式，表达的是语法范畴的意义，不同于概念意义上的所属关系，英语 whose-who 和汉语“谁的—谁”这种概念意义上的所属对应关系在波兰语中体现为 czyj-kto。当句中出现支配第 2 格的 od/z/za/o/dla 等前置词时，要用 kto 的第 2 格形式，如：

例（43）-A od **kogo** pożyczysz?　-Od Antka Majewskiego.

and from who$_{FOC/Gen}$ you borrow　from　（name）

" -And who will you borrow from?　-From Antek Majewski. "

“—你找谁借的呢？—向安特卡·马耶维斯基借的。”

例（44）-O **kogo** ci chodzi?　-Taki facet，co zabijał młotkiem.

about who$_{FOC}$ you it comes such man that he killed with a hammer$_{INSTR}$

"-Who do you mean? -A guy who was killing people with a hammer."

“你认为是谁呢?(是)那个用铁锤杀人的家伙?”

例(45) Za **kogo** innego pana wziąłem? Nie wydaje mi się.

for someone$_{FOC}$ somebody you I took not think I QUB

"I mistook you for someone else? I do not think so."

“我错把你当成谁了吗?我认为没有。”

例(46) Ma się rozumieć, że z nauczycieli, bo z **kogo**? W takich

has QUB understand COMP from teachers otherwise from whom$_{FOC}$ in such

przypadkach zawsze nauczyciele się najlepiej nadają.

situation always teachers oneself most fit

"It is understandable, that's from teachers, otherwise from whom? In this case teachers are the most suitable."

“从老师的角度是可理解的,不然又从谁的角度?在这件事上老师是最合适的。”

例(47) Mało? Jak dla **kogo**.

few/little how for who$_{FOC}$

"Little? it depends for who."

“少?这要看对谁。”

2. 第4格

第4格 kogo 用于及物动词,表示行为的客体,在句中作直接宾语:

例(48) -A **kogo** mam prosić? -W oczach mężczyzny pojawiła się czujność.

and who$_{FOC}$ I have ask$_{INF}$ in eyes man$_{GEN}$ appeared QUB vigilance

"-Who should I ask? -There was a vigilance in the man's eyes."

“那我该问谁?那个男人眼里露出警惕。”

例(49) -Do **kogo** miałbym dzwonić? -Nie mam do kogo.

to whom$_{FOC}$ I could call not I have to whom

"-Who could I call? -I have no one to call."

“我能把电话打给谁呢?我的电话无人可打。”

（三）第 3 格

波兰语 kto 的第 3 格（与格，或称给格）为 komu，用于支配两个宾语的动词，表示动作涉及的对象，作间接宾语，如：

例（50）Lecz **komu** miał o tym powiedzieć?

but who$_{FOC}$ he could about this tell$_{INF}$

"But who could he talk to about it?"

“但是他能跟谁谈论这件事呢?”

例（51）My ślicie, że nie wiemy, **kto** komu brudne palce wkładał w ranny bok?

you think COMP not we know who$_{FOC}$ whom dirty finger put in hurt side

"Do you think we do not know who was putting his dirty fingers in the wounded side of whom?"

“你认为我们不知道是谁把他的脏手指放在谁的伤口上了吗?”

第 3 格 kim 还表示与句中谓语所表述的行为、结果有利害关系，作间接宾语，如：

例（52）A zresztą **komu** innemu chciałoby się tu siedzieć?

and anyway who$_{FOC}$ others would like to QUB here sit$_{INF}$

"Anyway, who else would like to sit here?"

“事实上，谁愿意坐在这儿呢?”

例（53）Ale **komu** na tej prowokacji zależało?

but who$_{FOC}$ on this provocation cared

"But who cared about this provocation?"

“但谁在意这种挑衅呢?”

或表示生理或心理上的感觉，作逻辑主语：

例（54）**Kto** wejdzie głębiej, komu pierwszemu łza w oku się zakręci?

who$_{FOC}$ will enter deeper who$_{GEN}$ first tears in eye QUB will spin

"Who will get deeper (into it), whose eyes will be filled with tears first?"

“谁会深陷其中，谁的眼中会饱含泪水?”

（四）第5格/第6格

波兰语 kto 的第5格（工具格）和第6格（前置格）同形，皆为 kim。当问人的 kto 与系动词连用，作谓词表示职业、身份或状态等时，其格含义为第5格，如：

例（55）**Kim** jestem? Kimś obcym i bliskim jednocześnie, przed

who$_{FOC}$ I am sombody foreign and close at same time in the front

kim najłatwiej obnażyć duszę? –rozmyślałem.

who is most easily unveil$_{INF}$ soul I reflected

" –Who am I? Simultaneously a foreign and close someone who is the most easy to unveil soul in front of a man? –I reflected. "

"'我是谁？一个在人前容易坦露灵魂的既陌生又亲密的人？'我反省道。"

例（56）A wy, **kim** byliście w młodości, normalnym dzieckiem?

and you$_{PL}$ who$_{FOC}$ (you) were in youth normal$_{PL}$ children

" And you, who were you (what were you like) during your youth, (as) a normal child?"

"在年轻时你们作为普通的孩子是怎样的?"

例（57）–Więc **kim** ksiądz jest? –Niektórzy nazywają mnie mistrzem duchowym.

then who$_{FOC}$ priest it is some call me master spiritual

" –So who are you, priest? –Some call me a spiritual master. "

"—神父，那么你是谁？—有人称我为精神导师。"

例（58）Kim są przechodnie? I jacy są?

who$_{FOC}$ they are pedestrians and what kind$_{FOC}$ they are

" Who are the pedestrians? And what are they like?"

"这些行人是谁？他们像什么人?"

当 kto 受前置词支配，接在前置词后面时，其格含义为第6格 kim，表示行为动作的伴随者，如：

例（59）–To znaczy z **kim**? –Z Piotrkiem.

this you mean with whom$_{FOC}$ with (name)

" -With whom you mean? -With Piotrkiem. "

"—你说你跟谁在一起？—跟彼得一起。"

例（60）-O **kim** konkretnie? -Matka nie pamięta nazwisk.

about whom$_{FOC}$ specially mother not remember names

" - About who (are you telling) specially? - Mother doesn't remember the names. "

"—你们具体告诉谁了？—母亲不记得了。"

例（61）Z **kim** się mama musi liczyć? Z tym kretynem?

with whom$_{FOC}$ QUB mom should matter$_{INF}$ with this idiot

" Who do you have to reckon with? With this idiot?"

"你会考虑谁呢？这个傻瓜？"

"z kim" 也可以留在原位，不移至句首，如：

例（62）-Nie masz jej z **kim** zostawić? -Tak.

not has her with who$_{FOC}$ leave yes

" -There's no one who could stay with her? -No. "

"—没人跟她一起留下吗？—没有。"

第二节　形容词性疑问代词

波兰语形容词性的疑问代词与名词性的疑问代词一样，也是静词性质的，除少数外来词没有词形变化外，波兰语的形容词都有性、数、格的语法特征，要求与被修饰的名词保持性、数、格的一致关系。波兰语形容词性的疑问代词具有形容词的语法属性和语法意义，用来对其所修饰的名词性成分的性质、状况和数量等特征发起询问。波兰语形容词性质的疑问代词是 jaki、który、czyj，以及询问数量的疑问代词 ile，下文以阳性形式为例，依次从第 1 格到第 6 格对 jaki、który 和 czyj 的语法属性进行波英汉三语的对照考察。

一、JAKI

(一) 第 1 格

Jaki 对所修饰的名词性成分进行描写和说明:

例 (1) A za tak wygłodzoną świnię **jaki** masarz da cenę?

and for such starved pig $what_{FOC}$ pork butcher to money

" What kind of pork butcher would give a price for such a starved pig?"

"什么样的肉店会为这样一只饥饿瘦弱的猪开出一个价格呢?"

Jaki 也可以充当指示代词，其语义"什么样的"相当于汉语"的"字结构的名词功能，如:

例 (2) Chcesz usłyszeć **jaki**?

you want $hear_{INF}$ what $kind_{FOC}$

" Do you want to hear some kind?"

"你想听某一类吗?"

与前置词搭配，构成"w jaki sposób"，相当于询问方式的英语 wh-词 how 和汉语问方式或原因的疑问代词"怎么":

例 (3) -W **jaki** sposób? -Najpierw chciał wysłać do ciebie esemesa,

in $what_{FOC}$ way firstly he wanted $send_{INF}$ to you message

potem maila, wreszcie zwykły list.

then Email finally common letter

" -How? -At first he wanted to send you a text message, then Email, in the end common letter. "

"—怎么做? —首先他要给你发短信，然后发电子邮件，最后写信。"

例 (4) -W **jaki** sposób? -Nie pojmowałem, dlaczego jej podejrzenia

in $what_{FOC}$ way not understand why_{FOC} her suspicion

padły na Melchiora.

fell on (name)

" -How? -I did't understand why she suspected Melchior. "

"—为什么? —我不明白他为什么怀疑梅尔基奥。"

（二）第 2 格/第 4 格

Jaki 的第 2 格（属格）与第 4 格（宾格）同形，皆为 jakiego。用第 2 格对事物的性质性状进行提问，如：

例（5）-Ale **jakiego** różu ta pani używa? -Jola wizażystka pytała natarczywie.

but $what_{FOC}$ rouge this Mrs use Jola Makeup artist she asked offensively

"-But what kind of rouge does this lady use? -Makeup artist Jola asked offensively."

"—这位女士用的什么粉？—化妆师乔娜无礼地问道。"

例（6）A jeśli magiem, to **jakiego** rodzaju talent posiadał?

and if magicain it is $what_{FOC/GEN}$ kind talent he possessed

"If he was a magician, what kind of talent did he possess?"

"如果他是魔术师，他会具备哪些才能呢？"

第 4 格 jakiego 是对动作所涉及的直接宾语进行提问，如：

例（7）To im mówię, do **jakiego** ptaka należy I

that's $them_{ACC}$ I tell to $what_{FOC}$ bird it belongs to and

jakie gniazda inne ptaki budują.

$what_{FOC}$ nests other birds they build

"Then I tell them which kind of bird it belongs to and which kinds of nests other birds are building."

"于是我告诉他们它属于哪类鸟以及别的鸟类所建的鸟巢类型。"

第 4 格形式 jakiego 大多情况下用在 do、z 等前置词后面，如：

例（8）Do **jakiego** portu płyniemy?

to $what_{FOC}$ harbor we are sailing

"Which harbor are we sailing to?"

"我们坐船去什么港口？"

例（9）Z **jakiego** powodu młoda osoba miałaby opuścić taki dom?

for $what_{FOC}$ reason young person he/she should leave such home

"For what reason a young person would leave such a home?"

"一个年轻人离开这种家庭的原因是什么？"

例（10）A niby z **jakiego** tytułu ma pan prawo żądać od nas informacji?

and on earth from what$_{FOC}$ title he has you right demand$_{INF}$ from us information

" And what right on earth do you have to demand the information from us?"

“你究竟有什么权利从我们这里获取信息?”

（三）第 3 格

当形容词性的疑问代词 jaki 所修饰的名词性成分为与格时，jaki 要与名词性成分的格保持一致，即要用第 3 格（与格）jakiemu，如：

例（11）Ku **jakiemu** celowi miałem się kierować?

to what$_{FOC/DAT}$ goal$_{DAT}$ I have QUB head to / aim to

" I should have aimed to what (kind of) target?"

“我应该树立某个生活目标?”

Celowi 是 celowy 的第 3 格形式，意为“目的地”，常比喻为“生活目标”，在动词 kierować 支配下要用第 3 格，修饰 celowi 的 jaki 也要用第 3 格。

第 3 格 jakiemu 往往和前置词 po 构成固定搭配，其意相当于英语的“in which language”和汉语的“使用什么语言”，如：

例（12）Po **jakiemu** by do nich zagadać? Może znają rosyjski?

in what$_{FOC}$ provided$_{ANTER}$ to them talk maybe (they) know Russia

" In which language we can talk with them? Maybe they know Russian?"

“我们用什么语言跟他们交谈？他们懂俄语吗?”

例（13）–A[①]po jakiemu ci mówili? –Po rumuńsku.

and in what$_{FOC}$ you$_{ACC}$ talk in Romanian

" –In which language did they talk to you? –In Romanian. "

“—他们用什么语言跟你说话？—用罗马尼亚语。”

例（14）A co z żarciem? Gdzie będziemy spali? I po **jakiemu**

and what$_{FOC}$ with food where$_{FOC}$ we will sleep and in what$_{FOC}$

mamy się porozumiewać?

we will have QUB communicate$_{INF}$

① 波兰语句首的 a 是句首发语词，用于句首，表示提起一个句子的开始。

" And what about food? Where will we sleep? And in which language will we communicate?"

“食物怎么办？我们睡哪里？我们用什么语言沟通？”

例（15）A po **jakiemu** on się z tą Portoryczką dogada?

and in what$_{FOC}$ he oneself with this Puerto Rican girl will communicate

" In which language will he communicate with this Puerto Rican girl?"

“他用什么语言跟这位波多黎各女性沟通？”

（四）第 5 格/第 6 格

当 jaki 及所修饰的名词性成分与系动词连用，表示职业、身份和状态时，用第 5 格 jakim，如：

例（16）I na **jakim** stanowisku pan pracował, jeśli wolno spytać?

and in what$_{FOC}$ workplace you worked if may ask

" May I ask what your job was?"

“可以问问你的工作是什么吗？”

例（16）询问职业，jaki 和 stanowisko 都使用了第 5 格形式，又如：

例（17）Pamiętasz, na **jakim** filmie byłeś?

you remember COMP what$_{FOC}$ film you were

" Do you remember what movie you saw?"

“你记得你看了什么电影吗？”

在修饰方式、地点状语时，jaki 为第 6 格，如：

例（18）W **jakim** jest stanie. nie poznaję cię?

in what$_{FOC}$ （he/she）is condition not （he/she）recognize you

" In what condition is he/she? He/she doesn't recognize you?"

“他/她处于什么状态？他/她不认识你？”

例（19）W tym piekle, w **jakim** ja żyję, nie ma żadnych grzechów.

in this hell in what I I live not has nothing sin

" In this hell that I'm living, there's no such thing as sin."

“在我生活的这个地狱里，罪恶不算什么事儿。”

二、KTÓRY

(一) 第1格

Który可以用来问人、问物，在对人提起询问时，相当于“谁”；在对物提起询问时，相当于“什么”。但是，który的语义内涵是对众多人/物中的某个或某类人/物提起询问，相当于英语的which，不等同于汉语的“谁”“什么”，如：

例(20) Ciekawe, **który** z nich to Traszka?

curious which$_{FOC}$ from them that (name)

"It's curious who is Traszka among them?"

“很好奇他们中谁是特拉西卡?”

例(21) Może u tego Mariana, **który** przyjaźni sié z Ulą?

Maybe in this Mariana which$_{FOC}$ make friend QUB with (name)

"Maybe in this Mariana's (flat), who is the friend of Ula?"

“在玛丽安娜的这个公寓里，谁是乌拉的朋友?”

例(22) **Jak** mogę występować w obronie chłopca, który kradnie?

how$_{FOC}$ I can step forward in defence boy who steals

Który uciekł z domu?

who ran away from home

"How can I step forward the boyin defence, who is stealing, who ran away home?"

“我怎样走进那个防范心理强的男孩?他偷窃，曾离家出走。”

例(23) No to, Hipis, **który** fragment mam ci znaleźć?

So that, Hipis which$_{FOC}$ fragment I have you find

"So, which fragment I am supposed to find for you, Hipis?"

“那么，嬉皮士，我该为你找点什么?”

(二) 第2格/第4格

波兰语który的第2格和第4格同形，都是którego。który的第2格表示所属关系，如：

例(24) z **którego** wybrzeża pochodzą te ostrygi?

from which$_{FOC}$ coast come these oysters

"Which coast do these oysters come from?"

“这些牡蛎来自什么海滨呢?”

否定句中的直接宾语要用第2格形式，如：

例（25）Nie pytasz o niedopałka, którego mi dałeś?

no you ask about cigarette$_{GEN}$ which$_{GEN}$ me$_{DAT}$ you gave

"You're not asking about the cigarette you gave me?"

“你不问问你给我的那支香烟（的下落）?”

另外，波兰语有不少动词和固定词组要求名词性成分的第2格作直接宾语，与其连用，如：

例（26）**Dlaczego** chcesz pozbawić swego ojca niewolnika,

why$_{FOC}$ you want take away from your father slave$_{GEN}$

do którego się przyzwyczaił?

from which QUB gets used to

"Why do you want to take the slave away from your father to whom he got used?"

“你为什么要带走你父亲习惯了的仆人?”

例（27）Tego, którego wypchnęli przez okno?

that$_{FOC}$ which they pushed through window

"The one which they pushed through the window?"

“是被他们从窗户推出去的那位吗?”

例（28）W **którego** z nich sam wierzysz?

in which$_{FOC}$ of them yourself （you）believe

"Which of those do you believe in?"

“你相信他们中的哪一位呢?”

例（29）Czy naprawdę ten, **którego** zostawiłeś Ruskom?

PTCL really this which you left Russians$_{DAT}$

"Was this really the one you left for the Russians?"

“这是你们给俄罗斯人留下的东西吗?”

例（29）的 którego 分别为动词 przyzwyczać（get used to）、wypchnąć

(push)、wierzyć(believe)、zostawić(left)的直接宾语。

有时 który 采用第 2 格，不是因为充当了某个动词的直接宾语，而是由于它前面的前置词要求它采用第 2 格，如：

例(30) To już nie ma powodu, dla **którego** można by mnie podrywać?

so yet no have reason for which can me_{ACC} you flirt with

" So there is no reason for which you can flirt with me? "

“那么你撩我没有理由?”

który 的第 4 格用于及物动词，表示动作行为的客体，在句中作直接宾语，如：

例(31) To sam, **którego** zwiesz Dobrym Pasterzem?

it's same one $which_{FOC}$ you call Good shepherd

" Is it the same one who you call the Good Shepherd?"

“就是那个被你称为好牧人的人吗?”

例(32) Zjedzone przed rokiem ciastka czy zamieszanie, od **którego** kipiał obóz?

eaten before year cookies or mess from which boiled camp

" The cookies eaten a year ago, or the commotion from which the camp was seething?"

“是一年前吃的饼干? 还是营地沸腾的骚动?”

(三) 第 3 格

któremu 是 który 的第 3 格形式，第 3 格（与格）表示动作涉及的对象，用于支配与格的动词、名词、形容词或用于支配两个宾语的动词，如：

例(33) **któremu** odgryzł ucho?

$whom_{FOC}$ he bit off an ear

" whose ear does he bit off?"

“他咬掉了谁的耳朵?”

例(34) I Boga, **któremu** na czas słabości można się wgramolić

and God, $whom_{FOC}$ for the time of weakness can QUB climb/put

na barana albo uwiesić u ramienia.

on shoulders or hang on arm

" And God, whose shoulders can be climbed or hanged on at the time of weakness?"

“唉，谁在弱小的时候还能抬头挺胸呢?”

例（35）Piszesz pamiętnik, **któremu** powierzasz sekrety?

You write a diary　which　you entrust secrets

" Are you writing a diary, which you entrust your secrets to?"

“你在写承载你秘密的日记吧?”

例（36）I Emhyra var Emreisa, **któremu** oni obaj służą?

and　(name), whom　they both serve?

" And Emhyr var Emreis, whom they both serve?"

“以及那个他们俩都侍奉的艾米赫拉·法·艾米蕾莎?”

例（33）~例（36）中 któremu 分别是动词 odgryzł、wgramolić、powierzas、służą 所涉及和支配的对象。有时，第 3 格 któremu 表示生理或心理上的感觉，作逻辑主语，如：

例（37）To typ wiecznego chłopca, któremu nie w głowie poważne związki?

this type eternal　boy　whom　not　in the head serious relationships

" This is a man-child type, who doesn't care for serious relationships?"

“这就是那种对正经关系不在乎的男孩类型?”

例（35）~例（37）中，形容词性疑问代词 który 的第 3 格 któremu 不是疑问焦点，而是作为关系代词分别充当从句的宾语和逻辑主语。波兰语 któremu 充当关系代词时，在语义上相当于英语 what/who/which 所对应的波兰语名词性疑问代词 co/kto 的第 3 格（czemu/komu）的功能，如：

例（38）Jestem ostatnim w kamienicy, **któremu** chce się w to bawić.

I am　the last　in tenement house,　whom　wants　oneself　in　this　play

" I am the last person in the tenement house who wants to deal with it. "

“我是想要解决这个问题的最后一个住客。”

例（39）Tu chciał zaczekać na grzesznika, **któremu** miał dać ocalenie.

here he wanted to wait　for sinner,　whom　he was supposed to give salvation

" Here he wanted to wait for the sinner, whom he was supposed to offer salvation."

"他要在这儿等待那个他想挽救的罪犯。"

例(40) Mózg, od którego się nie wymaga, **któremu** się pobłaża,

brain from which QUB not be demanded at which QUB connives

rozleniwia się i sennie zamyka.

makes lazy QUB and sleepily shuts down

"A brain, from which nothing is demanded, to which one is lenient, becomes lazy and closes sleepily."

"既没有需求也没有追求的大脑会变得懒惰且封闭。"

(四)第5格/第6格

Który 的第5格(工具格)与第6格(前置格)同形,皆为którym。który采用第5格których是为了与其修饰的名词第5格保持一致,名词性成分的第5格表示动作行为所发生的地点、时间或方式。这时,名词性成分前往往有前置词w、na、z等,而名词性成分的第6格永远是与前置词连用的,如:

例(41) W **którym** miejscu ich promieniowanie zaczyna być odczuwalne?

in $which_{FOC}$ place their radiation starts be noticeable

"In which place does the radiation starts to be noticeable?"

"哪里的辐射开始引起了人们的注意?"

例(42) Ale w **którym** to było sezonie?

but in $which_{FOC}$ this was season?

"Which season was it in?"

"那时是什么季节?"

例(43) -Na **którym** piętrze? -Dziesiątym.

on $which_{FOC}$ floor the tenth

"-On which floor? -On the tenth."

"—在几楼?—在十楼。"

例(44) W **którym** kierunku jedziesz?

in $which_{FOC}$ direction you're going?

"What direction you're going?"

"你往哪儿走呢?"

名词性成分采用第5格形式时,表示动作行为所凭借的工具或物质,如:

例(45) Do nowiuśkiego, czerwonego paszportu, z **którym** jako szanowany obywatel

to new red passport with which as respected citizen

Europy i świata zamierzałem objechać wiele miłych miejsc, od

Europe and world I intended travel many nice places from

Berlina po Auckland.

Berlin to Auckland

"As a respected Europe and world citizen with the new, red passport, I intended to travel to many nice places, from Berlin to Auckland."

"作为一个拥有新的红本护照的信誉度高的欧洲和世界公民,我打算游览从柏林到奥克兰的许多美丽的地方。"

例(46) Czy pasuje do podłoża, na **którym** znaleźliście ofiary?

PTCL it fits to ground on which you have found victims

"Does it fit to the ground, on which you have found the victims?"

"这与你找到的受害者的证据相符吗?"

上面两例 którym 不再是负载疑问信息的疑问焦点,而是引导从句的关系代词,又由于关系代词前的先行词分别是 paszportu (passport)、podłoża (ground),故例(5) z którym 和例(6) na którym 分别表示动作行为所凭借的工具或物,在从句中充当状语。

三、CZYJ

(一)第1格

疑问句中,czyj 为第1格(主格)形式时,指代物主,并对所属关系提起询问,如:

例(47) A **czyj** to adres?

and $\text{whose}_{\text{FOC}}$ this address

"Whose address is that?"

"那是谁的地址?"

例（48）-A **czyj** to samochód？-Nie wiem.

and $whose_{FOC}$ this car　　not　I know

" -Whose car is this？-I don't know. "

“—这是谁的车？—不知道。”

例（49）**Czyj** ty jesteś，moje słodkie malowanie？

$whose_{FOC}$ you youare　mine sweet　painting

" Whose（possession）are you，my sweet painting？"

“亲爱的油画，你是谁的财物呢？”

例（50）-Co ty tu robisz？-Przyjechałem na koncert.

$what_{FOC}$ you here youdo　I came　　for $concert_{ACC}$

-Na **czyj**？-To był prawdziwie wielki，piękny człowiek.

for　$whose_{FOC}$ this he was really　　great，　beautiful human

" -What are you doing here？-I came to see a concert. -Whose concert？-He was a really great，beautiful man. "

“—你在这儿做什么呢？—我来听一场音乐会。—谁的音乐会？——个真正伟大的优雅的音乐家。”

例（51）Na **czyj** dwór trafimy？

at　$whose_{FOC}$ mansion　we will find our way（to）

" Whose mansion are we going to be send to？"

“要把我们送到谁的房子里去呢？”

例（52）No，**czyj** ty jesteś，szczeniaku？

so $whose_{FOC}$ you you are　pup_{VOC}

" So who do you belong to，pup？"

“小狗，你是谁家的宝贝？”

形容词性的物主代词 czyj，表示所属关系，语义结构关系相当于英语的 whose，但英语的 whose 不能单独充当主语，而波兰语 czyj 以主格形式是可以充当主语的，因此，波籍学生在进行波英对译时，有些同学往往会由于母语代入而出现负迁移错误（下面用＊标示），如：

例（53）**Czyj** jest ten czterokolorowy długopis？-Mój.

whose$_{FOC}$itis　this four-colour$_{ADJ}$ pen　　mine

" * Whose is this four-colour pen?"

" -Whose four-colour pen is this? -It's mine. "

“—这是谁的四色钢笔呢？—是我的。”

例（54）-A **czyj** to dom?　-spytał grzecznie

and whose$_{FOC}$ this house　-he asked　nicely

" * -Whose is this house? -He asked politely. "

" -Whose house is this? -He asked politely. "

“—这是谁的房子？—他礼貌地问。”

（二）第 2 格/第 4 格

Czyj 的第 2 格（属格）和第 4 格（宾格）同形，都是 czyjego。第 2 格主要表示事物的所属关系，第 4 格用于及物动词，表示行为的客体。与波兰语不同，英语表示行为的客体时用 whom，表示事物所属关系时不分主格和属格，都用 whose，汉语虽然没有形态上的格范畴，但在表示所属关系这一概念意义时用“谁的”，在表示行为的主体、客体时用“谁”。波兰语在形态变化上比现代英语更为完整，我们可以根据不同的格形式来理解 czyj 在句中语法意义，如：

例（55）Tylko **czyjego** życia? **Czyje** ono będzie? Spać już, spać, nie myśleć.

only whose$_{FOC/ACC/M}$ life whose$_{FOC/ACC/N}$ it will be? sleep now sleep, not think

" But whose life? Whose (item) will it be? Go to sleep, go, don't think (about it). "

“谁的命？那是谁的命？别想了，走，睡觉去。”

例（55）的 czjego、czyje 在英语和汉语中是用同一形式来表达的，但波兰语用两种不同的格形式来区分疑问信息的差别。Czyj 的阳性第 2 格、第 4 格同形，都是 czyjego，czyje 是中性第 4 格，czyje 是对前面 czyjego 的进一步追问，可知 czyjego 也一定是第 4 格，czyjego 和 czyje 同为第 4 格，但前者是对阳性名词进行提问，后者是对中性名词进行提问，如：

例（56）C **zyjego** snu jest odbiciem?

whose$_{FOC/M}$　dream　it is reflection

" Whose dream is this a reflection of?"

“这是谁梦想的反映?”

例（57）Musi się poświęcić dla dobra No właśnie, **czyjego** dobra?

he/she has to QUB sacrifice for good then exactly whose_{FOC} good

" He/she has to sacrifice himself/herself for the good, Well, for whose good?"

“他/她得为了他人的利益牺牲自己，那么，他人的利益是谁的利益?”

Czyje 在 z、u、dla 等前置词后面，要求用第 2 格，如：

例（58）Z **czyjego** upoważnienia?

from whose_{FOC} authorization

" From whose authorization is it?"

“是谁的授权呢?”

例（59）U **czyjego** kuzyna? Jezu, nie pytałem.

at whose_{FOC} cousin Jesus no I asked

" At whose cousin home? Jesus, I didn't ask. "

“在哪个表兄妹家? 上帝啊，我没问。”

例（60）To **kto** wtedy je dyktuje i dla **czyjego** dobra je wykonuje?

then who_{FOC} then them he/she dictates and for whose_{FOC} good them follows

" Then who dictates them and follows them for whose good?"

“那么为了谁的利益是谁在指使他们、追随他们?”

Czyjego powodu 与前置词 z 搭配，构成固定表达，相当于英语的疑问词 why 和汉语问原因的疑问副词“怎么”，如：

例（61）Z **czyjego** powodu przyjechaliśmy do tej dziury?

from whose_{FOC} reason you came_{PL} to this backwoods

" Why did you come to this backwoods?"

“你们怎么来到这片荒野林区了?”

（三）第 3 格

Czyj 的第 3 格（与格）单数阳性的形式是 czyjemu，笔者在包含 2.5 亿生词的波兰语平衡语料（NKJP）中以“czyjemu [czyj: adj: sg: dat: m1: pos]”为条件，检索到单数阳性仅 3 例。语料如下：

例（62）A **czyjemu** w końcu dziełu-ż Urządzono jubileusz?

and$_{CONJ}$ whose$_{FOC/SG/N}$ at last work PTCL① be organized anniversary$_{ACC/SG}$

"And for whose work was the anniversary organized?"

“组办年会是为了谁呢?”

例（63）Tylko ku **czyjemu** dobru, panie komperatysto,

but to whose$_{DAT}$ benefit$_{DAT/N/SG}$ Mr comparative studies scholar$_{M/SG/VOC}$

czy może ku dobru wspólnemu?

PTCL maybe for benefit$_{N/SG}$common$_{ADJ/DAT/N/SG}$

"But for whose good? Mr Comparatist, maybefor the common good?"

“但是为了谁的利益呢? 比较学先生，难道是为了大众利益?”

例（64）Parę tygodni trwała narodowa

several weeks$_{NOM/M}$ lasted$_{V/F}$ national$_{ADJ/NOM/SG/F}$

dyskusja, **czyjemu** honorowi zagraża

disussion$_{NOM/SG/F}$ whose$_{ADJ/DAT/SG/M}$ honour$_{DAT/SG/M}$ endangers$_{V/SG/TER}$

falujący biust.

undulating$_{ADJ/NOM/SG/M}$ breast$_{NOM/SG/M}$

"The national discussion about whose honour is endangered by undulating breast lasted several weeks."

“有关乳房波涛般起伏危害尊严的全民讨论持续了数周。”

例（62）与格 czjemu 表示与句中谓语所表述的结果有利害关系，对间接宾语进行提问，承载询问间接宾语的疑问信息。例（63）、例（64）与格 czjemu 不再承载疑问信息，前者指代不确定的某人，具有疑问代词的某指义，后者作为关系代词引导定语从句，是从句谓语动词 zagraża 涉及的对象。

（四）第 5 格/第 6 格

Czyj 的第 5 格（工具格）和第 6 格（前置格）同形，都是 czyim。第 5 格工具格 czyim 用于方式、方法、工具或物质，以及名词性状语之前，如:

例（65）Pod **czyim** okiem trenujesz?

under whose$_{FOC}$ eye you train

---

① Ż 为小品词（particle），表强调（emphatic）。

"Under whose eye are you training?"

“你在谁的指导下训练?”

例（66） Czy polowania będą podlegały przepisom,

PTCL huntings will be be subject to regulations

a jeśli tak, to **jakim** i **czyim**?

and if yes then which$_{FOC}$ and whose$_{FOC}$

"Will the huntings be according to the regulations and if yes, then which and whose?"

“狩猎要遵照规则吗？如果是，那是什么规则，谁的规则?”

第 5 格也用于询问职业、身份或状态的名词性成分前，如：

例（67） **Czyim** człowiekiem jest prezes?

whose$_{FOC}$ man is president

"Whose man is the president?"

“谁是主席?”

第 5 格还用于有“领导”“管理”义动词支配的情况下，如：

例（68） W związku z procesem zarządzania ryzykiem społecznym na pytanie:

in relation to process management market social for question

"**czyim** ryzykiem zarządzamy?"

whose$_{FOC}$ risk we manage

"In relation to the social management market process for the question: 'whose risk are we managing?'"

“这个问题涉及市场化进程的社会管理，即，我们要管控什么风险?”

当 czyj 前面为 w、pod 等前置词时，用第 6 格前置格 czyim，如：

例（69） W **czyim** imieniu? na jakiej zasadzie?

in whose$_{FOC}$ name on which rule

"In whose name? Upon which rule?"

“以谁的名义? 按哪一条规则?”

例（70） W **czyim** interesie działa i o **co** chodzi?

in whose$_{FOC}$ interest he/she works and about what$_{FOC}$ be about

" In whose interest does he/she work and what is it about?"

“以谁的利益运作？怎么运作？”

例（71）Pod **czyim** przewodnictwem?

under $whose_{FOC}$ guidance

" Under whose guidance?"

“在谁的指导下？”

在询问成本、代价时，虽然 czyj 所修饰的名词性成分前没有显形的前置词，但 czyj 仍然要用第 6 格前置格，如：

例（72）Ale **czyim** kosztem?

but $whose_{FOC/INTSTR}$ cost

" But at whose expense?"

“但以谁的利益为代价呢？”

第三节 数词性疑问代词

形容词性的疑问代词 jaki、który、czyj 既有单数也有复数的语法形式，上文对这些疑问代词单数阳性的各格形式进行了考察。询问数量的 ile 为数词性的疑问代词，在句中作为独立的主体或客体成分时，其句法作用相当于名词性的疑问代词，而在句中作为限定成分修饰静词时，其句法作用相当于形容词性的疑问代词。一方面，与名词性的疑问代词一样，ile 本身的变格相对简化，没有阴性、阳性和中性的变格形式；另一方面，ile 与形容词性的疑问代词一样，其变格有复数形式，但 ile 又不同于形容词性的疑问代词，没有单数只有复数。鉴于此，本节只需考察 ile 复数各格的语义和句法分布。ile 的复数分男性和非男性两种语法形式，复数男性从第 1 格到第 6 格，格的形式都是 ilu。复数非男性的第 1 格和第 4 格为 ile，其余四个格的形式同复数男性，为 ilu。

一、第1格

复数男性第1格用于修饰行为或特征的主体，如：

例（1）Spójrzcie, kto ma młodsze oczy, **ilu** ludzi z nim jedzie?

look who has younger eyes how many$_{FOC}$ people with him going

"Please all those with younger eyes take a look and tell me how many people are going with him?"

"请那些眼睛年轻的人看看，有多少人和他一起去?"

名词性成分与系动词构成合成谓语时，修饰名词性成分的 ile 要用第1格，如：

例（2）Jak myślisz, **ilu** ich było?

how you think how many$_{FOC}$ them were

"What do you think? How many of them were there?"

"你在考虑什么? 他们中有多少人在那儿?"

例（3）Widziałeś, **ilu** głodnych?

you saw how many$_{FOC}$ hungry people

"How many hungry people have you seen?"

"你目睹了多少忍饥挨饿的人呢?"

当 ile 修饰的名词性成分为非男性时，ile 也要用非男性形式，如：

例（4）A **ile** to jest trochę?

and how much$_{FOC/NOM}$ this is a little

"And how much is *a little*? "

"'一点点'是多少呢?"

二、第2格

Ile 的第2格（属格），无论男性还是非男性，其形式都是 ilu，如：

例（5）Gdy przygotowując kolejny kryminałek krzyczał w telefon:

while preparing next criminal story he shouted in phone

To **ilu** gwałciło, panie prokuratorze?

this how many$_{FOC}$ (they) were raping Mr. Prosecutor

"While preparing the next story he shouted to the phone: How many of them were raping, Mr. Prosecutor?"

“他一边准备下一个材料一边对着电话大吼：检察官先生，他们有多少人在实施强奸？”

例（6）To we wszystkich pięciu wsiach **ilu** was mogło być razem?

so in all five villages how many$_{FOC}$ you could be together

"So in all five villages, how many of you could be there?"

“那么五个村子里你们能有多少人在那里？”

例（7）**Ilu** mężczyzn poprosiło panią o rękę w tym

how many$_{FOC}$ men asked you/Mrs to marry in this

programie i z jakich oni krajów pochodzili?

programme and with what$_{FOC}$ they country come from

"How many men in this programme has asked you to marry them and what countries were they from?"

“节目中有多少男人要求你嫁给他，他们来自哪些国家？”

三、第 4 格

Ile 的第 4 格（宾格）分男性和非男性，当 ile 修饰的名词性成分为男性时，ile 也相应地采用男性形式，如：

例（8）Widziałeś, **ilu** frajerów parkuje przed blokiem?

you saw how many$_{FOC}$ losers parkd in front block of flats

"Did you see how many losers park (their cars) in front of the block of flats?"

“你看见有多少失主把车停在该片公寓前面了吗？”

例（8）中，英语和汉语有是非问和特指问两个疑问点，一般要用两个问句形式才符合句法结构规则，即“有多少失主在公寓前面停车？”和“你看见了吗？”但波兰语可以将两个疑问点糅合到一个句子中来表达。

当 ile 修饰的名词性成分为非男性时，ile 也要采用非男性形式，如：

例（9）**Ile** razy na tydzień można przejechać w obie strony.

how many$_{FOC/ACC}$ times a week can (no person) travel in both sides

"How many times a week can you do a round trip?"

“你每周有几次来返旅行?”

例(10) **Ile** mu płacą za odstrzał?

how much$_{FOC}$ him$_{DAT}$ they pay for shooting

"How much do they pay him for the shooting?"

“他们为这次射击给他多少报酬?”

例(11) A **ile** chcesz w to włożyć?

and how much$_{FOC}$ you want in this put in

"And how much (money) do you want to put in?"

“你想放多少(钱)进去?”

例(12) -Wiesz, **ile** ona ma lat? -Pięćdziesiąt prawie.

you know, how many$_{FOC}$ she she has years$_{GEN}$ 50 almost

"-Do you know how old she is? -Almost 50."

“—你知道她多大年纪了吗? —差不多50吧。”

例(13) A **ile** potrzebujecie?

and how much$_{FOC}$ you need

"And how much do you need?"

“你需要多少?”

例(14) Ale **ile** czasu już siedzisz nad tymi tabelkami?

but how many$_{FOC}$ time already you're sitting over these figures$_{INSTR}$

"But how long have you been sitting over these figures?"

“你钻研这些数据有多久了?”

四、第6格

无论修饰男性还是非男性名词性成分，ile 的第6格(前置格)都是 ilu，用于 w、na、po 等前置词后面，如:

例(15) W **ilu** odsłonach oglądał te miejsca?

in how many$_{FOC}$ version/scence he wanted these places

"(In) how many versions has he seen these places?"

"他多大尺度地看到了这些地方?"

例（16） W **ilu** egzemplarzach sprzedała się twoja płyta?

in how many$_{FOC}$ copies it sold self your CD

"How many copies was your CD been sold?"

"你的歌碟已经卖出了多少张?"

例（17） -Na **ilu** łodziach przypłynęli? -Na pięciu łodziach.

on how many$_{FOC}$ boats they came on five boats

"-On how many boats did they come? -On five boats."

"—他们是坐多少条船来的? —5 条船"

例（18） Po **ilu** latach pracy można złożyć wniosek

after how many$_{FOC}$ years work can submit application

o przydział stałej żony?

about allowance constant wife

"How many working years later can you apply for an allowance of having a constant wife?"

"多少年后你才能申请常妻（永久妻子）津贴呢?"

第四节　副词性疑问代词

波兰语的副词性疑问代词不涉及性、数、格、时、体、态、人称等语法范畴，没有词形变化，其功能主要是对表示时间、时长、地点、距离、方式、程度、数量、原因等疑问焦点提起疑问，主要有 kiedy、gdzie、jak、dalczego 等。

一、KIEDY

Kiedy 相当于英语的疑问词 when，用于对时间进行提问，如：

例（1） -**Kiedy** masz lekcję Języka polskiego? -W poniedziałek when$_{FOC}$ you have class language Polish on Monday

"-When do you have Polish class? -On Monday."

"—你什么时候有波兰语课?—星期一。"

例(2) -**Kiedy** odwiedzasz rodziców? -W piątek

when$_{FOC}$ you visit parents on Friday

"-When do you visit your parents? -On Friday."

"—你什么时候看望父母?—星期五。"

例(3) -**Kiedy** urodziła się wasza córka?

when$_{FOC}$ she was born QUB your daughter

-Nasza córka urodziła się si ó dmego lipca dwutysięcznego roku.

our daughter was born seventh July two thousand year

"-When was your daughter born? -Our daughter was born on 7th July of two thousand year."

"—你们的女儿是什么时候出生的?—我们的女儿出生于2000年7月7日。"

波兰语询问具体时间和月份时,用形容词性的疑问代词 który,如:

例(4) -O **której** wstajesz? -O ósmej

at what (time)$_{FOC}$ you get up at eight o'clock

"-What time do you get up? -At eight o'clock."

"—你几点起床?—八点。"

例(5) -**Która** (jest) godzina? -Jest jedenasta.

what$_{FOC}$ it is hour/time it is eleven

"-What time is it now? -It's eleven."

"—现在几点钟?—现在十一点。"

例(6) -**Który** to miesiąc? -(To jest) maj

which$_{FOC}$ this month this it is May

"-Which month is it now? -It's May."

"—现在是几月?—现在是五月。"

波兰语询问日期(具体星期几)时,用形容词性的疑问代词 jaki,如:

例(7) -**Jaki** dzień jest dzisiaj? -Dzisiaj jest sobota.

what$_{FOC}$　date　it is　today　today　it is　Saturday

" -What day is it today? -Today it's Saturday. "

"—今天星期几？—今天星期六。"

二、GDZIE

副词性疑问代词 gdzie 大致相当于英语的疑问词 where，用于对人、事物所在的方位、场所以及事件发生的地点进行提问。同时，gdzie 又不同于英语的 where，英语 where 更笼统，凡是涉及地点、方位的都用 where 提问，但波兰语在不涉及动作方向的地点时才用 gdzie，而在涉及动作方向的地点时则使用 skąd/dokąd，如：

例（8）**Gdzie**　jest　Stare Misato?

where$_{FOC}$　it is　old　city

" Where is the Old City?"

"老城在哪里?"

例（9）**Gdzie**　zwykle　odpoczywasz?

where$_{FOC}$　usually　you rest

" Where do you usually have rest?"

"你通常在哪儿休息?"

例（10）**Gdzie** będziecie mieszkać?

where$_{FOC}$ you willbe live

" Where will you live?"

"你将住在哪儿?"

例（11）A **gdzie** miałaby spać?

and　where$_{FOC}$ hewould　sleep

" And where would he sleep?"

"他将在哪儿睡觉?"

（一）SKĄD

当说话人聚焦事件发生的源头并询问时，用 skąd 进行提问，其意相当于英语"from where"，如：

例（12）I **skąd** taka wysoka wilgotność?

and from where$_{FOC}$ this high humidity

"And where does this high humidity come from?"

“这种强烈的湿度是从哪里来的呢?”

例（13）**Skąd** przyszedł?

from where$_{FOC}$ he came

"Where did he come from?"

“他来自什么地方?”

Skąd 从询问事件发生的源头扩展到询问事件、动作发生或完成的方式，如：

例（14）A **skąd** wiedział, że będzie pasowała na jej palec?

and from where$_{FOC}$ he knew CONJ will fit on her finger

"And how did he know it will fit her finger?"

“他是怎么知道这适合她手指的?”

例（15）**Skąd** pan wiedział, gdzie jest klucz.

from where$_{FOC}$ you you know where it is key

"How did you know where the key was?"

“你是怎么知道钥匙的位置的?”

Skąd 从“from where”的意义进一步引申出询问原因的意义，相当于“为什么”“怎么”等，如：

例（16）Poza tym **skąd** w tobie tyle agresji?

by the way this from where$_{FOC}$ in you so much aggression

"By the way why there are so much aggression in you?"

“话说你为什么那么好斗呢?”

（二）DOKĄD

当问话人聚焦动作的终点或目的地时，波兰语要用 dokąd 提起疑问，如：

例（17）A w ogóle to **dokąd** ten kraj zmierza?

and anyway to where$_{FOC}$ this country is going/heading

"And anyway, where is this country heading to?"

“拜托，这片国土延伸到哪里了呢?”

例（18）Ale **dokąd** cię odwiozę?

but to where$_{FOC}$ you$_{ACC}$ drive

" But where will I drive you to?"

“但我驾车送你去哪里呢?”

例（19）Wie pani, **dokąd** się wyprowadzili?

know you to where$_{FOC}$ QUB they move out

" Do you know where they moved to?"

“你知道他们搬去哪里了吗?”

三、JAK

询问动作、行为的方式、方法时，用 jak 提问，相当于英语的 how，如：

例（20）**Jak** to się stało, że nauczyłeś się zauważać uczucia innych ludzi?

how$_{FOC}$ this QUB happened CONJ you learened QUB notice feeling other people

" How did it happen that you learned to notice other people's feelings?"

“你是怎样学会注意到别人的情绪的?”

例（21）**Co** zrobić z tą świeżą pustką? **Czym** zastąpić przeszłość? **Jak** zagospodarować dzień?

what$_{FOC}$ do$_{INF}$ with this fresh emptiness? with what$_{FOC}$ replace$_{INF}$ the past how$_{FOC}$ organize$_{INF}$ a day

" What to do with this fresh void? With what to replace the past? How to organize a day?"

“空虚时做什么? 用什么填补过去? 怎样规划好一天?”

波兰语以 jak 为基础，构成了一系列的副词性的疑问代词，有 jak dawno、jak długo、jak dużo、jak daleko 和 jak bardzo 等，如：

（一）JAK DAWNO

Jak dawno 用来问时长，主要问过去发生的事件离现在有多久了，即，以过去时间为参照点，询问在过去参照点之前的那个时间长度，相当于英语的“how long ago”，如：

例（22）**Jak dawno** temu ktokolwiek czyścił ten kąt?

how long$_{FOC}$ ago anyone clean this coner

"How long ago did somebody clean this corner?"

“打扫这个角落有多久了?”

例(23)**Jak dawno** wyszłaś do miasta?

how long$_{FOC}$ you went out to town

"How long ago did you go to the town?"

“你外出进城有多久了?”

(二)JAK DŁUGO

Jak długo 也用于问时长，但问话人不考虑时间参照点，纯粹是询问完成某事件所耗费的时间长度，如：

例(24)A **jak długo** trwają kaprysy takich lekkoduchów?

and how long$_{FOC}$ they last$_{V}$ whims$_{NOM/PL}$ this kind of$_{GEN/PL}$ pubescents$_{GEN/PL}$

"And how long do the whims of this kind of pubescents last?"

“这些青春期的幻想通常持续多久?”

例(25)**Jak długo** zwłoki przebywały w wodzie?

how long$_{FOC}$ corpses$_{PL}$ were/stayed$_{F/PL}$ in water$_{LOC/F/SG}$

"How longwere the corpses in the water?"

“尸体在水里有多久了?”

例(26)**Jak długo** tak można żyć?

how long$_{FOC}$ in this way can live

"How long canyou live in this way?"

“你这样能住多久?”

当 Jak długo 后接情态、心理动词并构成固定结构后，不再负载疑问信息，表达“时间尽可能长”的意义，如：

例(27)Może anioł tego snu strzegł mnie, **jak długo**

Maybe angel$_{NOM/SG}$ that$_{GEN/PRON}$ dream$_{GEN/SG}$ he was guarding me$_{GEN}$ as long as

tylko mógł.

only he could

"Maybe an angel in the dream was guarding me as long as he could."

“也许梦中的天使一直在守护我。”

例（28）Odwlekaliśmy moment kapitulacji, **jak długo** się dało.

we were delaying $moment_{ACC/SG}$ $surrender_{SUBST/GEN/SG}$ as long as could

"We were trying to delay the moment of surrender as long as we could."

“我们尽量拖延投降时间。”

例（29）Możecie zostać, **jak długo** chcecie.

you $can_{PL/V}$ stay as long as you $want_{PL/V}$

"You can stay as long as you want."

“你们想待多久都行。”

（三）JAK DUŻO

波兰语 jak dużo 既能对可数名词也能对不可数名词的数量提问，相当于英语问数量的“how many/much”，如：

例（30）A Pan **jak dużo** mógłby zrobić dla miłości?

and you how $much_{FOC}$ you can do for love

"And how much can you pay for love?"

“那么你对爱情能够付出多少？”

例（31）**Jak dużo** jest tych protestów?

how $many_{FOC}$ it is these protest $activities_{PL}$

"How many protest activities are there?"

“有多少这样的抗议？”

例（32）**Jak dużo** uprawnionych idzie na wybory?

how $many_{FOC}$ entitled persons goes for election

"How many entitled persons are there to go for election?"

“有多少有选举权的人去参加选举？”

（四）JAK DALEKO

波兰语用 jak daleko 询问距离、路程的远近，如：

例（33）Stąd, **jak daleko** do Cintry? **Ile** mil?

from here how far_{FOC} to Cintry how $many_{FOC}$ miles

"How far is it from here to Cintry? How many miles?

“这里到辛德尔有多远？多少英里？”

但当Jak daleko与siȩgał（reach）组合作为一个固定结构Jak daleko sięgał后，jak daleko不再是疑问焦点，而是表达空间距离、时间范围甚至某人某事的影响范围“尽可能远”的意义，如：

例（34）**Jak daleko sięgał** wzrokiem, wszystko było w porządku.

how far he reached vision everything was in order

" As far as he could seeeverything was fine. "

“他尽可能看到一切正常。”

例（35）Z tak daleka, **jak daleko sięgał** pamięć Wenecji.

from so far how far reaches memory Venice

" From as far as Venice's memory reaches. "

“来自威尼斯记忆抵达的深处。”

（五）JAK BARDZO

波兰语用jak bardzo询问动作、事物性状的程度大小，如：

例（36）By przekonać mnie, **jak bardzo** jestem od ciebie zależna?

in order to convince me, how $much_{FOC}$ I am from you dependent

" How much do I depend on you in order to convince me?"

“我要多大程度指望你让我信服呢？”

例（37）**Jak bardzo** krucha jest ta pewność?

how $much_{FOC}$ fragile it is this confidence

" How fragile is this confidence?"

“这种信任有多脆弱呢？”

Jak bardzo也用来询问数量的多少，如：

例（38）**Jak bardzo** tego pragnął?

how $much_{FOC}$ this he wanted

" How much he wanted it?

“他想要多少呢？”

四、DALCZEGO

波兰语dalczego用来询问事情发生的原因，相当于英语why和汉语“为什么”“怎么”，如：

例（39）**Dlaczego** kazałeś go porwać?

why$_{FOC}$ you ordered him$_{GEN}$ kidnap$_{INF}$

"Why did you ordered to kidnap him?"

“你为什么叫人绑架他?”

例（40）**Dlaczego** w takim razie wcale się do niej nie odzywa,

why$_{FOC}$ in this case at all self to her not he/she speak

dlaczego na nią nie patrzy?

why$_{FOC}$ at her not he/she look

"In this case, why doesn't he talk to her? why doesn't he look at her?"

“在这个案件里他为什么不跟她说话？他为什么不看她?”

例（41）**Dlaczego** akurat ten wytatuowany przyszedł ci do głowy?

why$_{FOC}$ exactly this tattooed he came you to head/mind

"Why did the tattooed one come to your mind exactly?"

“为什么这个文身的家伙正好引起了你的注意呢?”

第五章　波英汉答句的语义类型

在语用学领域，一问一答构成交际的基本单位，即“话轮”，狭义答句是相对于问句而言的，而在理论语言学领域，任何一个提供肯定或否定信息的陈述句都能被视为答句，答句无须与问句成对出现，可以仅仅是一个陈述表达，这种表达陈述意义的答句是对任何潜隐问话的回应和解释，是广义答句。本章讨论广义答句的语义类型。波兰语的疑问代词在答句中，不再承载疑问信息，本章以波兰语疑问代词的非疑问语义为切入点，考察含疑问代词的答句在波兰语、英语和汉语中的语义异同。

第一节　某指义

某指表示说话人的一种不确定指代。这种不确定指代是说话人不知道或者说话人认为没有必要言明的指代。波兰语中某指义除了以-ś 结尾的不定代词［如 ktoś（某人）、coś（某物）、jaką（某样子的）、któtyś（某一个的）、czyją（某人的）、gdzieś（某地）、kiedyś（某时）］和以 kilka-（几个）开头的数词［如 kilkanaście（十几个）］表示，还能用疑问代词表示。

一、KTO

疑问代词 kto 的第 1 格、第 3 格及其第 5 格/第 6 格，都有表示某指义的情况，如：

例（1） Tobie przynajmniej ma **kto** robić śniadanie.

you at least he/she has someone do breakfast

"At least you got someone to make breakfast for you."

“你至少找个人给你做早餐。”

例（2） Leci swoim samolotem i gówno **komu** do tego

he is flying own_{DAT} $plane_{INTSR}$ and shit someone to here

w czyim towarzystwie.

into whose $escort_{SUBST/SG/LOC}$

"He is flying in his own plane, and it is no fucking business, with whom he is flying."

“这次他乘坐自己的飞机，不为该死的公务，也不为陪同谁。”

例（3） W pracy też nie było chyba nikogo z **kim**

at workplace also not there were it seems noboday with whom

nie zamieniłby chociaż paru słów.

no he exchanged at least a few words

"It seems like there wasn't a single person at work with whom he didn't speak at least a few words."

“似乎没有那种在工作时和别人一句话都不说的人。”

但在多数情况下，疑问词的某指义是以 ktoś 和 kto 的组合使用来表示的，如：

例（4） Tylko **ktoś**, **kto** blefuje, tak mówi.

only someone who he/she is bluffing like this talks

"Only someone who's bluffing ever talks like this."

“只有虚张声势的人才这样说话。”

例（5） To miło znaleźć **kogoś**, **kto** rozumie.

this nice to find someone who understands

"It's cool to find someone who understands."

“找到懂的人那是太好了。”

例（6）Potrzebujemy **kogoś**，**kto** ma coś do zaoferowania.

we need someone who he/she has something to offer

" We need someone who has got something to offer. "

“我需要能提供帮助的人。”

二、JAKI

形容词性的疑问代词 jaki 及其各格形式在非疑问句中也表示某指义，如：

例（7）Ryszard patrzy，**jaki** to wywołało skutek.

Ryszard is looking what this it caused effect

" Ryszard is looking at what kind of effect it caused. "

“理查德检查那会发生什么效应。”

例（8）Ani baby，ani dziecka... Dla kogóż on，na ten przy kład，

no woman no child for whom he for instance

ma harować jak **jaki** inny?

he has toil like what others

" No wife，no children... For whom does he，for instance，work hard like others?"

“没有老婆孩子，他像别人一样辛苦工作是为了谁呢?”

例（8）中 jaki skutek（什么样的效应）、jaki inny（其他的什么人）是不确定指代，相当于汉语的“某种效应”“某某人”。

Jaki 的第 2 格、第 4 格也有表示某指义的情况，如：

例（9）Nie masz w której kieszeni **jakiego** zbędnego kamienia?

not you have in which pocket some extra stone

" Don't you have a spare stone in any of your pockets?"

“你的口袋里没有一块备用的石头吗?”

例（10）Może ty z **jakiego** wywiadu?

maybe you from some intelligence service

" Maybe you are from some secret intelligence service?"

“你可能来自某个情报机构吧?”

例（11）widząc，**jakiego** spustoszenia narobił przez　swą　ciekawość.

he saw　what　devastation$_{SUBST}$　he made　for　his　curiosity

"He saw the devastation made by his curiosity."

"他看见了他的好奇心带来的灾难。"

Jaki 的第 3 格也常用来表达某指义，如：

例（12）Zabierze ją do Pesary i sprzeda **jakiemu** paniczykowi.

he will take　her　to　Pesary　and　will sell　some　young man

"He will take her to Pesary and sell to some young man."

"他将把她带到帕撒里然后卖给某个年轻人。"

三、CZYJ

形容词性的疑问代词 czyj 及其各格形式表示某指义时，往往用在 ktoś、kimś、kogoś 等不定代词后面，与这些表示某人的不定代词一起组合构成某指，如：

例（13）W napotkanej w sławojce kolorowej gazetce prosi o poradę

in met/found$_{PPAS}$ in　privy　colorful　magazine heasks for advice

ktoś，**czyj** pyton　jest od kilku dni osowiały.

someone$_{NOM}$　whose　python itis since　a few　days　mope

"In a colorful magazine found in the privy, there's a request for advice from someone whose python has been looking mopish for a few days."

"一本在厕所里发现的彩色杂志上，有人为生病的巨蟒咨询。"

例（14）To okropne，obudzić się po nocy spędzonej

this awful　wake up　after night　spent

z **kimś**，**czyjego** imienia się nie pamięta.

with somebody　whose　name　QUB not remember

"It's awful to wake up after spending a nightwith somebody whose name you do not remember."

"可怕的是在跟一个你不知道名字的人待了一个晚上后醒来。"

例（15）Najgorsza sytuacja dla **kogoś**，**czyim** powołaniem jest

worst situation for some one　whose is appointed　it is

Stanie Się Osobą Publiczną.

will happen oneself person public

" The worst situation for somebody being appointed to be a public person. "

“被认定为公众人物的最糟糕的情形。”

例（16）Czy jest jeszcze **ktoś** w Polsce，z **czyim** zdaniem na temat

PTCL it is else someone in Poland with whose opinion on subject

pańskiej działalności pan się liczy？

your activity you self count on

" Is there any one else in Poland whose opinion on the subject of your activity you value？"

“针对你的行为在波兰还有谁的意见能引起你重视呢？”

四、ILE

Ile 在非疑问句中表达某指义时，表示量多且不明确，如：

例（17）Postanowił obfotografować Londyn，**ile** się da.

he decided take $photos_{INF}$ $London_{GEN}$ how much be possible

" He decided to take as much photos of London as he could. "

“他决定尽量多拍一些伦敦的照片。”

例（18）Na razie uzyskałem tyle，**ile** widzisz na ekranie.

for the time being I obtained that much how much you see on $screen_{LOC}$

" For the time being I obtained as much as you can see on the screen. "

“我曾获得你在银幕上看到的众多东西。”

有时 ile 与前置词构成固定词组“o ile...，o tyle...”，作为关系连词引导让步状语从句，相当于“即使……，也……”，如：

例（19）**O ile** potrawa odkryta w zamrażalniku była całkiem

in so far/provided that $dish_{NOM}$ discovered in $freezer_{LOC}$ she was quite

nie zła，**o tyle** film zupełnie popsuł Mickowi apetyt.

not bad but $film_{NOM}$ totally he broke $Mick_{DAT}$ appetite

" In so far as the dish discovered in the freezer was not so bad，however，the film totally spoiled Mick's appetite."

"即使放在冰箱里的菜肴没有太坏，但那层（霉菌）薄膜也完全破坏了米克的胃口。"

五、KIEDY

Kiedy 表示某指义时，指说话人不明确说出或者认为没必要说出事情所发生的时间，这个不具体、不确定的时间对听说双方而言都是不言而喻的，如：

例（20）Wiem **kiedy** ktoś umiera a **kiedy** żyje.

I know when someone he/she dies and when he/she lives

"I know when someone lives and when he dies."

"我知道人有生死。"

例（21）Mówi mu to, **kiedy** może wejść, **kiedy** ona wychodzi, i

tells him that when can enter when she goes out and

jaka jest kombinacja alarmu.

what it is combination alarm

"That tells him whenit's safe to enter the house, when she goes out, and what the alarm combination is like."

"那个（东西）会告诉他何时安全进入房子、她何时出去以及联合警报是什么样子。"

六、GDZIE

Gdzie 表某指义时，指说话人或句内主语不知道、不明确说出事情所发生的具体地点，如：

例（22）Paterowi, który kręcił się tam bez celu, zdało się, że widział

Peter who he wondered there aimlessly, he thought that he had seen

już gdzieś tę twarz, ale nie mógł sobie przypomnieć **gdzie**.

already somewhere this$_{ACC/F}$ ace$_{ACC/F}$, but not he could oneself$_{GEN}$ remember where

"Peter, who wandered there aimlessly, thought that he had seen this face somewhere, but he could not remember where it is."

“彼得漫无目的地晃荡，他想起他在哪儿见过这张脸，但又记不得是在什么地方了。”

例（23）Oświadczył，że sam je zabierze i nie wyjaśnił **dokąd**.

he proclaimed, that himself them$_{ACC}$ take and no explained to where

"He proclaimed that he would take them himself and didn't explain where to."

“他声称他会带上他们，但是没说带到哪里。”

例（23）中波兰语的疑问代词 gdzie 能放在句末，“nie wyjaśnił dokąd”的语序与汉语语序“没解释去什么地方”相同。而在英语的正常语序中，疑问词一般不能出现在句末。

有时，gdzie 表某指义是与其他词汇组合而实现的，如：

例（24）Wiesz，że może w ciągu pół godziny oddać wszystko na

you know, that he can in a span of half hour$_{NOM/F}$ give everything to

głodujące dzieci w Etiopii czy **gdzie** tam!

starving$_{ACC/PL/ADJ}$ children$_{ACC/PL}$ in Ethiopia PCTLwhere there

"You know that he can within half an hour give everything to starving children in Ethiopia, or somewhere else!"

“你知道他能在半小时内给埃塞俄比亚或其他什么地方的饥饿的孩子们捐物。”

“地名+czy gdzie tam”是波兰习语，主要用于口语中，表示“某地”“其他某个地方”。

七、JAK DAWNO

Jak dawno 用作副词性疑问代词负载疑问信息时，是询问时间有多长了，相当于英语的“how long time”和汉语询问时间的“多久”，但当 jak dawno 不负载疑问信息时，则表达某个很长的不确定的时间，如：

例（25）Wiem，**jak dawno** nie miałaś odpoczynku.

I know how long not you had rest

"I know you haven't had rest for a long time."

“我知道你很久没有休息了。”

例（26）A potem zostaniesz，**jak długo** będziesz chciała.

then you will stay$_{FUT/SG}$ how long you will be$_{SG}$ you will want$_{FUT/SG}$

And then you will stay as long as you want.

“你想待多久就待多久。”

例（26）中有一个非完成体的情态动词“chciała”（chcieć），在将来时句中，前面要加系动词“będziesz”（być）。

要注意的是，jak 和 dawno 并没有完全凝固成词，它们的结合还较松散，如：

例（27）A **jak dawno** temu go widziałem，to śmieszył

and when long ago him I saw this made laugh

mnie bardzo tak sobie.

me very like yourself

" When I saw him long time ago，his ability to make me laugh was so so. "

“很久前我见到他时，他能力平平让我见笑。”

例（27）“a jak”的意思是“and when”，“dawno temu”的意思是“long ago”，例（27）中 jak 和 dawno 并没有组合在一起，而是 a 和 jak 组合在一起，而 dawno 和 temu 组合在一起。

另外，还有一个与 jak 和 dawno 都来自同根词 jak 的 jakby，jakby 是副词，但很少用来提起疑问，它相当于英语“as if”和汉语“就像……一样”，jakby 与不定代词组合，也能表达某指义，如：

例（28）Ale lęk ten był **jakby** czymś przyjemnym.

but fear this was like something pleasant

" But this fear was something pleasurable. "

“但害怕中又有些愉悦。”

第二节 全指义

全指义或遍指义指包括或排除一切人或物的指代意义，没有例外。Co、kto、

czyj 等波兰语疑问代词的各格形式以及 gdzie 在非疑问句的语境中，能表达包括一切的全指义。

一、CO

Co 表示全指义，指代说话人心目中的任何事或物，如：

例（1）To **co** znajdziecie przynioście do mnie.

this what you find you bring to me

"Whatever you find, you bring it to me."

“无论你找到什么，你都把它给我带来。”

例（2）Mogę dla ciebie zdobyć **co** zechcesz.

I can for you earn what you want

"I can get you whatever you want."

“我能给你任何想要的东西。”

Co 表示全指义时，常跟在表全指义的不定代词 wszystko 后面，如：

例（3）Muszę rzucić **wszystko**, **co** robię.

I must give up everything what I do

"I've got to drop whatever I'm doing."

“我得放弃我所做的一切。”

例（4）Zrobię **wszystko**, **co** będzie konieczne.

I will do everything what it will be necessary

"I'll do whatever it takes."

“我会做任何有必要的事。”

二、KTO

波兰语中，疑问词 kto 与 Każdy 的各格形式组合，表达“任何人”“无论谁”等无一例外的全指义，如：

例（5）**Każdy**, **kto** ją tknie będzie poważnie ukarany.

every who her touch will be severely punished

"Whoever touches her will be severely punished."

"任何碰到她的人都会受到严厉的惩罚。"

例（6）Dam dziesięć **każdemu**，**kto** mnie pokona.

I'll give　ten　　to anyone　who　me　will defeat

" I'll give ＄10 grand to anyone who beats me. "

"无论谁打败我，我都奖励他十元。"

例（7）Zastrzel **każdego**，**kto** ci przeszkodzi.

shoot　anyone　who　you　will prevent

" If anyone tries to stop you，shoot him. "

"谁阻止你就向谁开枪。"

另外，波兰语还有两种常用的表示全指义的构词法。

其一，用词尾-kolwiek 表示全指义，co、kto 的各格与-kolwiek 构成相当于汉语"不论什么""不论谁"的全指代词 cokolwiek（co 的第 1 格/第 4 格）、ktokolwiek（kto 的第 1 格）、czymkolwiek（co 的第 5 格/第 6 格）、kogokolwiek（kto 的第 2 格）等，或者与 wszędzie（相当于英语的 everything/anywhere）、niezależnie od tego（相当于英语的 no matter）组合构成全指，如：

例（8）**Gdzie** stąpisz，na **czyj** próg，tam dla ciebie

where you set foot　on　whose　threshold there for you

wszędzie otwarty dom rodzinny.

everywhere open home　family's$_{ADJ}$

" Wherever you go，on whoever's doorstep you stand，there will always be a familiar home waiting for you. "

"无论你走到哪里，立在谁家的门口，总有一个家在等你。"

例（9）Widok morza poprzez zalaną szybę i tak jest kiepski，

view$_{NOM/SG}$ sea$_{GEN/SG}$ through wet$_{ACC/SG}$ glass$_{ACC/SG}$ anyway　it is　bad

niezależnie od tego，**gdzie** się siedzi.

no matter　　where　you sit

" The view of the sea through the wet glass is really bad，no matter where you sit. "

"无论你坐在哪里，那片穿过潮湿草坪的海景都很糟糕。"

其二，在波兰语疑问词前加上否定前缀 ni-，构成 nikt（谁也不）、nic（什么也不）、nigdzie（哪里也不）、nigdy（从来不）等否定全指代词，如：

例（10）Nie mogę znaleźć **nikogo**，**kto** widział Aishe.

no I can find nobody who saw Aisha

"I can't find anyone who's seen Aisha."

“我无法找到见过埃莎的人。”

当 nie 出现在表示全指义的句中时，句中其他代词也是要求采用否定形式的，例（10）中 nikogo（谁也不）与 kto 组合构成否定性全指。

第三节 原因义

疑问代词 co、czyje 的各格形式在非疑问句中可以表示原因义，如：

例（1）Od razu pociemniało mi w oczach，bo już wiedziałam，

immediately darkened me in eyes because already I knew

po co ona tutaj zjechała do Zakopanego，z **czyjego** powodu.

why she here came to Zakopane from whose reason

"It immediately darkened in my eyes，because I already knew，why she came to Zakopane，from whose reason."

“瞬间我眼前发黑，因为我知道她出于什么原因来到扎克帕里。”

例（1）中前置词 po、z 与 co、czyjego 构成的介宾结构表原因义。

一、CO

疑问代词 co 在非疑问句中，可以单独用来表示原因，如：

例（2）Wiedziałeś od początku，**co** tutaj robię.

you know from begining what here I do

"You've known all along why I was here."

“你一直就知道我在这儿的原因。”

例（3） Bo jesteście zepsutymi bachorami, ot **co**.

for you are bad brats this why

" Because you're spoiled brats, that's why. "

“因为你们是坏小子，这就是原因。”

“ot co”的使用人群主要是波兰老年人，现在年轻人较少使用。另外，前置词 za、po 后接 co，构成表示原因义的固定词组，如：

例（4） Pracownik pytał za **co** został zwolniony? …

employee asked why he had been fired

" The employee asked him why he was fired. "

“工作人员问他被解雇的原因。”

例（5） Powiedz po **co** przyszedłeś albo spadaj.

you tell why you came or go out

说 为什么 你来了 或 出去

" Tell me why you came or get out. "

“告诉我你进进出出的原因。”

二、CZYJ

Czyj 各格形式与前置词 z、bo 搭配，构成原因义的固定表达，如：

例（6） W związku z tym za skutki wydarzeń na boisku,

in connection with this for consequences events on football field,

odpowiada ten, z **czyjego** powodu nastąpiły.

it corresponds to this PREP whose reason occurred

" Therefore, the consequences of the events on the pitch is the responsibility of the person who caused these events. "

“因此，球场事件的后果由造成事件的人负责。”

例（7） W związku z tym ona stała się przytułkiem Ministerstwa Kultury,

in accord with that she became self refugee ministery culture

bo **czyim** miałaby się stać?

because whose she should become

"Therefore, it has become a shelter belonging to the Ministry of Culture because whose it should be?"

“据此说来，因为它应该是谁的，它就变成了属于文化部的避难所?”

第四节　比较义

波兰语疑问代词的比较义是以比喻、打比方的方式实现的，本体和喻体是比较的双方。非疑问句中能表现比较义的疑问词有 co 和 jakby。

一、CO

Co 表比较义时，后面常接名词性的喻体，如：

例（1）Waży tyle, **co** młody nosorożec.

he weighs　so much　what　young rhinoceros

"He weighs the sameas a young rhinoceros."

“他体壮如牛。”

喻体也可以是谓词性的主谓结构，如：

例（2）Pochodzę z uprzywilejowanej rodziny, **co** już wiesz.

I come　from　privileged　family　what　already　you know

"I come from a privileged family, as you can tell."

“如你所知我来自一个特权家庭。”

例（3）Zamierzam być kompletnie bezstronny, **co** zaraz zobaczycie.

I plan to　be　completely unbiased　what　soon　you will see$_{PL}$

"I'm going to be completely unbiased, as you shall see."

“如你所看到的一样我打算彻底公平。”

二、JAKBY

Jakby 属 jak 系列的副词，很少用来提起疑问，相当于英语“as if”和汉语

"就像……一样"，具有比较的含义，如：

例（4）Poczuł w głębi podwórza, w pustej oficynie coś

he felt　in deep　yard,　in empty outbuilding　something

jakby powiew wiatru, **jakby** przelot ptaków.

like　blast$_{NOUN}$ wind,　like flight$_{NOUN}$ birds

"He felt something like the blast of wind, like flying birds, in the depth yard, in the empty outbuilding."

"在这个空荡外屋的幽深庭园里，他感到有像疾风、飞鸟一样的什么东西。"

第五节　否定义

出现在波兰语习语、俚语中的疑问词，所表示的否定义很典型，主要有方所类的疑问词、描写性的疑问词和 jak 系列的疑问词等三类。

一、方所类的疑问词

（一）GDZIE

例（1）Czyżby zaraz chcieli z wykładu uciec **gdzie** pieprz rośnie?

IMPT Soon they want from lecture$_{GEN/SG}$ flee where pepper grows

"Aren't they planning to run from the lecture?"

"难不成他们想要逃课?"

例（2）Kiedy widzą　kamery　i dziennikarzy,

when they see cameras$_{ACC/PL/F}$ and journalists$_{ACC/PL/F}$

spierdalają stąd, **gdzie** pieprz　rośnie.

they run away from here,　where　pepper$_{NOM/SG/M}$ grows$_{NOM/SG/M}$

"When they see cameras and journalists, they run away where the pepper grows."

"他们一看到摄像机和记者，就逃得无影无踪了。"

例（1）中的Czyżby用来引起反问，表示说话人猜测、推断的语气，相当于汉语“难不成……”“难道是……”。上面两例“gdzie pieprz rośnie”是波兰语的习语，其字面意思是“生长青椒的地方”，是隐喻，表示“不知什么地方”“没有踪迹了”，其中的gdzie具有否定意义，相当于“不可知的、未知的甚至不存在的地方”。

例（3）Wiesz，**gdzie** je sobie wsadzić możesz?

you know　where　it yourself　shove/put　you can

"Do you know where you can shove/put it?"

“你把它放到你屁眼里了吗?”

这个句子相当于英语“You can put it somewhere/to your ass”，“gdzie wsadzić”意为随便乱放在某个地方，是波兰语用来否定对方、辱骂对方的十分粗俗的詈语，相当于“放屁眼里了”。

（二）SKĄD

副词性疑问代词skąd在疑问句中询问源头地点，相当于英语“from where”，在非疑问句中，表示否定义的skąd相当于汉语表否定义的“哪里”，如：

例（4）-Jak jest po rumuńsku "czekać"? -**Skąd** ja mam wiedzieć, jak jest "czekać"!

how it is in Romanian waiting from where I I have know how it is waiting

"-How is ‘waiting’ in Romanian? -How should I know how to say “wait” in Romanian!"

“—罗马尼亚语的‘等待’怎么说?—我哪里知道罗马尼亚语的‘等待’怎么说!”

例（4）中Skąd表示否定义，“Skąd wiedzieć”相当于“nie wiedzieć”。

二、描写性的疑问词

波兰语疑问词表示否定义时，主要用描写性的疑问词来实现。描写性的疑问词有形容词性的疑问代词jaki和数词性的疑问代词ile。

在非疑问句中，jaki修饰后面的中心词时，往往表达说话人不喜欢、不赞同、批评等否定的负面态度，如：

例（5）-Po **jakiemu** ty mówisz，synku？！-szlochała matka.

in what$_{DAT}$ you you speak son she was sobbing mother

" -In what language do you speak，son？！-said mother sobbing. "

"—孩子，你怎么这样说话？！—母亲哭泣着。"

例（6）Może ty dałeś się przekabacić **jakiemu** Hiszpanowi？

PCTL you you gave$_{PPAS}$ QUB flip what Spanish

" Maybe you get roped in by some Spanish？"

"你被那些卑鄙的西班牙人下套了吧？"

例（7）-Że się może podobać. Nie wiem komu！-zakrzyknął Julek

QUB PCTL（sb）could like$_{PASS}$ no I know who he cried Julek

-Chyba **jakiemu** głupiemu.

maybe what fool

" -Some people can like it. I don't know who（can like it）！-Julek cried，-I think only some fool. "

"—这会被人喜欢？我不知道谁会！—让莱克叫道，—只有十足的笨蛋。"

例（8）Jedne stacje Męki Pańskiej były w **jakim** takim stanie.

some stations suffering Lord's these are in what such condition

" Some of Lord's suffering stations were in not such a good condition. "

波兰语习语"jakim takim"表示情况、状态等马马虎虎、不太好的意思。jakim 具有否定的意义。

例（9）Boże，**jakim** trzeba być egoistą，żeby nie wyobrazić sobie udręki bliskich？

INTERJ what should be egoist for no imagine own suffering relatives

" God，how selfish one must be，not to imagine the suffering of loved ones？"

"天啊，一个人要多自私才不去想象亲人的痛苦？"

波兰语习语中也可见到 Jaki 所表示的否定义，如：

例（10）A ty myślisz，że ja bym siostrę byle **jakiemu** łachudrze sprzedał？

and you you think COMP I would sister not so good scoundrel sold

"You think that I would have sold my sister to any scoundrel?"

“你认为我会把我的姐妹卖给一个恶棍?”

“Byle jaki”是波兰语习语，表示不怎么样、质量不好的东西或素质低的人。

数词性的疑问代词 ile 表示否定义时，相当于“除了”“不包括”等意义，表示不在动作发出者或行为施事者的考虑范围，如：

例（11） Martę zaintrygowała jednak nie tyle płeć "piknika",

Marta$_{ACC}$ she intrigued however not as much sex$_{NOM}$ piknik$_{GEN}$

ile jego strój.

how much his$_{GEN}$ outfit

"However, Marta was not intrigued with the sex of ‘piknik’, but with his outfit."

“然而，除了他的套装玛褡对其他并没有兴趣。”

三、JAK 系列的疑问词

本书第四章第四节“副词性疑问代词”从疑问词承载疑问焦点的角度考察了波兰语 jak 系列的疑问词，该系列的疑问词除了提起询问，有的还有表达否定的语义功能，如：

例（12） A tępy tłum wisi nad tobą **jak dawno** nie ostrzona siekiera.

and dull crowd hang above you how long ago not honed axe

"Dull crowd is looking at you, you feel the pressure."

“一群沉闷的人看着你，你感到前所未有的压力。”

例（12）中的“jak dawno”在问句中用来询问时间长短，但在非疑问句中，说话人用来表达对时间感知的一种压抑、无奈的否定意义。

Jakby 是情貌副词，很少提起疑问，更多是用来连接方式/情态状语，但是，jakby 也有表示否定意义的功能，如：

例（13） Ksiądz przestraszył się **jakby** i spojrzał uważnie na penitenta.

Priest got scared QUB like and looked carefully on penitent

"Priest seemed to get scared and looked carefully at penitent."

“牧师似乎受到了一点惊吓，他小心地看着忏悔者。”

Jakby 在句中的意义相当于“似乎有点……”，句子谓词部分相当于英语“to look a little scared”，因此 jakby 使句子带有些微的否定意义。在有些习语中，jakby 后接的句子成分也往往带有否定意义，如：

例（14）Bo po co nam takie soki，

because for what us thus juices，

co smakują，**jakby** je z mydła robili？

what taste as if them with soap （they）make

" Why do we need such juices which taste like soap-made？"

“我们为什么需要这些淡而无味的果汁？”

波兰语的惯用语“mydła robili”（made of soup）是一个隐喻，表示没有任何滋味、淡而无味的意思。

第六章　波英汉答句的句式类型

波兰语中的疑问代词充当关系代词引导从句时，不再具有疑问语义。这类含 wh-词的从句并不发起询问，而是仅对问人、问物、问性状、问方式、问原因、问目的等疑问信息进行转述，在实际的对话语境中，是一种陈述性的应答句。本章从从句结构入手考察这类以疑问词作为关系代词的答句类型。

第一节　主语从句

Co、kto、gdzie、ile 等关系代词都能引导主语从句，这时主句中往往有相应的指示性词语 ten/to/ta，如：

例（1）To co robimy jest najlepsze **co** robić możemy.

this　what we're doing　it is　best　　　what do　we can

"What we're doing is the best we can do."

“我们做的事情是我们最擅长的。”

例（2）A **ile** to jest trochę?

and　how much this is　a little

"And how much is *a little*?"

“一点点是多少？”

例（3）**Kto** z **kim**, **kto** przeciw **komu**, **kto** nad **kim**, **kto pod** who PREP $whom_{INSTR}$ who be against $whom_{DAT}$ who on whom who under

kim, kto za co, kto to czy tamto ukrywa, i różnych,

whom who for $what_{ACC}$ who this or that he is hiding and multiple

różnych rzeczy może się pan nasłuchać.

multiple things can QUB you hear

"You could hear around here who's supporting who, who's fighting who, who's the boss, who's a stratum, who does what and why, who's hiding something."

"这里你到处可以听到谁支持谁，谁反对谁，谁是上层，谁是草根，谁做了什么，为什么做，谁隐匿了什么等诸多事情。"

例（1）、例（2）主句有指示性代词to（this），例（3）有指示性形容词różnych（multiple）。

Gdzie、jaki 等关系代词引导的主语从句，往往用连词 że 来连接主句，如：

例（4）Gdzie **jaki** ten zakład będzie, domyśliła się łatwo,

where what this company will be she guessed QUB easily

że i on traktuje go jako smutną konieczność.

COMP and he considers this like sad necessity

"Where and what company it will be, she guessed easily that he also consider it as a sad necessity."

"公司在哪儿以及会是个什么样，她能想到这是一个他也认为的令人难过的必然结局。"

当主句对从句的内容进行否定，表示怀疑或不能肯定的语义内容时，李金涛（1996，2018：281）认为这类用连词czy或kto、czyj、kiedy、skąd等关系代词连接的从句是主语从句，这类从句在句法分布上是位于句子后半部的，如：

例（5）a. Nie obchodzi mnie, czy Karol przyjechał. 我不关心卡罗尔来了没有。

b. Nie wiadomo, komu po yczył pieniądze. 不知道他把钱借给谁了。

c. Nie wiadomo, czyje to książki. 不知道这是谁的书。

d. Nie obchodzi mnie, kiedy Karol przyjechał. 我不关心卡罗尔是什么时候

来的。

e. Ciekawi mnie, skąd to wiesz. 我感兴趣的是，这件事你是从哪里知道的。

实际上，无论主句采用否定还是肯定形式，“关心”“感兴趣”“知道”“记得”等主句谓词与从句在语义结构上构成了述宾关系，因此，在英语和汉语中，这类从句一般被归入宾语从句，如：

例（6）Pamiętał, w **jaki** sposób Pestka zachowała się na wyspie .

he remembered　in what way　Pestka　she behaved　oneself　on　island

" He rememberedhow Pestka behaved herself on the island. "

“他记得佩丝卡在海岛上是如何表现的。”

另外，有一类位于句子后半部的主语从句，构成“形式主语—系—主语从句”结构，如：

例（7）Taki,　**jakim**　dzieci się bawią.

thus　what　children　QUB　play with

" It's the sort of thing that children play with. "

“这是小孩子玩的东西。”

例（8）Wzmacniało poniżenie, **jakiemu** się świadomie poddawał.

strengthened　humiliation　which　QUB　consciously　he surrendered

" It intensified the humiliation, which he was consciously surrendered. "

“他乖乖投降这件事加剧了他的耻辱感。”

例（9）nie o to przecie chodzi, **czyj** pomysł.

not about this nevertheless　it walks　whose　idea

" It's not about whose idea it is. "

“这不关谁的主意。”

例（9）“o to chodzi” 意为 “what is the meaning of this/what is the purpose of this”，“o to chodzi, że...” 是一个固定词组，相当于 “这个情况是……/我的意思是……”。

第二节　谓语从句

谓语从句由主谓结构充当，可用来代替或部分代替主句谓语的静词成分，在主语和谓语从句之间，用 że 或各关系代词连接起来，如：

例（1）Jaki sprawdzian ma ów młodzieniec, że człowiek, **którego** ma zabić.

what test he has this young boy COMP people which he has kill

" what kind of test this young boy have to undergo, which the man he is supposed to kill. "

“那个年轻人接受了蓄意杀人的测试。”

例（1）中“człowiek, którego mazabić”（他蓄意杀人）可代替前一句主句的谓语“jak sprawdzian ma”（他经历检查）。

谓语从句有时位于“主—系—谓语从句”的全句结构中，主句主语和谓语从句在语义上构成同指，这类谓语从句与上节“形式主语—系—主语从句”在结构上相似，如：

例（2）Spokój to to, **czego** najbardziej potrzebujesz!

peace it is this what the most need

" Peace is what you need the most! "

“你最需要的东西是平静。”

例（3）Powodem był nie tyle alkohol, **ile** jej zamiłowanie

reason$_{INSTR}$ was not much alcohol$_{NOM}$ how much her$_{GEN}$ passion

do pięknych melodii.

for beautiful$_{GEN/PL}$ melodies$_{GEN/PL}$

" The reason was not the alcohol, but her passion for beautiful melodies. "

“酒精不是原因，对美妙音乐的热爱才是。”

例（4）Za wyją̨tkiem kiedy Johny nie był w stanie kogoś ocalić **kiedy**

for exception time Johny not be in status someone save when

zignorowałem jego ostrzeżenia.

I neglected his warning

" The only time Johnny hasn't been able to save someone was when I ignored his warnings. "

“由于我忽略了他的警示，乔尼失去了救人的唯一机会。”

例（4）的第一个 kiedy 引导定语从句，第二个 kiedy 则引导谓语从句，即用“由于我忽略了他的警示”这个从句来指代静词性谓语 wyjątkiem（唯一的机会）。

有时，jakby 充当关系代词时相当于系动词，成为谓语从句的构成成分，如：

例（5）Imadło nieba i ziemi **jakby** poluzowało szczęki.

clamp sky and earth seem loosened jaws

" The clamp of sky and earth seems to have loosen jaws. "

“天空和地面的合口处似乎松动了。”

第三节　宾语从句

波兰语的 wh-词作为关系代词连接主句和宾语从句时，主句谓语动词一般为 wiedzieć（know）、Chcieć（want）、pamiętać（remember）、opwiedzieć（talk）等认知类动词。

先看以 kto 各格形式为关系代词所引导的宾语从句，如：

例（1）Sprawdź **kto** dokonywał zamachów w 1979.

（you）check out who carried out assassination in 1979

" Check out who carried out assassinations in 1979. "

“查查 1979 年的暗杀是由谁执行的。”

例（2）Ja wiem, **kim** oni są.

I I know $\text{who}_{\text{INSTR}}$ they they are

" I know who they are. "

“我知道他们是谁。”

例（3）Nie wiadomo przecież, na **kogo** znów się trafi.

not　know　even　PREP　who_{ACC}　again　QUB　will be

"It is even unknown, who it will be."

“甚至不知道是谁。”

例（4）Nie wiem więc, czy będę miał **komu** przekazać te zapiski.

not　I know　so　CONJ　I will　had　who　pass　these notes

"I don't know whether there is anybody I can pass these notes to."

“我不知道我可以把这些笔记交给谁。”

czyj 各格形式的关系代词也可作为宾语从句的引导词，连接主句和从句，如：

例（5）Chciała wiedzieć, **czyj** to pies,

she wanted $know_{INF}$whose　this dog

"She wanted to know whose dog was."

“她想知道这是谁的狗。”

例（6）Donieś mi, kto to zrobił, z **czyjego** rozkazu, na jaki użytek.

you report　to me　who　this　did　by whose order　for what use

Report to me, who did this, by whose order, for what use.

“请向我汇报：是谁干的，谁的命令，什么目的。”

例（7）Nie wspomniano tylko, **czyim** to miałoby się odbyć kosztem.

not　be mentioned　only　whose　this　should　QUB take place be cost

"It wasn't only mentioned at whose cost it should be."

“不只提及花费了谁的钱。”

以 jaki 为关系代词引导的宾语从句，如：

例（8）Nawet największe głąby wiedziały, **jaki** kraj　ma　jaką　flagę.

even　biggest　fool　knew　which　country　has　what　flag.

"Even the biggest fool knew which country has which flag."

“最笨的人也知道什么国家对应什么国旗。”

例（9）Widzę przecież, w **jaki** sposób na mnie patrzy.

I see well in what way he me he looks

"I can see well how he looks at me."

“我很清楚他怎么看我。”

数词性的疑问代词 ile 可作为关系代词引导宾语从句，如：

例（10）Po każdym łyku zerkałem za szybę，żeby

after every$_{LOC/SG}$ sip$_{LOC/SG}$ I glanced behind glass pane, in order to

zobaczyć, **ile** śniegu przybyło① na masce.

see$_{INF}$ how much snow$_{GEN}$ arrived on bonnet$_{LOC/SG}$

"After each sip I glanced through the glass pane, in order to check how much it (snow) had arrived at bonnet."

“每啜饮一口我就透过玻璃窗格往里瞥一眼，看看有多少白色泡沫到杯盖了。”

例（11）zależało，**ile** wypił.

it depended how much he drank

"It depended on how much he drank."

“这要看他喝多少了。”

副词性的疑问代词 kiedy、jak、gdzie 也都可以作为关系代词引导宾语从句，如：

例（12）Powinna powiedzieć，**kiedy** będzie gotowa.

should tell when will be ready

"She needs to tell when she is ready."

“若准备好了她须告知一声。”

例（13）Widzi **jak** Maria wchodzi do domu.

he/she see how Mary enter to house

"He/she is seeing how Mary enters into the house."

---

① 波兰语有些以-o结尾的动词形态内不含主语（no-person verb），被称为动词主语，如 spiewano（it was sung）、dastarczono（it was delivered）、zawknigto（it was been closed）、wyjęto（it has been taken out）、przybyło（it increased）、wzrosło（it increased in number）、padało（it rained）、wiało（it was windy）和 rozja—śniało（it became bright）等。这类动词作主语时，英语对译时要在前加上形式主语 it.

"他看到了玛丽是怎样进入房子的。"

例（14）Twoi bliscy nie będą nawet wiedzieli, **gdzie** leżysz.

your$_{NOM/PL}$ relatives$_{NOM/PL/M}$ not will be even they know$_{PL/M}$ where you are lying

" Your relatives will not even know where you are lying. "

"你的亲人甚至不会知道你被埋在哪里。"

"gdzie leżysz" 字面上的意思是"你躺下的地方"，用来隐喻"人死后被埋葬的地方"。波兰语有不少这种隐喻式表达，如：

例（15）Znalazłszy się na piasku wyspy, obejrzała się,

someone found oneself on sand$_{SG/M/LOC}$ island$_{SG/F/GEN}$ she looked back QUB

gdzie Dunaj.

where Dunaj$_{SG/M/NOM}$

" When she reached the sand of the island, she looked back where the Dunaj river was. "

"她到达海岛上的沙滩后，回头看了看杜乃河。"

znalyzłszy 是由动词 znaleźć（find）派生出来的，"znalazłszy się" 字面上的意思是"某人/任何人发现……"，"znalazłszy się+place"（她在某个地方发现了自己）的隐喻义是"她到达了某个地方"。

第四节 定语从句

几乎所有的疑问代词都能作为关系词引导定语从句，这些关系词有的来自名词性疑问代词和副词性疑问代词，也有的来自形容词性疑问代词和数词性疑问代词。

Co、kto 是来自名词性疑问代词的关系词，常引导定语从句，如：

例（1）Próbowałam zastąpić Tobą wszystko **co** straciłam.

I've tried replace you$_{INSTR}$ everything what I've lost

" I've tried to replace everything I've lost with you. "

“我曾尝试用你来代替我失去的一切。”

例（2）Batman szuka kogoś, **kto** weźmie odpowiedzialność.

batman is looking someone who take up mantle

" Batman is looking for someone to take up his mantle. "

“蝙蝠侠在寻找能接替他任务的人。”

Gdzie、skąd 等是来自副词性疑问代词的关系词，也能用来引导定语从句，如：

例（3）Oni wszystko wiedzą, kto z kim śpi, **gdzie** mieszka,

they everything they know who with whom sleep where live

czy wypić lubi w robocie.

if drink like at work

" They know about everything, who's sleeping with who, where he lives and if he likes to drink at work. "

“他们几乎无所不知，包括谁跟谁睡觉、谁住在哪里以及谁工作时喜欢喝酒。”

例（4）I tak samo ją odkładali tam, **skąd** brali.

and yes same her they put off there from where they took

" And they put it back in the same place, where they took it from. "

“他们把取来的东西放回原处。”

用作关系词的形容词性疑问代词和数词性疑问代词是起修饰作用的，有 jaki、który、czyj 和 ile。下面分别举例说明。

Jaki 作为关系代词引导从句时，仍然遵照其作为疑问代词的变格规则，如：

例（5）a. Pestka czuje wstyd, najboleśniejszy, **jaki** istnieje.

Pestka feels shame most painful what it exsits

" Pestka feels shame, the most painful shame that exists. "

“佩西卡感到羞愧，一直存在的最痛苦的羞愧。”

b. Był pierwszym Japończykiem, **jakiego** w życiu spotkałem.

he was first Japanese what in life I met

"He was the first Japanese person, who I met in my life."

"他是我有生以来遇到的第一个日本人。"

c. Musiał przyznać się, że był to jedynie eksperyment.

he must admit QUB CONJ he was this only experiment

jakiemu dzisiaj poddał samego siebie.

what today he did himself

"He had to admit it was just an experiment he subjected himself to today."

"他得承认迄今为止这仅是一个把他本人作为受试对象的实验。"

d. Obojętnie, przyjmował zmurszały oskarżeń, **jakim** go obsypywali,

indifferently he accepted rooten accusations what him they showered on

"He accepted every accusation they showered on him with indifference."

"他漠然地接受了他们加在他头上的罪名。"

który 相当于英语的 which，充当关系代词引导定语从句时既可以指人也可以指物。Który 引导从句时，也是遵照其作为疑问代词的变格规则，如：

例（6）a. Czy Andrzej mówił kiedyś, kim był facet, **który** ich molestował?

PTCLAndrzej told earlier who_{INSTR} was guy $which_{NOM}$ them harassed

"Did Andrzej ever tell you who was the guy that harassed them?"

"安德鲁告诉过你那个骚扰他们的人是谁吗？"

b. Powiedz mi, kto jest ten człowiek, **który** ma zginąć.

you tell me who_{INSTR} is this person $which_{NOM}$ has die

"Tell me who is the man that is supposed to die."

"告诉我想死的人是谁。"

c. To język, **którego** nikt już nie zna.

this language which none yet no knows

"This is a language no one knows."

"这是一门没人懂的语言。"

d. Był to ostatni dzień, w **którym** go widziano.

it was $last_{ADJ}$day, in which he $beseen_{V}$

"It was the last day that he was seen."

“那是看见他的最后一天。”

e. Usłyszał，że pan Karolak，ten，**któremu** szczury pogryzły psa，

he heard，that Mr. Karolak this，whom rats bit dog，

wściekle wali czymś w sufit.

madly bangs something$_{INSTR}$ in the ceiling

"He heard that Mr. Karolak，the one whose dog was bitten by rats，madly bangs something against the ceiling."

“他听到卡罗莱克先生在疯狂地敲打天花板，他的狗被老鼠咬了。”

例（7）Kto za nimi lobbuje，**czyim** politycy ulegają naciskom?

who after them go whose politicians undergo pressure

"Who is going after the ones whose pressure the politicians undergo?"

“谁会跟随那些让政客们经受压力的人呢?”

例（8）Zależało od tego，**ilu** nas grało.

it depended from this how many us played

"It depended on how many of us were playing."

“要看我们有多少人在玩。”

第五节　状语从句

作为关系代词引导状语从句的疑问词主要是 kiedy、gdzie、jak/jakby/gdy jakby，这些关系代词引导的状语从句分别是时间状语、地点状语、方式状语和条件状语。

引导时间状语从句的关系代词主要是 kiedy，如：

例（1）Zostawiła mnie **kiedy** potrzebowałem jej najbardziej.

she ditched me when I needed her most

"She ditched me at the time when l needed her the most."

“在我最需要她的时候她离开了我”

例（2）Musiał skończyć, **kiedy** wszyscy spaliśmy.

he must　have finished　when　everyone　were sleeping

" He must have finished it whileall of us were sleeping. "

“他须在我们睡觉休息时完成工作。”

Kiedy 引导的时间状语从句有时也放在主句前面，如：

例（3）**Kiedy** widzą　　kamery　　　i dziennikarzy,

when they see cameras$_{ACC/PL/F}$ and　journalists$_{ACC/PL/F}$

spierdalają stąd, gdzie pieprz　　　　rośnie.

they run away from here,　where　pepper$_{NOM/SG/M}$ grows$_{NOM/SG/M}$

" When they see cameras and journalists, they run away where the pepper grows. "

“他们一看到摄像机和记者，就逃得无影无踪了。”

例（3）中，kiedy 引导的时间状语从句服务于整个句子，gdzie 引导的地点状语从句是一个降级成分，仅服务于主句的谓语部分。

有时，kiedy 引导的状语从句可理解为满足假设条件的条件状语，如：

例（4）Tak się dzieje **kiedy** zostawiasz kogoś samego.

like this　QUB　happens　when　you leave　someone　itself

" That's what happens when you leave someone alone. "

“如果你抛弃一个人会怎样。”

例（5）Mogę je zmienić, **kiedy** potrzebuję.

I can　them　change　when　I need

" I can change them if I need to. "

“如果需要我会改变它们。”

同时，kiedy 引导的状语从句也可以理解为满足充分必要条件的条件状语，如：

例（6）Zawsze widziałam siniaki **kiedy** ściągała ubranie.

always　I would see　bruises　when　she took off　clothes

" I would always see bruises when she took off her clothes. "

“只要她脱下衣服我就总能看到瘀青。”

条件状语从句除可以由 kiedy 引导外，也可以由关系代词 jak 引导，如：

例（7）Ale **jak** nie wiesz，to zaraz przyleci.

but if not you know，in a while it'll come

"But if you don't know，it'll come in a while."

"如果你不知道，很快你就会知道的。"

关系代词 jak 及其同根词 jakby、gdy jakby 常用来引导方式状语，如：

例（8）Będzie się mścił，**jak** my mścimy się za zdradę.

he would revenge as we we revenge QUB to treason

"He would revenge as we revenge to treason."

"他要报复，就像我们对背叛的报复一样。"

例（9）a. Patrzył na niego，**jakby** go chciał sobie na zawsze zapamiętać.

looked on him，as if him wanted himself on always $\text{remember}_{\text{PERF}}$

"He looked at him as if he wanted to have remembered him for ever."

"他看着他，似乎他想让自己永远地记住他。"

b. Zyga opuszcza wzrok，**jakby** trochę zawstydzony.

（name）（she）lowers eyesight，as if a little embarrassed

"Zyga is lowering her eyes as if she was slightly embarrassed."

"斯佳垂下眼帘似乎她有点尴尬。"

c. Robili oczy，**jakby** się dziwili，dlaczego nie przyjeżdża.

they made eyes，as if self they wondered，why not he/she is coming

They stared（and worn a weird expression）as if they were wondering why he wasn't coming.

"他们瞪大眼（露出奇怪的表情）似乎很好奇他为什么没有到场。"

Jak gdyby 后接谓词结构时，作用相当于 jakby，作方式状语，如：

例（10）Hagar oparła pięści na biodrach，**jak gdyby** szykując się do walki.

Hagar leaned fists on hips，as if get ready QUB for battle

"Hagar leaned her fists on her hips as if she was preparing herself for a fight."

"哈佳尔的拳头握在身体两侧，似乎她在准备开战。"

Jak gdyby 后接省略了谓词结构的介宾结构，如：

例（11）Główne drzwi wyrwane. A chór zawalony **jak gdyby** od bomby.

main door off its hinges. and choir collapsed like from bomb

" The main door pulled out and the choir collapsed as if it is attacked by bomb. "

“正门被扯开，唱诗厅像遭到炮击一样坍塌了。”

第六节　同位语从句

同位语从句不构成主句的某个成分，而是作为一个独立体对主句内容做出进一步补充，李金涛（2018/1996：293）将这类从句称为扩展从句，这类从句用关系代词的各格形式连接主句，如：

例（1）Również tych związanych z postaciami：**kto** z **kim** ma dziecko，

also those connected with characters who with whom have child

kto jest **czyim** synem/bratem oczywiście to jeszcze nie telenowela，

who it is whose son/brother of course this yet not TV show

ale kierunek ten sam.

but direction this same

" Also those connected to the characters：Who with whom have a child，who is someone's son/brother，of course，it's not a TV show yet，but the direction is the same. "

“也涉及这些特征：谁跟谁有个孩子、谁是谁的儿子/兄弟，当然，这还不是电视节目，但路子是一样的。”

例（2）W związku z procesem zarządzania ryzykiem społecznym na pytanie：

in relation to process management market social for question

" **czyim** ryzykiem zarządzamy？"

whose risk we manage

" In relation to the social management market process for the question：'whose risk are we managing？'"

“这个问题涉及市场社会化管理，即，我们要管控什么风险？”

例（3）Nie ważne, **ile** lat mają dzieci, i czy są samodzielne.

no important how many years they have kids and whether they independent

"It's not important, how old the kids are, and whether they are self-dependent."

“孩子们有多大以及他们是否能自理不重要。”

例（4）Tu nie ma wstydu, tylko trzeba kombinować, co, **jak** i **gdzie**.

there no has $shame_{SUBST/SG/GEN}$ but should think over what how and where

"There is no shame, but what, how and where should be thought over."

“除了思考、如何思考和思考哪些方面，没有什么不好意思的。”

例（1）中有四个关系代词，前三个关系代词是 kto 的各格形式，第四个是 cyje 的工具格形式，例（2）的关系代词 czyim、例（3）的关系代词 ile 和例（4）的关系代词 gdzie 皆分别用来引导同位语从句。

第七章　波英汉问答系统的共性与差异

历史语言学根据语言之间的亲缘关系对世界语言进行分类并建立世界语言的谱系树图，从某种程度来说，历史语言学与传统语言类型学的研究目的一致，是基于不同语言在语法和语音特征上的相似性而建立的分类学。语言类型学的共性原则，为历史语言学在发现历史时期的语言面貌和重构语言谱系方面提供了一些积极的指导。语言间的谱系关系和区域关系，是历代语言学家们研究的问题。Dixon（1997）在其 *The Rise and Fall of Language* 中质疑了语言谱系树在解释世界语言演变中的普遍性信条，他认为，谱系树所反映的“裂变”只是语言发展的一种状态，语言发展还有另一种状态，那就是互相融合的“聚变”状态。我们可以把聚变状态想象成百川入海的景象，聚变状态实际上是一个与谱系图裂变过程相逆的倒过来的树形图。

不同语言间的相关性研究离不开语言发展的历时演化进程研究，因此语言类型学和历史语言学有着必然的交叉部分，也就是说，关注语言在不同历史阶段的演化是语言类型学研究的重要内容。学界以是否利用形态变化来表达语法关系，将世界语言大致分为综合语和分析语。综合语的特征是运用形态变化来表达语法关系，如印欧语系中罗曼语族的拉丁语、法语，日耳曼语族的古英语，以及斯拉夫语族的俄语、波兰语等。分析语的特征是不用形态变化而用语序和虚词来表达语法关系，如汉语就是典型的分析语。现代英语是从古英语发展而来的，但由于它在世界各地广泛使用，在发展过程中受不同语言的影响，其形态变化已经不如典型的综合语那么复杂，其语法特点越来越向分析型语言靠拢。可以说，现代英语由综合语逐渐向分析语转化的现象，是语言发展历时演化进程和不同语言相关性的证据。而波兰语是典型的综合语，其语法关系是通过复杂的形态变化来实现的，可作为综合语的典型代表予以研究。波兰语、汉语的语法体系差异明显，但两者仍然有着人类语言的认知共性和语序共性。本章讨论波兰语、英语和汉语的问答系统在疑问表达、句法演变等方面表现出来的共性和差异。

第一节　波英汉疑问表达的共性与差异

波、汉疑问表达的表层组织形式不同，但深层的语义编码具有跨语言的类型学的一致性。波、汉在疑问表达的差异选择上，主要体现为疑问词词类属性的不同、有无词形变格以及有无疑问词移位。波、汉疑问表达在句子表层对疑问结构所采取的不同处理方式，是“形合”语言和“意合”语言的不同造句思维的体现，同时，波兰语疑问表达的 wh-移位的不彻底状态也为跨类语言的存在和语言边界的模糊性提供了证据。

波兰位于欧亚大陆之间，是中东欧地区国土面积最大的国家，波兰语是波兰的官方语言，属印欧语系斯拉夫语族的西斯拉夫语支，与俄语同属斯拉夫语族。由于地域接触，波兰语除受同为西拉斯夫语支的捷克语影响较大外，还与东斯拉夫语（如俄语）和日耳曼语（如德语）相互影响（Скорвид，2016），其语言具有跨语种的混合性特征。对波兰语的研究，国内相关论文有 10 余篇，主要为波兰语义学派介绍（李炯英，2005）、语支概述（Скорвид，2016），以及涉及波兰语的大致提及（李思旭，2015；张爱玲，2016）。波兰语作为一门非通用外语，目前国内学习和研究它的人还很少。在国外，波兰语研究大致分三个阶段：第一阶段，早期的波兰语学者多从语用角度介绍波兰语的疑问结构和功能特点（Bogusławski，1979；Danielewiczowa，1996），或从波英、波俄的比较角度考察疑问语调、类型和语义（Puchalska-Wasyl，2014；Wiśniewski，2016）；第二阶段始于 20 世纪 90 年代末，波兰语法学界引入生成语法理论，并用来解释波兰语疑问词句法左移的特点（Bośković，2005；Witkoś，2007；Wiland，2010）；进入 21 世纪后的第三阶段，疑问范畴研究转移到了疑问习得（Ogiermann，2015；Foryś-Nogala et al. , 2017)、疑问心理测试(Polczyk, 2005; Świątek, 2014),并延伸至心理学、声学等跨学科领域的考察(Kao et al. , 2010; Żygis et al. , 2017)。

总的来说,在国内尚无专门研究波兰语疑问表达的情况下,国外研究已相对丰硕,他们基于波兰语疑问范畴,进行波外比较、语言习得和跨学科的研究。不过,他们的研究多限于波英、波俄、波德等少数印欧语系内语言的比较,鲜有涉及汉语。基于此,本节着眼于波兰语与汉语疑问范畴的对接研究,从波汉疑问词的类别、疑问句法特征和疑问词的超疑问功能三个方面考察波汉疑问表达的共性和差异,以补充、丰富汉外比较的研究对象,为非亲属语言之间的跨语言共性和差异寻找语言类型学的证据。本节原始语料均来自波兰语国家语料库(Narodowy Korpus Języka Polskiego),自省语料随文标注。

一、波汉疑问词的类别

波兰语的历史不长,其拼写体系的初步规范距今也不过两百多年。波兰语最早出现于公元 1136 年,于公元 1772 年才得到基本完善。在词性类别上,波兰语疑问词(wyrazy pytające)是多功能词,既涉及有格位变化的名词性、形容词性和数词性的疑问代词,也涉及无格位变化的副词性的疑问代词和语气词性质的、连词性质的疑问小品词。而汉语疑问词历史悠久,先秦时期的疑问代词按指代功能分为指人和指物两种,如谁、孰、何、曷、胡、奚、恶、安、焉等,疑问语气词按传疑功能有乎、哉、欤(與)、耶(邪)4 个(王力,2006/1980:333,518),到了现代汉语时期,汉语疑问词有疑问代词和疑问语气副词两类。

(一)波兰语的疑问词

波兰语疑问词分为有格位变化(morfologiczna)和无格位变化(nie morfologiczna)两类,前者包括名词性(rzeczowniki)、形容词性(przymiotniki)、数词性(liczebniki)的疑问代词,后者包括疑问小品词(partykuły)和副词性的(przysłówki)疑问代词。

波兰语有格位变化的疑问词都是静词性质的,分别是:名词性的 kto/kogo/komu/kogo/kim(who)、co/czego/czemu/czym(what),形容词性的 jaki(what)、który(which)、czyj(whose),形容词性疑问代词的单数阳性、阴性、

中性和复数男性、非男性，以及数词性的 ile（how much）和数词性疑问代词的复数男性、非男性。

波兰语无格位变化的疑问词是一个混合的词性类别，既有副词性质的疑问代词，也有语气词性质的和连词性质的小品词（Grzegorczykowa et al.，1998）。副词性的疑问代词有 kiedy（when）、gdzie（where）、skąd（from where）、dokąd（to where）、jak（how）、jak dawno（how early）、jakdługo（how long）、jak dużo（how much）、jak daleko（how far）、jak bardzo（what degree）、jakby/jak gdyby（which way）、dlaczego（why），语气词性质的小品词有构成是非问的 czy 和表示不确定性建议的征询小品词 może（may），连词性质的小品词有 czy、lub（Bańko，2018）。

（二）汉语的疑问词

汉语疑问词分狭义和广义两种。狭义的汉语疑问词指疑问代词，即汉语界前辈学者称为“求代词”的疑问代词。高名凯（2011/1986：446-470）称疑问代词为“特殊询问词”，把口语中的疑问代词分为关于人、事物、方位、原因、时间、方式及状态、数量七类询问词。王力（1985/1954：294）指出，疑问代词并不是一种代词，它只是履行一种“求代”功能，要求听话人用相应信息去替代问话人的问题。狭义疑问词的类别是按指称意义、替代功能来划分的。吕叔湘（1985/1943，1944）称疑问代词为“无定指称词”，分为与数量有关和与疑问有关两种。

广义的汉语疑问词研究着眼于疑问词在问句中的疑问承载功能，将疑问语气副词也纳入疑问词的范畴，指一切具有［+疑问］、［+指代］、［+不确性］等词库语义特征的词（王小穹等，2019a，2019b），既包括问人、物、方所、数量的“谁”“什么”“哪”“哪里”“几”“多少”等体词性词语，也包括问原因、方式、性状的“怎么”“怎么样”等谓词性词语，问程度的“多”“多么”副词性词语，同时还包括负载疑问信息的“究竟”“难道”“莫非”“或许”等语气副词（江蓝生，1992；赵长才，1998）。

（三）波汉疑问词的差异与共性

1. 波汉疑问词的差异

波汉词类的语法体系不同，波兰语“静词—动词”的词类概念与汉语“名词—动词”或“体词—谓词”的概念并不一致。波汉疑问词在疑问词有无变格以及小品词的功能范围等方面，差异明显。波兰语疑问词是按词形有无变格来区分的，汉语没有变格形式，汉语疑问词是按指称意义来划分的。另外，在是非问、正反选择问的实现上，波兰语用疑问小品词，汉语则运用超句法成分的语气词“吗/吧/呢/啊”或超词语的“V 不 V”等形式。其中，波兰语疑问词的变格是波汉疑问词之间最大的差异。波兰语名词性、形容词性和数词性的疑问代词都有变格要求，如：

例（1）A　od **kogo** pożyczysz? I **kogo** mam　prosić?

PTCL　from　who_{GEN}　you borrow　and　who_{ACC}　I have　ask

“向谁借的？应该请求谁呢？”

波兰语 kto 的第 2 格和第 4 格词形相同。例（1）中前置词 od 要求后面的静词用第 2 格，故第一个 kogo 是 kto 的第 2 格形式，第二个 kogo 是动词 prosić 的宾语，第二个 kogo 是 kto 的第 4 格形式。

例（2）Powiesz，**kim** jestem dla ciebie. z **kim** i dla **kogo** pracowałeś.

you say who_{INST} I am for you withwho$_{\text{INST}}$and for who_{GEN} you worked

“请你告诉我：对你来说我是谁，你跟谁工作，为谁工作。”

例（2）中波兰语对身份、职业等提问时要求用第 5 格，故第一个 kim 是 kto 的第 5 格形式；不同的前置词要求后接不同的格形式，前置词 z 要求后接第 5 格，dla 要求后接第 2 格，故第二个 kim 是 kto 的第 5 格形式，最后的 kogo 是 kto 的第 2 格形式。

2. 波汉疑问词的共性

波汉疑问词都涉及名词、形容词、数词、副词等多个词性类别，在词性上都具有混合多元的特征。词性跨类导致了波兰语和汉语疑问词在句法上的多功能性，故波兰语和汉语的疑问词皆有体词和谓词兼有的综合属性。

波汉疑问词的共性还体现在语义一致性上。在进行疑问表达时，波兰语和汉语特指问中的疑问词都是疑问焦点所在，是问话人关注的主要信息，在特定语境下，都能以疑问词为独词句的形式来表达疑问，如“Dokąd?”（where?）、“Kogo?”（whom?）。或者，用“疑问词+不定式谓语”构成特指问的简略形式，如：

例（3）a. Dokąd pójść?（自省语料）

where go

“去哪里呢?”

b. Kogo zapytać?（自省语料）

whom ask

“问谁呢?”

当前已有不少研究成果验证了疑问表达的跨语言共性。Polczyk（2005）运用 GSS 暗示量表（Gudjonsson Suggestibility Scales）对波兰语和英语的疑问表达进行了相关内容的心理测试，被试在被否定后都会认知能力不足，并产生怀疑和改变主意的倾向，甚至积极的、丰富的想象力也会导致疑问的产生，波兰语组和英语组在疑问产生上没有显示出跨文化的差异。疑问表达中波汉疑问词的高强元音、共振频率、摩擦音和塞擦音比陈述表达时强度和频率更高的声学特征，也验证了人类语言在疑问表达上的共性（Żygis，2017）。当前的电生理学也证实，不同语言的疑问语义编码没有什么不同，相反，实验证明了疑问语义的传递在时间顺序上具有一致性（Kao et al.，2010）。

尽管不同语言疑问表达所采用的方式不同，如是非问，英语用语序、波兰语用小品词、汉语用语气词，有些语言甚至会结合多种手段，但无论怎样，都是语言结构在表层形式上标示疑问语义的手段。尽管疑问表达在句法表层结构上各有特点，但疑问表达的语义信息独立于句法操作之外，波汉疑问词负载的疑问语义编码都是相同的。

二、波汉疑问句的句法特征

（一）波兰语疑问表达的半 wh-移位特性

疑问句中，波兰语疑问词大多移至句首，kto（who）、co（what）、ile（how much）、jaki（what）、który（which）、czyj（whose）、kiedy（when）、jak（how）、gdzie（where）、dlaczego（why）等疑问代词位于句首，构成特指问句，如：

例（4）a. Kto to jest?（自省语料）

who this he/she is

"Who is he/she?"

“这是谁?”

b. Ile to kosztuje?（自省语料）

how much　this　it costs

"How much is it?"

“这个多少钱?”

c. Jaki chcesz usłyszeć?

what　you want　to hear

"What do you want to hear?"

“你想听什么样的?”

d. Kiedy wyjedziesz do Warszawy?

when　you will leave　for　Warsaw

"When will you leave for Warsaw?"

“你什么时候去华沙?”

与英语等 wh-移位语言相比，波兰语与英语同中有异。相同的是，发起疑问时波兰语疑问词也前移至句首；不同的是，波兰语的时态语素留在原位，并没有随疑问词前移。汉语是典型的非 wh-移位语言（wh-in-situ language），汉语发起疑问时疑问词是留在原位的。波、英疑问语序的不同从侧面体现了波、汉语序的相同之处。从 wh-移位的彻底性角度，可以说，波兰语是介于英、汉之间的半 wh-移位语言。

波兰语除了用副词性的疑问代词对状语提问，还可用 po、w、o、na、z 等前置词加上疑问词对目的、原因、程度、方式、时间等状语提问。

问目的：Po co? W jakim celu?

for what_{ACC}　for　what_{DAT}　purpose

问原因：Z jakiego powodu? To czemu?

for what_{ACC}　reason　for what_{DAT}

问程度：W jakim stopniu?

to　$\text{what}_{\text{INST}}$　degree

问方式：W jaki sposób?

in what$_{NOM}$ way

问时间持续长短：Na jak długo?

for how long

波兰语前置词和间接宾语构成前置词组。对前置词宾语提问时，前置词和宾语一起移至句首，如：

例（5）a. O czym mówicie?

PREP what$_{INST}$ you talking

“你们在谈论什么？”

b. Na jakim pan świecie żyjesz?

PREP what$_{INSTR}$ sir world you live

“先生您活在什么样的世界里？”

（二）波兰语疑问语序的中间特性

如果说疑问词移至句首但时态语素仍留在原位是波兰语疑问语序的半移位特性，那么，当主句的谓语动词为第二人称时，疑问词移留两可的疑问表达更说明了波兰语的疑问语序是一种介于英、汉两种疑问语序中间的语序，如：

例（6）Opowiedz, co się stało? →Co Opowiedz, się stało?

you tell what QUB happened what you tell QUB happened

“你（倒）说说发生了什么？”

Wójcicka（2016）认为，表否定的认知动词后面带疑问代词的宾语从句时，应与主句一起在整体上视为另一种形式的疑问句，其疑问性质等同于特指问句（wh-questions），如：

例（7）a. Nie wiem, czego chcę.

not I know what I want

"I don't know, what do I want?"

“我不知道我想要什么。”

b. Nie pamiętam, kiedy przyjechali.

not I remember when they came

"I don't remember, when did thy came?"

“我不记得他们是什么时候来的。”

同时，Wójcicka（2016）也指出，如果补语从句的疑问代词移至句首，句子则表达一种对比语气，与位于句中的疑问代词所表达的疑问有区别，如：

例（8）a. Myślisz，że jak to się robi?

you think that$_{COMP}$ how this QUB does

"You think, how is it been done?"

“你认为怎么做呢?”

b. Jak myślisz，że to się robi?

how you think that$_{COMP}$ this QUB does

"How do you think it is done?"

“你是怎么认为做这件事的呢?”

例（8）a 句中疑问词 jak 受中心语“się robi”管辖，询问“怎么做”。b 句中将疑问词 jak 移至句首后，jak 受邻近中心语 myślisz 管辖，询问“怎么认为”。

Wiland（2010）指出，波兰语从句中的疑问短语（wh-phrases）的移位位置还存在争议，他承认从句条件下波兰语的疑问词缺乏前置的优势，但是他仍然认为波兰语是疑问词前置语言（wh-fronting language），如：

例（9）a. Jan myślał，[$_{cp}$że [jaki samochód Paweł kupił swojej żonie t$_{wh}$]]?

Jan$_{NOM}$ thought that what car$_{ACC}$ Paweł$_{NOM}$ bought his wife$_{DAT}$

"What car did Jan think Paweł bought his wife?"

“简认为鲍威尔给他的太太买的是什么车?”

波兰语疑问从句的疑问短语可左移至从句标示词 że 和从句主语之间的投射区域，移至从句标示词 że 之前则不符合波兰语语法。

b. * Jan myślał，[$_{cp}$jaki samochód że [Paweł kupił swojej żonie t$_{wh}$]]?

波兰语从句中的多个疑问词是可以连用的，但英语不可，如：

例（10）a. Jan myślał，[$_{cp}$że [co$_2$ komu$_1$ Paweł kupił t$_1$t$_2$]]?

Jan$_{NOM}$ thought that what whom Paweł$_{NOM}$ bought

"What did Jan think Paweł bought for whom?"

“简认为鲍威尔给谁买了什么?”

波兰语与其他斯拉夫语一样，多个疑问词连用后是不可左移的，如：

b. * Czyjej$_1$ jaki$_2$ kupił Paweł [$_{NP}$t$_1$ żonie] [$_{NP}$t$_2$ samochód]?

whose what bought Paweł$_{NOM}$ wife$_{DAT}$ car$_{ACC}$

波兰语疑问句为单句时，疑问词位于句首，主语和谓语的位置能够互换。

例（11）a. Jaki samochód kupił Paweł swojej żonie t?

what car$_{ACC}$ bought Paweł$_{NOM}$ his wife$_{DAT}$

"What car did Paweł buy his wife?"

b. Jaki samochód Paweł kupił swojej żonie t?

what car$_{ACC}$ Paweł$_{NOM}$ bought his wife$_{DAT}$

或者，对疑问短语（wh-NP）进行分裂提取（split extraction），即 samochód 留在原位，仅把疑问词 jaki 提取出来并左移至句首，“jaki samochód”被分裂成两部分：

c. Jaki Paweł kupił swojej żonie samochód ?

what Paweł$_{NOM}$ bought his wife$_{DAT}$ car$_{ACC}$

波兰语疑问词左移的不彻底和可移可留的不确定性，说明了波兰语与英语、德语等 wh-移位语言的差异，这种差异也说明了波兰语与疑问词留在原位的汉语具有某种程度的句法语序共性。

（三）波汉疑问句的是非问和附加问

波兰语在句首添加小品词 czy、może 构成是非问句，汉语采用在句尾添加疑问语气词“吗”“吧”“啊”来构成是非问。也就是说，波兰语小品词 czy、może 在句首赋予句子疑问语气，其功能相当于汉语陈述句句尾加上疑问语气词“吗”“吧”“啊”，如：

例（12）Czy to możliwe? 这可能吗?

PTCL this possible

英汉语言中都有一种求证式的附加问句（张德禄，2009），研究英语附加问句的学者根据这类问句的结构特点将之称为“省略结构”（韩景泉、王成东，2016）。不同语言在这类问句上的相同之处是，都是在陈述句后面加上简短问句构成，英语根据陈述句的肯否状况来构成“时态语素+代词”（如 is it? wouldn't they?）的简短问句，汉语用“谓词性词汇+吗/吧/啊”构成简短问句，波兰语则在陈述事实之后，用后接名词 prawda 或 tak 来实现，如：

例（13）a. Nie ma problemu, prawda?（自拟语料）没问题，是吧?

b. Dziś jest piątek, tak?（自拟语料）今天是周五，对吗?

三、波汉疑问结构的超疑问功能

波汉疑问结构的超疑问功能指疑问词不在疑问句中负载疑问信息，而是起着传递非疑问信息的作用。波汉疑问结构的超疑问功能包括疑问词的非疑问功能和疑问词的连接功能两个方面。就波兰语而言，波兰语疑问词为疑问代词、疑问副词时，有非疑问功能，为关系代词、关系副词、连词时，有连接功能。就汉语而言，汉语疑问词只有非疑问功能，没有连接功能，汉语疑问词需要通过前后连用或与连接副词组配才能实现连接功能。

（一）波汉疑问词非疑问功能的一致性

波兰语疑问词的非疑问功能主要表现为感叹和反问否定，汉语疑问词的非疑问功能也有感叹和反问否定，不过，除了感叹和反问否定，汉语疑问代词的非疑问功能共有 21 类（王小穹，2019b），其中，汉语疑问语气副词的非疑问功能，即感叹、反问和否定三类与波兰语疑问词的非疑问功能是对应的。

1. 感叹

波兰语感叹句的基本类型有 7 类（Danielewiczowa，2015），非疑问功能的感叹就是其中的一类。波兰语疑问词的感叹由 co（what）、jaki（what）、jak（how）、ile（how much）等疑问代词后接名词、动词、形容词或副词构成，感叹结构中疑问词的疑问功能已经衰退。有时，波兰语非疑问的感叹句中，疑问词的后面会加上表强调的重读后缀 ż/że 来进一步强化感叹。波兰语非疑问感叹有如下 4 种句型。

句型一：Co（ż）za_ NP

例（14）Cóż za przykrość!

"What an unpleasant thing!"

“多么让人不愉快的一件事啊!”

句型二：Jaki（ż）_ Adj/NP

例（15）Jakie wzruszające przemówienie!

"Such a moving speech!"

“多感人的演讲啊!”

句型三：Jak（że）_ VP/Adv

例（16）Jak schudłeś!

"How much weight you have lost!"

“你瘦了好多!”

句型四：Ile（ż）_ VP/NP

例（17）Sami doktorzy ile kosztowali!

"How much money was paid to the doctors alone!?"

“光是（请）医生就（花了）多少钱!”

2. 反问否定

反问否定，即用问句形式表达否定意义。由于反问否定带有说话人强烈的主观情感，波兰学者 Danielewiczowa（2015）将之视为感叹句，不过，她指出，应将这种修饰性问句所表达的感叹与其他感叹结构区分开来，反问否定在形式上既是修饰性问句更是否定句，其语用目的是说话人强化与该问题相对立的否定的态度，如：

例（18）a. Któż nie kocha własnej matki?

"Who does not love their own mother?"

“谁不爱自己的母亲啊?”

b. Wyruszył nasz bohater w daleki świat. Gdzie on nie był?! Czego nie doświadczył?!

"Our hero set off to travel far and wide. Where hasn't he been?! What hasn't he experienced?!"

“我们的英雄远赴各地，哪里没去过?! 什么没经历过?!”

（二）波汉疑问词句法连接功能的差异

波兰语疑问词的连接功能，指在复合句中作为关系代词或关系副词用来引导从句并起到连接主从小句的作用。关系词是从句成分的一员，由于其连接功能和引导功能，关系词须移至从句和主句的衔接处。在连接主从句时，关系词引导的从句分有先行语和无先行语两种情形。

从句有先行语时，关系词引导并连接的是定语从句，如：

例（19）Próbowałam zastąpić tobą wszystko co straciłam.

I tried replace you all what$_{ACC}$ I lost

“我曾试着用你来替代我失去的一切。”

wszystko 是关系代词 co 的先行语。

从句无先行语时，关系词引导的是宾语从句、状语从句，如：

例（20）a. Sprawdź kto dokonywał zamachów w 1979.

check out who$_{NOM}$ he did attacks in 1979

“你查查是谁执行了 1979 年的那些刺杀。”

b. Zostawiła mnie kiedy potrzebowałem jej najbardziej.

left me when I needed her most

“在我最需要她的时候，她抛弃了我。”

疑问小品词 czy 在复合句中相当于关系副词，有连接功能，通常引导宾语从句，如：

例（21）Musimy wiedzieć czy dziecko przetrwa transformację.

we have to know whether child will survive transformation

“我们必须知道这个孩子是否能度过转型。”

有时，czy 相当于连词，连接两个并列成分，如：

例（22）Naprawdę przeskanowałeś jego podświadomość czy coś tam.

really you scanned his subconscious CONJ something over there

“你的确仔细观察了这个小孩的潜意识或别的什么。”

波兰语一直不断地受斯拉夫语和日耳曼语等语言的影响，其现有的语法体系还没明确 czy 在引导宾语从句时是关系副词还是疑问小品词，czy 在复句中的词性还不清晰，但 czy 在波兰语是非问、选择问中提起疑问的功能，以及在并列成分和主从复合句之间的连接功能是很明确的。

汉语疑问词不同于波兰语，没有连接主从句的独立功能，但可以通过两个或两个以上的疑问词连用，或者与“也”“都”“就”等连接副词组合来实现小句之间的连接，汉语疑问词的这种准连接功能主要出现在疑问词的任指和承指性虚指情况下，如：

例（23）a. 怎么劝也没有用。

b. 车队走到哪里，哪里就有欢呼的民众。

c. 穿什么颜色的衣服便佩戴什么颜色的首饰。

d. 电流做了多少功，就有多少电能转化为热能和光能。

例（23）中 a 句“怎么”与“也”组合，连接谓词性成分“劝”和“没有用”，构成紧缩复句；b 句“哪里”在前后两个小句中的句法成分不同，“哪里”以首尾相承的方式将前后两个小句连接而成任指性的条件复句；c、d“什么”“多少”在前后小句中的成分相同，前后照应与连接副词“便”“就”一起构成虚指性的条件复句。

四、结论

波兰语、汉语的疑问词是兼容多个词类的多功能词，其疑问表达都有疑问和非疑问两种功能，都有特指问、是非问、选择问和附加问四种疑问形式，都存在疑问与反问、否定、感叹的转换，这些共性说明了波兰语、汉语疑问表达的表层组织形式不同，但深层的语义编码具有跨语言类型学的一致性。

不同语言在疑问表达的差异性选择上，主要体现为疑问词词类属性的不同、有无词形变格以及疑问词有无移位。波兰语疑问词有疑问代词和疑问小品词两大类，疑问代词包括名词性、形容词性、数词性和副词性的疑问代词 4 类，疑问小品词包括是非问或选择问中的 czy、może、lub；汉语疑问词有疑问代词和疑问语气副词两大类，疑问代词按指代语义分为问人、问物、问处所、问原因、问方式、问程度性状、问数量 7 类，疑问语气副词按传疑功能分为征询、探询、揣测、疑讶、反问否定、感叹等 7 类。在词形变格方面，波兰语静词性的疑问代词需要变格，副词性的疑问代词和小品词没有变格，汉语疑问词都没有变格。在疑问词移位方面，波兰语的 wh-移位既不同于英语完全移位至句首，也不同于汉语疑问词留在句中原位不动，波兰语的疑问句是介于英、汉的半 wh-移位形式。

“形合”语言和“意合”语言各有其不同的造句思维，波汉疑问表达在句子表层对疑问结构所选择的不同处理方式是这一思维的体现，同时，波兰语疑问表达的 wh-移位的不彻底状态，也说明了跨类语言的存在和不同语言边界的模糊性。

第二节　波英汉句法演变的共性与差异

本节希望通过探讨句法演变的跨语言共性为语言类型学提供历时和共时研究的支持，通过考察句法演变的机制和路径，对句法演变的共性与差异做出解释，并释疑句法演变在突变、渐变问题上的理论分歧。重新分析和扩展是句法演变中两个互相补充的机制。两者的互补性表现在它们从相逆的两个方向来影响句法规则，重新分析以作用于底层结构的方式导致规则改变，扩展以改变表层形式来引起规则扩散。无论是规则改变还是规则扩散，句法演变的路径都是渐进的。

20 世纪 60 年代以来，历史语言学产生了形式主义和功能主义两个主要流派。这两个学派在语言演变观、基本假设上存在明显的对立。形式主义学派从语言理论出发，强调语言的天赋性、自主性，认为句法演变是自足的，排除句法结构之外的认知策略，主张重新分析导致语言发生突变。与形式主义学派不同，功能主义学派的句法研究强调从语言外部，特别是从语言的交际功能出发去寻求解释，认为句法演变往往是由语义演变、语用强化、认知策略等因素促动的，扩展是句法演变的主要机制，句法演变是一个渐进而非突变的过程。

在形式主义和功能主义这两个主要流派之外，还有一个既不完全赞同形式主义也不完全赞同功能主义的中庸学派——历史句法学派（Historical Syntax）。该学派句法演变的思想最早可以追溯到 19 世纪 Franz Bopp 的黏着理论（Agglutination Theory）、Schleicher 的成长原则（Growth Principle）、Meillet 的语法化理论、Wacknagel 的词序变化的一般原则以及 Scaliger 等语言学家提出的功能主义。他们认为，一个成熟的句法演变的理论既不能忽视人脑生理的天赋性动因，也不能否认社会交际性和功能性动因，句法演变本质上是一个离散并体现为突变的过程（Harris et al.，2007/1995）。

形式主义学派在研究语言的类变（Lord，1973；Ebert，1978；Lightfoot，1979）、功能主义学派在研究语言的殊变（Langacker，1977：59-139；Hawkins，1983；Traugott，1972）以及历史句法学派在探讨理论方法对于句法演变研究的意义（Lakoff，1968；Greenberg，1978；Li，1975）等方面成果颇丰，但是，他们有关句法演变基本机制的思想尚未统一，在句法演变的突变、渐变问题上存在理论分歧，他们对演变过程与演变结果缺乏区分，对印欧语以外的其他语种比如汉语也关注不够。鉴于此，本节着眼于重新分析和扩展这两个句法演变的基本机制，通过考察它们互补性的演变路径来分析演变过程和演变结果，并通过拓展包括汉语在内的跨语言的研究对象，来充实句法演变的理论设想。

一、重新分析的渐进性

重新分析是20世纪以来解释句法变化的最重要的概念。有关重新分析的定义，最具代表性的是“a change in the structure of an expression or class of expressions that does not involve any immediate or intrinsic modification of its surface manifestation”（Langacker，1977：58）。Langacker（1977）指出，重新分析是一种结构或结构类别的变化，这种变化不会使表层形式发生任何直接的或根本的改变。结构或结构类别的变化，即底层语义结构的变化，也就是说，句法底层的语义结构已发生变化了，但句法外部的形式还保持原状。因此，由重新分析促动的句法演变是自内而外的，是通过改变句法底层的语义结构来实现的，相对于扩展的显性推广，重新分析体现为变化的隐蔽性，重新分析反映了语言学家们从语言内部寻求解释的思想。下文从底层结构的改变（underlying structure change）、探测式表达（exploratory expressions）和重新分析的实现（gradual realization）三方面讨论重新分析对句法渐进性演变的影响。

（一）底层结构的改变

作为句法演变的内驱机制，重新分析作用于句法底层结构主要通过合并重组（merger and reassignment）、改变语法范畴类别（category labels change）这两种方式驱动句法底层结构发生改变。

1. 合并重组

底层结构包括线性排列的结构单元和按层次组合的结构层级，结构单元和结构层级是部分与整体的关系。底层结构的合并重组，就是将原本不在同一层次的结构单元组合在一起，作为直接组成成分（immediate constitutes）再去跟上一层次的结构单元组合。如：唐代诗人杜甫诗作中的“醉把茱萸仔细看”，当“把”

被理解为“握持”义时，诗义为“带着醉意握着茱萸仔细看”，“把”与“看”为先后发生的两个动作，它们在各自的述宾结构的层级内分别充任述语，其结构层次为“［醉把茱萸］［仔细看］”，“把茱萸”和“仔细看”处于不同的结构层；同时，唐代也是汉语处置式的形成阶段，那时“把”的功能已开始由“握持”义向处置标记“把/将”转移，因此，诗句也可理解为“带着醉意把茱萸仔细看”，“把”作为处置标记介引处置对象“茱萸”，此时结构层次为“［醉］［把茱萸$_i$ 仔细看 t_i］”，原本不在同一结构层的“把茱萸”和“仔细看”，由于结构重组，作为两个直接组成成分首先组合在同一个结构层级内，然后再去与上一层级的“醉”组合。

结构单元和结构层级由于重新分析而发生变化的例子在日耳曼语中很普遍。例如，英语“for+to+INFINITIVES”的结构是中世纪英语“for+NP”重新分析的结果（Harris et al.，2007/1995：62）。在例（1）中，“for+NP”是属于主句的：

例（1）it is bet for me o sleen myself than ben defouled thus

it is better for me to slay myself than tobe violated thus.

（Chaucer；cited from Ebert 1978：12）

在乔叟所处的那个时代，例（1）的结构是“［it is better for me］［to slay myself than to be violated thus］”。但“me”是一个跨层成分，它既是主句结构“for me”的一部分，同时又是不定式结构“to slay”的逻辑主语，逐渐地，“for me”和“to slay”跨层组合，被重新分析为“for+NP+INFINITIVES”，因此，现代英语中例（1）可分析为：

例（2）［For me to slay myself］［would be better than to be violated thus］.

相同的是，德语的不定式结构“um...zu+INFINITIVES”也是由于重新分析而致（Greenberg，1978），如：

例（3）er ging aus um wasser zu holen

He went out for water to fetch

"He went out for water, to fetch (it)."

在这个句子中，目的/方向义前置词 um 与名词性成分 wasser 构成前置词短语，wasser 本来是受前置词（um）控制的，故例（3）的结构是“［er ging aus um wasser］［zu holen］”，但是 wasser 逐渐被理解为不定式的逻辑宾语（即 wasser zu holen），在这样的情况下，um 失去了它本来的目的义而被重新分析为不定式结构的一个引导语素，例（3）的结构经重新分析发生了变化，如：

例（4）［er ging aus］　［um　Wasser zu　holen］

he went out　for　water　to　fetch.

"he went out (for) to fetch water."

经过这种重新分析后，um 可在不带宾语（wasser）的情况下有选择地出现，如：

例（5）Esopus gieng　umb　ze　suchen

Aesop　went　for　to　search.

"Aesop went to look for (it)."

(Steinhöwel, cited by Ebert, 1978：30)

例（5）说明，重新分析往往是源于句法多义的。即，当一个句法表层形式可以表达两个或两个以上的语义内容时，结构成员就极有可能被分析成不同的组合关系。

另外，重新分析通常服从“结构的最小变化”（Minimal Change Restriction, MCR）原则（Fodor et al.，1998：143-175）。结构单元在进行重组分析时，由于受 MCR 的牵引，重新分析最终会落实到位移、提取、添加、替代等发生变化少的结构上。日语对复句结构进行分析时，采用的就是 MCR 原则，如：

例（6）Mary-wa　John-o　mi-ta　onnanoko-ni　hanashi-ta

a. Mary-wa　［$_{RC}$ e_i John-o　mi-ta］　onnanoko$_i$-ni　hanashi-ta

Mary-NOM　John-ACC　see-PST　girl-DAT　talk-PST

"Mary talked to the girl that saw John."

日语是动词后置语言，简单句“Mary saw John”的语序是“Mary-wa John-o mi-ta”，但是如果动词 mi-ta 后面又出现了一个名词 onnanoko 时，在“［Mary-wa John-o mi-ta］onnanoko”方括号里的结构就会出现两种分析：第一种分析将 onnanoko 分析为主语 Mary 的关系从句（RC），仅涉及 onnanoko 的移位，见例（6）a；还有一种分析是同时涉及 Mary 和 onnanoko 这两个名词性成分的提取和移位，如：

b. $Mary_i$-wa John-o [$_{RC}$ pro_i e_j mi-ta] $onnanoko_i$-ni shukai-shita

Mary-NOM John-ACC see-PST girl-DAT introduce-PST

"Mary introduced John to the girl that (Mary) saw."

按例（6）b 句分析，Mary 既是关系从句 mi-ta 的空主语，又是主句的大主语，onnanoko 既是主句动词 shukai-shita 的给格，又是关系从句动词 mi-ta 的宾格，其名词性成分的提取要比例（6）a 句复杂很多，而例（6）a 句遵照了 MCR 原则，是理解日语复句的常规思路。

在对多个名词性的复合结构进行分析时，基于 MCR 的简省策略尤为常见，如：

例（7）a. [church pardon] committee

b. church [pardon committee]

例（7）有两种语义理解，church 的语义既可以指向 pardon，即例（7）a 句，也可以指向 committee，即例（7）b 句，但例（7）a 句是默认的结构分析，即，左边的两个结构单元首先组合在一起构成直接组成成分，然后再与最右边的结构单元进行组合，这符合信息处理的从左到右的正向线性顺序，汉语对有些名词性复合结构的重新分析也体现了这一线性规则，如：

例（8）a. [宗教赦免] 委员会　　a'. ? 宗教 [赦免委员会]

b. [羊皮领子] 大衣　　b'. * 羊皮 [领子大衣]

c. [木头桌子] 质量　　c'. ? 木头 [桌子质量]

d. [我们校长] 夫人　　d'. ? 我们 [校长夫人]

e. [老师的孩子] 的同学　　e'. ? 老师的 [孩子的同学]

不同于例（8）的是，例（8）只有 a-e 这样一种先左后右的语义组合，a'-e' 在语义结构上要么存疑要么不合法。当然，汉语的名词性复合结构中也有先右后左的重新分析，如：

例（9）a. 北大 [数学教师]　　a'. * [北大数学] 教师

b. 土壤 [钾盐含量]　　b'. * [土壤钾盐] 含量

c. 黑色 [圆领外套]　　c'. * [黑色圆领] 外套

d. 红木 [方形桌子]　　d'. * [红木方形] 桌子

e. 黑脸 [高个壮汉]　　e'. ? [黑脸高个] 壮汉

在例（6）、例（7）中，a句优于b句的结构分析，说明在对多义结构进行重新分析时，“最小变化”的认知策略是影响重新分析的语言外因素。同时，我们也发现，例（8）只有先左后右的组合顺序，与例（9）的组合顺序正好相反，即，例（8）、例（9）的组合顺序是互补的，它们几乎都只能进行择一分析，这又说明了句法内部结构的语义关系是决定重新分析的语言内底层因素。

2. 改变范畴类别

重新分析产生的变化对范畴类别的影响，体现在语言结构虽然在形式上没有发生变化，但是组成这个结构的词语在语义结构关系、词性等方面发生了变化。也就是说，由于句法结构的重新分析，引起了词义、词性等范畴特征的改变。如，汉语“张三在家”的“在”为动词，在后面加上另一个动词“睡觉”构成“张三在家睡觉”的连动结构后，“在”就被重新分析为介词了。又如，有一种称作Twi的非洲语，动词wo（be at）在连动结构中也是被重新分析为前置介词wo（at）的（Lord，1973）。重新分析改变范畴类别指的就是这种情形。

汉语自古不缺少通过重新分析来改变词语范畴类别的例子，如，上古汉语的句末小品词“也”“矣”。洪波和王雪燕（2021）指出，周人语言受到古羌人OV型语言语序的影响，系词“惟”和完成体助词“有”后来变成了句末小品词“也”“矣”。也就是说，汉语早期的系词“惟”和完成体助词“有”是位于句末的，后来由于重新分析，就变成了句末小品词“也”“矣”，语序结构没有发生变化，但词义和词性已经改变。

中古汉语有“S把OVO”这样的语序（王小穹等，2012），“把”是动词，有“握持”义，“S把OVO”是一个连动结构，如：

例（10）a. 若把金来削做木用，把木来熔做金用，便无此理。

b. 却不是把仁来形容人心，乃是把人心来指示仁也。

（〔宋〕黎靖德编，王星贤点校：《朱子语类》，中华书局1986年版）

例（10）a句“把金来削做木用”“把木来熔做金用”中，“把金”“把木”构成述宾短语VP；但在例（10）b句中，“把仁”“把人心”的“把”已由动词变为介词，“把仁”“把人心”被重新分析为前置词短语PP。由于重新分析，句子内部的语义结构发生了根本的变化，而表层的句子结构却没有改变。也就是说，词语还是按同样的顺序排列，不过这些词语的语法功能却发生变化了。

重新分析对范畴类别的影响在波兰语中也有体现，如：

例（11）Przecież od razu widać że

after all$_{PTCL}$ immediately see$_{INF}$ that$_{COMP}$

transwestyci

transvestites$_{NOM/TER/PL/SUBST}$

" After all you can see that they are transvestites immediately. "

波兰语名词有6种格的形式，例（11）处在宾语位置上的 transwestyci 采用的是第三人称复数主格形式，但这个主格形式反映的是连系动词与连接对象（object）的语义关系，波兰语将之称为主格形式的宾语，transwestyci 的词形结构没有变化，但这个词的底层的句法语义却发生了变化，这也是重新分析对范畴类别影响的跨语言实例。

（二）探测式表达

重新分析的前提是一个结构有多种分析的可能，有些语言不存在多义或意义模糊的现象固然也是可以进行重新分析的，但多义结构引发重新分析的可能性必然大于单义结构。句法演变过程中多义或意义模糊的桥梁结构是句法演变渐进性的体现，Harris 等（2007/1995：72）称之为探测式表达（exploratory expressions），彭睿（2020）称之为边缘构例或变异构例，并认为任何结构的边界都具有语义上的多元性，这种多元性主要是由于扩展的多维性所致。多义结构虽然不是进行重新分析的必要条件，但却是触发语法变化的前提。

多义结构通常会导致重新分析，这类结构或者因为一般的语法操作，或者因为碰巧随意形成的表达而被逐渐接受，到最后固定下来，如：

例（12）Tylko że niewinne dziewczę tego nie wie

only PTCL innocent$_{NOM}$ girl$_{NOM}$ that$_{PRON/GEN}$ not know$_{F/TER/SG}$

" But an innocent girl does not know that. "

波兰语中，tylko 是副词，że 是引导从句的小品词，两词组合而成的“tylko że”在句首用来表达与上文不同的意义，由于经常连用，于是固化为表达转折意义 but 的结构。说话人采用例（12）这种探测性表达有时是为了以示强调、澄清证明、探测等语用意义，有时是由于表达错误或事后又要有所补充，他们最初可能存在一些忽略现有语法规则的情况，但基本上还是按正常途径运用语法规则来进行的。一般来说，探测式表达的完成过程有三个阶段：第一个阶段是探测式表达的引入阶段；第二个阶段是探测式表达作为一种新颖的表达结构被广泛使用的阶段；第三个阶段是探测式表达被人们接受而成为无标记常态表达的固化阶段。这三个阶段不是各自独立、截然分开的，实际上它们是一个连续统（continuum），有些处于不同阶段的表达形式甚至可以共存几个世纪，我们分三个阶段来说，只是为了说明的方便。

根据前文分析，我们可将多义结构、探测式表达与重新分析的关系梳理为：多义结构是重新分析的前提条件，其本身不涉及语法方面的变化，它们是遵照现存语法规则而形成的表达式；探测式表达是跨越多义结构的桥梁结构，它反映了重新分析实施操作的实际过程；探测式表达的固化阶段是多义结构的最后阶段，也是重新分析的结果。

（三）重新分析的实现

Timberlake（1977：77-141）认为，将“重新分析”与“实现”区分开来很重要也很有用。他将“重新分析”定义为一套新的底层关系和规则重组，将“实现”定义为重新分析的结果。“重新分析”先于“实现”，一个结构在经历某些变化时，是在它现存的语境中进行重新分析之后才扩展到另一个新的语境中去的。所以准确地说，重新分析的过程是渐进的，其实现结果才是突变的。

“唔”或“呒”（音 ḿ）是广东话常用的否定词，常出现于正反问句中，Harris 等（2007/1995：79）曾用拉丁字母转写，如：

例（13）nee zek-mu-zek in° ah?

you smoke-not-smoke in° ah

"Do you smoke?"

Harris 等指出，藏缅语言一般有把 mu 重新分析为是非问标记的现象，否定标记 mu 先与正反问建立联系，然后经重新分析扩展到是非问。也就是说，A-mu-A 是 mu 进行重新分析的最初语境。这种扩展的情况与现代汉语普通话正反问“吃不吃”“好不好”“去没去”相同，由于后面语素脱落被重新分析为“吃不”“好不”“去没”，然后又在此基础上扩展为表达是非问意义的“吃吗”“好吗”“去了吗”，我们发现，以语素脱落的手段从正反问向其他疑问扩展的情况也存在于波兰语中，如：

例（14）a. Jeść czy nie　（jeść）?（自省语料）

eat　PTCL　not

“吃不吃?”

b. Trudno czy nie　（trudno）?（自省语料）

difficult　PTCL　not

“难不难?”

c. Jest problem czy nie　（ma problemu）?（自省语料）

it is　problem　PTCL　not

“有没有问题?”

Czy 是波兰语的疑问小品词（王小穹，2021），nie 是否定词，句末“czy nie”是波兰语正反问句的标记。“czy nie”向是非问句扩展时，发生了 nie 的脱落和 czy 向前位移至句首的变化，如：

例（15）a. Czy to możliwe?（自省语料）

PTCL　this　possible

“这可能吗?”

b. Czy podać herbatę?（自省语料）

PTCL　give　tea

“要来点茶吗?”

藏缅语 mu、汉语“不/没”、波兰语 nie 是否定词，其反向的否定语义必须首先通过重新分析与正向的问句产生关联，即它们先要在正反疑问句的语境下进行重新分析，然后才能扩展至其他类型的疑问句。也就是说，重新分析在对句法结构中的某个成分进行操作时，其过程是渐进的，而当它扩展到另外的语境中成为新语境的新成分时，作为重新分析的实现结果它是突变的。过程与实现的关系体现在重新分析的三个步骤中：

第一步，输入。这个输入的结构具有重新分析所需要的表层基础。

第二步，处理。即重新分析，逐渐生成新的结构并开始具有一个不同于最初结构的特征。

第三步，完成。重新分析产生的新结构具备了新的表层特征。

其中，第二步是重新分析的操作阶段，它把第一步和第三步连接起来，在此阶段，语言结构可以有多种分析，且多种分析之间存在历时上的连续性，语言结构的新旧特点都会在这个阶段出现。不同的语言各有不同的新旧结构特点，句法演变的进度也有快慢，句法演变的渐进性就是由这种演变的持续性所致。重新分析有时候并没有走完全部过程，可能到了第二步就停止了；或者，到了第三步，经重新分析所产生的新的结构还没有固化下来，就开始了另一个新的重新分析；又或者，到了第二步的后期阶段但还没到第三步，就将新旧特征并存的混合结构扩展出去。也就是说，重新分析的结果在第三步的完成阶段可能会有多种情形。重新分析导致的结构改变往往会引起结构意义的变化，但是由于重新分析存在多种分析并存的情况，所以并不是所有的重新分析总能引起意义的变化。

二、扩展的渐进性

无论哪个学派，都没法否认重新分析和扩展是句法演变的两个基本机制，在句法演变中，扩展通常与重新分析互相补充，交替发挥作用。重新分析以影响底层结构的方式导致规则的改变，扩展以改变表层形式来引起规则的扩散。两者的互补性即在于它们通过不同的路径从两个完全不同的方向去影响句法规则。扩展本身不涉及规则的改变，但它可以通过扩大新规则的使用范围来改变语言的句法。

（一）扩展条件的渐进性

扩展条件有两个方面：一个方面是“规则的前提”，即，使用某个规则所必须满足的前提，这类条件指明一个规则能被使用的明确环境；另一方面是“规则的例外”，即，表明某个规则只用于特定条件不能满足的环境。前提和例外是一个问题的两个方面。前提是规则能被使用的条件，例外是规则不能使用的条件。扩展的本质特征就是消除“前提”和“例外”。

汉语不乏消除“前提”的扩展例子。在中古和近代汉语文献里，副词性的疑问标记“还”最初只见于是非问句，后来扩展到反复问句和特指问句。这个句法扩展是通过消除“‘还’用作是非问句的疑问标记”这一规则来实现的。

汉语也有消除“例外”的扩展。先秦汉语里动词与宾语的语序通常是 VO，但这个语序规则也有例外，这个“例外”就是当否定句、疑问句里代词作宾语时，代词宾语前置于动词前，即 OV。可是，到了中古以后，动词与宾语的语序不再有例外，回到了 VO 状态，即，除一些因为受语用支配的有标记表达式之外，否定句和疑问句里的代词宾语开始强制性地位于动词之后。也就是说，这个时期的 VO 语序通过消除“规则的例外”，将 VO 语序扩展到宾语为代词的否定句和疑问句。

现代汉语里也有通过同时消除规则的“前提”和“例外”来实现句法和语义扩展的例子。疑问代词“怎么”从疑问句向陈述句扩展时，就同时经历了消除规则的“前提”和“例外”的过程，如：

例（16）a. 章鱼的这种特殊本领究竟是怎样练就的？

b. 我知道怎么做。

c. 你认为怎么好就怎么办吧。

d. 我怎么忍心拖欠着他的房租不辞而别呢?!

e. 我怎么好意思在高手如林的电影学院显摆?!

f. 你怎么这样跟妈妈说话。

例（16）a 句是一个特指疑问句，疑问代词“怎么”是特指问句的疑问焦点和疑问标记。b 句、c 句为非疑问句，因为当“怎么”跟谓语动词“知道”“认为”等知觉类动词组合时，“怎么”表示确指。“怎么”从疑问句到非疑问句的扩展是通过消除“疑问代词是特指问的疑问标记”这一规则“前提”来实现的，这是“怎么”的第一次扩展（即 a→b、c）。但“怎么”表确指也有例外，这个例外就是“怎么”跟能愿动词“能”“会”等或表心理活动的动词性词语（如 d 句“忍心”、e 句“好意思”）等组合时，不表确指而是表达否定性反问。随着疑问代词表否定性反问的频繁使用，最后疑问代词不搭配能愿/心理活动的动词也能单独表达否定，如 f 句。也就是说，“怎么”通过消除“规则的例外”将疑问代词的确指扩展到否定句。“怎么”从疑问句扩展到陈述句再到否定句经历了疑问、非疑问、反问、否定四个环节三个阶段：

阶段一，从疑问句到非疑问句：a→b、c（消除“规则的前提”）。

阶段二，从非疑问句到反问句：b、c→d、e（消除“规则的前提”和“规则的例外”）。

阶段三，从反问句到否定句：d、e→f（消除“规则的例外”）。

例（16）“怎么”由非疑问的确指扩展至反问（b、c→d、e）时，同时经历了消除“规则的前提”和“规则的例外”，这说明了前提和例外是一个问题的两个方面，“怎么”与表心理活动的动词组合既是“怎么”表确指的例外，同时又是其实现为反问的前提，b、c 通过消除“前提”或“例外”将 b、c 扩展至 d、e，并最后扩展至 f。

（二）词汇扩散的渐进性

不少显著的句法变化是通过词汇逐渐扩散的。扩展发生时，由于新构式与周围环境有一个适应过程（杨旭，2017），新旧规则往往共存很长一段时期，直到旧规则不再使用，变异才会出现。扩展开始时，最初的变体可能让人觉得不合时宜，但渐渐地，这个创新的形式为人们所熟悉，原来的形式不再通用反而被认为过时且不合常规了，于是创新形式最终取代旧形式并获得无标记的通用地位。汉语疑问代词由疑问功能向否定功能转化时，疑问代词表达否定最初是有标记的，随着疑问代词否定功能的扩散，最后就实现为无标记否定了，如：

例（17）a. 靠近他们的人，也绝不是什么好人。

b. 他们隐隐感觉到，要完成这项工作，可能已经没有多少时间了。

c. 这么严峻的事实，谁敢开玩笑。

例（17）中 a 句“绝不是什么好人”，疑问词“什么”和否定标记词“不”一起构成全然否定；b 句“没有多少时间了”不是没有时间而是时间不多，疑问词“多少”和否定标记词“没有”一起构成部分否定；c 句“谁敢开玩笑”中没有显性的否定标记词，疑问词“谁”相当于否定词“没人”，疑问代词实现了从依靠否定词到无标记的独立否定。

芬兰语、爱沙尼亚语等印欧语系波罗的海语族的语言将分词（participle constructions）重新分析为间接语气的标记也是以渐进方式扩展的。爱沙尼亚语通过对从句中分词后缀的重新分析，扩展出间接语气（indirect or reported speech）的形式，并进而将这种从句中的间接语气标记扩展为主句的一种新的形态句法标记，如：

例（18）a. sai kuul-da et seal üks mees ela-b

got hear-INF that there one-NOM man-NOM live-TER-PRS-INDIC

" S/he came to hear that a man lives there. "

b. sai kuul-da seal ühe mehe ela-vat

got hear-INF there one-GEN man-GEN live-PRS-ACTIVE-PTCP

" S/he came to hear that a man lives there. "

例（18）中 a 句、b 句语义相同，可以彼此替代，这类结构通常带有句外的言者主语。a 句中的 et 是宾语从句标记，ela 是限定动词。而 b 句没有 et 这个从句标记了，动词 ela 采用的是现在分词形式，现在分词是非限定动词的一种，爱沙尼亚语通过对现在分词词尾 vat 的重新分析，将现在分词转换为能够关联间接语气的限定动词了。现在分词进一步扩展，如：

例（19）sai kuul-da （et） seal üks mees ela-vat

got hear-INF that there one-NOM man-NOM live-PRS-INDIC

" S/he came to hear that (they say) a man lives there. "

如果说例（18）b 句为现在分词扩展为间接语气标记提供了可能，那么，例（19）表层结构所发生的变化，即从句标记 et 可有可无，以及例（18）b 句的体词由属格“ühe mehe”转变为了例（19）的主格“üks mees”，则说明限定动词所在的从句已扩展为间接表达了。进而，限定动词的间接表达形式最后扩展到主句中，如：

例（20）a. ta tege-vat töö-d

he-NOM do-PRS-INDIC work-PARTITIVE

" They say he worked. "

b. naabri perenaine ole-vat linna sõit-nud

neighbor-GEN lady-NOM is-PRS-INDIC town travel-PAT-INDIC

" They say the neighbor lady has traveled to town. "

爱沙尼亚语对分词进行重新分析，首先运用限定动词扩展出间接语气标记，其次这种表达间接语气的新规则开始见于宾语从句，后来使用范围逐渐扩大，最后这种表达间接语气的新形式扩展到了主句中。这种扩散的路径被 Kroch（1989：72-133）称为 S 曲线。Kroch 认为英语里的 do 就是以这种方式扩散的，do 起先是被重新分析为表支持的助词，后来 do 开始用于包括肯定、宣告等一些表达支持的语境。S 曲线本身代表了重新分析的实现，标记有无的变化出现在 S 曲线的中间阶段，这个阶段就是说话者开始将 do 使用于表达意图的那个阶段。S 曲线是扩展的代表形式，反映了演变过程与演变结果之间的联系，也反映了词汇扩展的连续性、渐进性。

三、小结

重新分析和扩展是句法演变的基本机制，它们互相补充，具有跨语言的共性。

重新分析是句法结构根本的、潜在的变化，主要通过合并重组、改变语法范畴类别来促使句法底层结构发生改变，探测式表达作为跨越多义结构的桥梁结构，体现了重新分析实施操作的具体过程。扩展受表层句法环境或语用环境影响，以消除规则“前提”和消除规则“例外”的方式通过扩大新规则的使用范围来改变句法。

重新分析和扩展交替发挥作用，前者影响到底层结构但没改变表层结构，后者影响到表层结构但不改变底层结构。重新分析对底层结构进行操作时具有独立性、离散性，但该机制下旧规则的改变过程与扩展机制下新规则的扩散过程都反映了句法演变的渐进性。

第三节　汉语问答系统的扩展与偏离

传统研究认为，疑问代词①有两个功能——“疑问”和“代替”（张志公，1953；王力，1985/1954；丁声树，1980；吕叔湘，1982/1942；刘月华，1983；高名凯，2011/1986；等等）。可是后来的研究发现，在很多情况下，如反诘句、否定句等句子里，疑问代词既不表疑问也不表代替，而是表示强调等语用功能。本节从汉语疑问词“怎么”“哪里”以及否定、强调等特定构式入手，从以下几个方面讨论汉语问答系统信疑范畴的扩展与偏离：①传统真值语义学对语义进行

① 疑问代词作为一个独立划分出来的词类范畴，历来有不少争议。王力（1954）曾经指出，“严格地说，疑问代词并不是一种代词，它只是一种‘求代词’，将疑问代词另立一类，和其他各代词对立，这是不太妥当的做法”。林祥楣（1984）说，疑问代词的“疑问功能”与“指代功能”的纠结，是学界一直无法定义的问题。

了狭义阐释，但语义不仅是客观的真值条件，还跟人的概念结构以及概念结构的形成过程有直接的关系，语义分析应将构建概念的主观因素考虑进来。②传统语义学在某单一层面的研究较多，语义考察要结合语义、语法和语用等维度进行。疑问代词的语义即属广义语义研究，其范围涵盖语法、语用等方面。③词义研究不能停留在词汇层面仅进行孤立静止的研究，应采取词项义与构式义结合起来考察的基本思路，通过考察词项义与构式义的互动过程，全面系统地揭示词义变化的规律。④着眼于考察汉语相关的特定的构式，能为汉语多功能词的词义研究提供借鉴和思路，并把汉语词汇语义的研究进一步引向深入。⑤合理参考语义特征分析理论、构式语法理论和主观化理论等语法分析理论，通过语义与具体语境的真实呈现，综合分析词汇语义动态变化的过程和原因。

一、疑问的扩展与偏离

本节以疑问代词“怎么”为例，运用范畴化和主观化理论分析疑问代词的疑问、指代、主观态度等语义性质，在解释这三种语义性质的内在联系和发展脉络的基础上，揭示疑问代词语义扩展的特点。

“怎么”的语义是从原型语义逐步向次边缘语义、边缘语义扩展的。在语义扩展过程中，“怎么”首先失去疑问语义，由具体指代扩展为抽象指代，接着进一步扩展，“怎么”与客观世界相联系的指代关系褪尽，扩展出否定、感叹、类语气词等主观语义。“具体指代—抽象指代—无指代”是客观性成分越来越少、主观性因素越来越多从而主观化程度越来越强的过程。与自然种类的范畴化一样，“怎么”的语义扩展是由认知领域的范畴化所致，与特定语境中主体的认知状态、认知程度有关，是主体在构建意义时的一种心理过程。

（一）“怎么”的语义性质及语义扩展

《现代汉语词典（第六版）》把“怎么”释义为：①询问性质、状况、方式、原因等：这是~回事？这个问题该~解决？他~还不回来？②泛指性质、状况或方式：你愿意~办就~办。③虚指性质、状况或方式：不知道~一来就滑倒了。④有一定程度（多用于否定式）：这出戏他刚学，还不~会唱（=不大会唱）。郭继懋（2001）认为：“怎么”的基本意义是“情状”，“方式”“原因”是“情状”与另一个情状结合在一起时体现出的一种临时意义。哪种解释更符合“怎么”语义的实质呢？

我们认为，“情状”也好，“方式”也好，“原因”也好，都是“怎么”语义在不同语言环境里的具体用例。这些不同的意义都用共同的形式“怎么”来表达，其原因在于这些意义之间存在着联系。下面我们以原型语义为起点，来厘清具体环境里这些不同的语义变体之间的联系。

[疑问+] 和 [指代+] 是“怎么”语义范畴的两个原型语义特征。在疑问句中，“怎么”同时具备这两个语义特征，表现为原型（prototypes）语义。

而在非疑问句中，“怎么”的语义扩展为两种情形：

第一种情形，“怎么”没有“疑问”语义，只有“指代”语义，仅有 [指代+] 的语义特征，表现为次边缘语义，如：

例（1）现在他们不在乎你怎么打球，只在乎输赢。[①]

例（2）我们自己奉献出多少，怎么苦、怎么累，都称不上什么。

“怎么”分别指代“打球”的方式及“苦”“累”的程度。“怎么”没有“疑问”语义，只有“指代”语义。

第二种情形，“怎么”既没有“疑问”语义，也没有“指代”语义，只表示一种主观态度，此时的“怎么”远离原型语义扩展为边缘语义，如：

例（3）如果这样，还不等于对着俺的心肝插刀子呀，可让俺怎么活！

例（4）整个就是一群盲流嘛，国家怎么也不管管，把这帮人都赶出北京那才叫个清静！

“怎么活”就是“不让活”的意思，“怎么也不管管”就是“应该管管”的意思。“怎么”既没有“疑问”的语义，也没有“指代”的语义。它远离“疑问”和“指代”这两个原型语义，仅表示说话者对某件事的一种主观强调。

因此，从范畴化[②]角度，原型语义、次边缘语义、边缘语义三个语义等级构成“怎么”的语义范畴，并分别对应着疑问指代、指代、主观态度三种语义性质（见表 7-1）。

---

① 本书未标明出处的例句，均取自北京大学现代汉语语料库（CCL），其他例句随文标注。

② Labov（1973）指出，范畴即类型，范畴化就是把不同事物归为同一类型的过程。

表 7-1 “怎么”语义范畴的三个等级

语义符号	A	B	C
语义等级	原型语义	次边缘语义	边缘语义
语义性质	疑问指代	指代	主观态度

在“怎么”的三个语义中，居于“怎么”语义范畴中心地位的是原型语义——“疑问指代”。确定原型语义比确定次边缘语义和边缘语义容易，如：

例（5）怎么去北京（自省语料）

原型语义：为什么去北京/用什么样的方式去北京

次边缘语义：由于某种原因去北京/用某种方式去北京

边缘语义：没法去北京

“怎么去北京”不考虑轻重音和语调，更容易理解成原型语义，而不是次边缘语义（虚指义）或边缘语义（否定的主观态度）。

“怎么”语义的扩展，是以原型语义“A”为中心，逐步向次边缘语义“B”和边缘语义“C”扩展的（见图 7-1）。

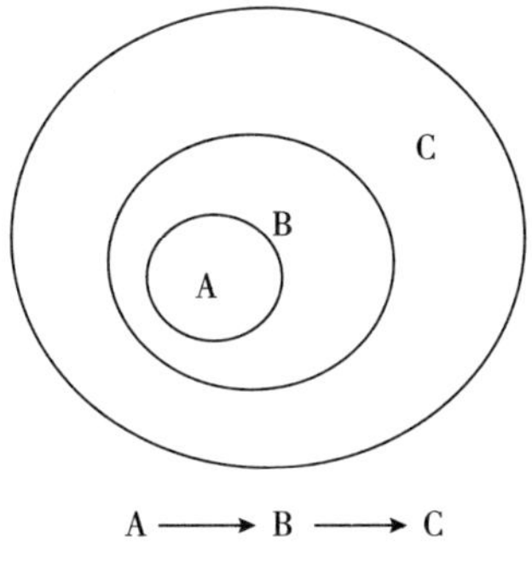

图 7-1 “怎么”语义扩展的方位

“怎么”从原型语义向次边缘语义、边缘语义的扩展距离和结果是不同的，扩展距离小且扩展结果与原型语义有一定联系的是次边缘扩展，扩展距离大且扩展结果与原型语义联系不大甚至脱离联系的是边缘扩展。

（二）“怎么”语义的次边缘扩展

“怎么”语义的次边缘扩展，即“怎么”在失去“疑问”语义的前提下，具体“指代”主观化为抽象“指代”的过程。原型语义中的“指代”和次边缘语义的“指代”是两种性质不同的指代：前者指代具体，后者指代抽象。根据指代范围，次边缘语义可分为确指、虚指和任指。

1. 确指

吕叔湘（1982/1942）将汉语的指称词分作“有定”和“无定”两类，疑问代词属无定指称词，其指代的不确定是疑问代词被称作“无定指称词”的原因。可是后来有人对“疑问代词指代不确定”这一观点进行了讨论。倪兰（2005）认为，疑问代词的“不确定”，是指“说话人对事实的知识状况”，但是如果从“说话人是否真心寻求答案”这个角度，说话人所询问的是某一确定范围内的某个确定对象，从这个角度，疑问代词的指代是具体的、确定的。唐燕玲（2010）在调查了大量的语料后也发现，疑问代词不但有无定的特征，而且在很多情况下也呈现出有定性确指的语义特征，确指功能（definite reference）非常明显。我们认为，“怎么”前有“知道”“告诉”“作出”“选择”“教”“认为”等表主观判断的动词时，“怎么”是对动作行为的方式进行某种程度的确指，如：

例（6）a. 这次也没什么不同，我知道怎么做。

b. 他告诉人们他一直在学怎么用中文说“对不起”。

c. 电脑以极快的速度，以事先输入的各种棋局作对照，算出每一步棋双方的得失，选择出最佳方案，作出下一步棋该怎么走的“决策”。

d. 他们不懂行，马大叔就在大喇叭里扯着嗓门喊，教乡亲们怎么嫁接，怎么喷药。

e. 他认为，道德不是用钱来衡量的，而是要怎么做人，怎么对国家、对社会尽到自己的责任。

例（6）中“怎么”分别指代“做”“用”“走棋”“嫁接”“喷药”等动作行为的方式，其指代相对于发出该动作行为的施事者而言是十分确定的。

2. 虚指

“怎么”的虚指是不明确指代某一行为或方式，只表示一个范围，可能是这种行为或方式，也可能是那个行为或方式，或称“某指”。“怎么”虚指时，往往和前面的“要”“会”等能愿助动词一起构成谓语成分，指代某种不好的负面行为，如：

例（7）a. 别让他们有了什么想法，好像咱们要怎么的。

b. 人们把四方台当成比虎狼妖魔还可怕，有的赌咒盟誓时就说："我要怎么怎么样，叫我上四方台。"

例（7）中 a 句"怎么"指代"做某件或某些不利于他们的事情"；例（7）b 句"怎么"指代"做了某件或某些坏事"，是赌咒发誓时用的詈语。"怎么怎么"叠用形成一种强调的语用效果。

3. 任指

"怎么"的任指表示任何方式都包括在内，无一例外。"怎么"在表任指意义时，"怎么"的前后往往有"都/也""无论/不管/任凭"出现，如：

例（8）a. 他见哥哥姐姐如此辛苦，便弃学要跟着大哥上山干活去，任凭大哥怎么劝，怎么哭也不听。

b. 无论怎么看，这样的政策设计，都是极不合理、也无道理的。

例（8）"怎么"分别极言"任何办法""任何角度"。"怎么"出现在谓语动词前，形成"怎么+V+都/也+V……"的格式，是对动作行为的方式进行任指。有时"怎么"后的 V 可以省略，如：

例（9）a. 马晓军怎么也看不上那个胖胖的女孩，为了推掉这门婚事，马晓军绞尽脑汁，想尽各种办法来逃避。

b. 有时果酱瓶的铁盖子怎么也拧不开。

"怎么"后省去"看""拧"，是因为"也"后有"看""拧"的复制形式。"怎么"任指"看""拧"的方式，分别表示"任何方面""任何办法"等意义。

Rosch（1976）认为，位于基本层次范畴的原型语义具有人们容易获得及明确具体能直接唤起人的感知的特点。"怎么"的原型语义是对某个具体动作行为的方式或原因发出疑问，指代具体。在原型语义（"疑问"且具体"指代"）扩展为次边缘语义时，"怎么"失去疑问语义，其指代语义也因为没有了具体的"疑"和"问"而变得抽象。例（9）b"怎么"并不是对"拧不开"表示疑问，当"怎么"失去疑问的语义，附着在疑问语义上的具体指代也扩展为抽象指代了。

次边缘扩展后，"怎么"的次边缘语义与原型语义相比，不仅语义上发生了变化，而且句法位置上也有很大差异。次边缘语义的"怎么"只出现于非疑问形式的句子中，而原型语义的“怎么”往往出现在问句形式中，如：

例（10）a. 章鱼的这种特殊本领究竟是怎样练就的？它又怎么能从小手指那么粗的网眼中钻出来呢？

b. 谁说是清账？那全县都在清账，怎么没杀别人单杀你呢？

例（10）中的“怎么”为原型语义。例（10）a 句“怎么”询问章鱼练就这种特殊本领的具体手段和方式。例（10）b 句“怎么”询问“单杀你”的具体原因。

（三）“怎么”语义的边缘扩展

“怎么”语义的边缘扩展，指“怎么”既失去“疑问”语义也失去“指代”语义，完全脱离原型语义的过程。因此，“怎么”的边缘语义即“怎么”既不表“疑问”也不表“指代”，仅表达说话人主观态度时的语义。根据边缘语义的主观化程度，边缘语义有否定、感叹和类语气词三类。

1. 否定

在边缘语义阶段，疑问代词的否定意义是通过语境知识和语用推导而不是通过“不”“没”等否定的显形标记词来实现的。根据否定强度的大小，疑问代词的否定分为强势否定（强否）和弱势否定（弱否）两种。强否表达说话者强烈的、明白无误的否定。弱否则是说话人在表达否定意见时所采取的一种委婉、间接或客套的否定。

第一种，强否。强否包括肯定式的否定（肯否）、反问式的否定（反否）和责骂式的否定（责否）。

A. 肯否

语言的常态是用肯定形式表达肯定意义，用否定形式表达否定意义。而肯否是用肯定形式表达否定意义。因此，肯否是语言演化过程的非常态现象。肯否形式中的疑问代词失去［+疑问］、［+指代］的原型语义特征，和句子的其他成分一起表达一个否定命题，如：

例（11）a. 我不想欠管大爷的，一个没有任何收入的孤老爷子，全指望着这点房租过活，我怎么忍心拖欠着他的房租不辞而别呢。

b. 现在回过头来再看当初拍的那部所谓的“纪录片”，我觉得那不过是小儿科罢了，哪里好意思在高手如林的电影学院显摆。

肯否句中的疑问代词相当于一个否定成分，例（11）“怎么忍心”即“不忍心”，“哪里好意思”即“不好意思”。特指问中疑问代词表现的是原型语义，疑问代词是问句的焦点所在，疑问代词在语音上是重读的，而疑问代词表否定意义时，除特别的语用要求外，“怎么”等疑问代词是轻读的。

B. 反否

综上所述，语言的常态是用肯定形式表达肯定意义，用否定形式表达否定意义，用问句形式表达询问意义。而反否是用问句形式来表达否定意义。因此，反否也是语言演化过程中的非常态现象，除非语境特殊，反问的性质一般是“明知故问”“无疑而问”[①]，如：

例（12）a. 试想，如果不是巨大的悲苦，过久的压抑，一个阅尽人间沧桑的老者，怎么会不顾屈辱和难堪地双膝触地，给一个可以做自己儿孙的调查人员施此大礼呢？

b. 他分明早就已经死了，利辛县城的那些人怎么可以说我们“去到丁作明那儿去”呢？

例（12）反问句中的“怎么”没有疑问语义，只是帮助加强语气。例（12）a“怎么会”即“不会”，例（12）b“怎么可以”即“不可以”。“怎么”在肯定形式的反问句中，起到一种加强否定的主观语气的作用。

C. 责否

“怎么”的边缘语义还表现为一种主观情感很强的不满批评，如：

例（13）a. 他摇摇头：“你男友怎么让你住这种地方，这里不适合你这么高贵的女孩子住。”

b. 每当我们的学习成绩不佳时，常常会听到来自长辈的指责：你怎么不多动动脑筋呢？

例（13）中a句“他摇摇头”表示对男友让一个女孩子住这种地方的不满。例（13）中b句表示家长的指责。不满指责发展到情绪的极端就变成辱骂，如：

例（14）有的人不知道是紧张还是天生就较笨……这样一来导演就不耐烦

① 张伯江（1997）指出，疑问属于话语平面，作用于话轮，完全依赖于语境。判断一个句子表示疑问还是陈述命题，需要在具体的语境中进行，所以一个句子是有疑还是无疑，不能只从句子本身的内容考虑，而是由说话人决定的。齐沪扬和胡建锋（2010）提出，“不是……吗”反问句可以表示疑问。

了："你这笨蛋！""你爸妈怎么生你的！"

第二种，弱否。相对于强势否定，弱势否定指说话人或作者在否定某个命题时，所采取的一种弱化否定的表达方式，其目的在于方便听者/读者接受自己的观点或表达自己对某个问题所采取的一种适可而止的相对客观的态度。疑问代词在参与弱势否定的表达时，一般表示委婉、应答、惊讶等语义。

A. 委婉

委婉否定一般由一个否定词加上疑问代词构成。没有疑问代词只有否定词的否定是全部、绝对的否定。加上疑问代词后，有两种情形：其一，仍然表否定，疑问代词的参与不造成否定范围的改变，此时，疑问代词表虚指意义；其二，疑问代词的参与造成了否定范围的变化，即命题由全部否定变为了部分否定。委婉式的弱否属于第二种情况，此时，疑问代词表达一种主观感受的量，如：

例（15）农民出身的年轻总经理朱忠汉，已经连续几天没怎么睡觉了，然而，此刻仍然显得精神抖擞。

例（15）去掉"怎么"，"没怎么睡觉"就变成了"没睡觉"。"没睡觉"与"没怎么睡觉"之间存在着否定性质和否定范围的差别："没睡觉"是"完全没睡"，是客观否定；而"没怎么睡觉"是"睡了，但睡得很少"，是与主观量有关的委婉否定。可见，委婉否定是通过降低否定范围来对否定进行弱化的。

B. 应答

应答形式的否定，是指答话人对问话人的提问进行应答时，为了避免直接否定造成生硬，而用疑问代词代替否定词所做出的否定，如：

例（16）a. 突然，一直似在昏睡的母亲却睁开了眼，清清楚楚地问了一句："赵子岳，怎么了？"吓得我丈夫忙答道："没怎么，没怎么，挺好的。"

b. 我问鲍女士，是否经常在这里用餐？"哪里，我可吃不起。来海口这段时间，借住朋友包租的房间，有厨房，所以大多是自己买菜、做饭。"

例（16）中 a 句的应答语"没怎么"，是对母亲提问的否定回答，例（16）中 b 句的应答语"哪里"，是鲍女士对我提问的否定回答。用疑问代词的形式来进行应答，往往出现在朋友、熟人之间的口头交往中，用以表达答话人在进行否定回答时一种弹性处事的主观态度。

C. 惊讶

惊讶是说话人在不相信某件事时所表现的第一反应。从某种意义上说，不相信就是否定。说话人用疑问代词表达自己一种否定的惊讶心理，如：

例（17）a. 小芳说："我的家在原宿，乘坐山手线只需要一点点时间，怎么要走这么远。"高桥也没回答，将车开得更快了。

b. 这时，不知从哪里钻出一个中年男人，很响亮地叫："万站长，怎么这么早就来了，这可是杀我们一个措手不及呀！"

例（17）中 a 句"怎么"就是"不应该、没有理由做某事"，说话人小芳用疑问代词表达一种惊讶、否定、恐惧的心理。b 句"怎么"的意思是"想不到"，中年男人在表达自己对万站长这么早就来了的惊讶的同时，也是对当初"不会来这么早"的想法的否定。

2. 感叹

"怎么"完全脱离原型语义，还反映在语调和重音上。疑问句中，"怎么"表现为原型语义，疑问代词是说话人想要弄清楚的信息焦点，"怎么"即句子的重音所在，句子是一个表疑问的上升语调①。为次边缘语义时，"怎么"用来帮助加强句子的主观性语义，本身不是信息焦点，不负载重音，整个句子相当于陈述句。为边缘语义时，疑问代词可以和句尾的感叹语调一起表达感叹语义，其所在句子的语调是下降的，如：

例（18）a. 他总是说："我是总理，就得什么事也要管啊！管不好怎么向党、向人民交代！"

b. 一名 40 多岁的中年男子看过遗体后激动地冲出房间，嘴中嚷着："这怎么得了！这怎么得了！"

3. 类语气词

疑问代词主观化程度最强时，其语法化程度也是最高的，即疑问代词从句子中分离出来成为一个独立成分，作为一个独立成分的疑问代词位于句首，相当于一个表达情绪、态度的语气词。不在小句中充当任何语法成分的疑问代词相当于

① 一般说来，疑问句的语调是上升的，陈述句、祈使句、感叹句的语调在句末是下降的。但这只是一般的情况，并不总是如此。比如，英语中带有疑问代词的疑问句是下降语调，汉语的语调由于受单字调的影响，不是简单的上升和下降。

句子的外围成分，省去后不影响句子的意义。这种用法的“怎么”包括吃惊、质疑、批评等语气用法。

第一，吃惊。疑问代词以追问的形式来表达说话人吃惊、否定的语气，如：

例（19）a. 每一次，她都禁不住惊讶得忽地失笑：“哎哟，怎么！这是什么街？不认得了，一点也不认得了！”

b. 陈赓一看大惊：怎么？你要公布于众?！好！你贴墙上，我再写！

第二，质疑。表达说话人不相信、质疑的语气，如：

例（20）a. “怎么!”那小伙子嚷道，“祸水就是这个样儿的吗?”

b. 怎么?！偷了五万五千镑钞票还不是个贼?

第三，批评。表达说话人的一种批评或不满的态度，如：

例（21）a. 国务院某高层人士知道了这一计划，下令停止执行，他说：“怎么？这个人有90岁了？真是荒唐!”

b. 听说法国19世纪的著名作家阿尔封斯·都德曾以诙谐的口吻反问他的读者：“怎么？你没有去过安道尔？那你还算什么旅行家呢?”

综上所述，疑问代词扩展为边缘语义时，“怎么”很少或不再以客观事物为参照，不以能指和所指为语义内容来表达客观意义，而是从主体感知的角度以自我为参照来表达主观立场、态度和感情。否定、感叹、类语气词是“怎么”在具体语境中所表现的主观意义，类语气词是疑问代词主观化和语法化的最高阶段，即，当疑问代词在句法上语法化为句子的外围结构或独立成分时，在语义上亦主观化为表达说话人主观情感的语气词。疑问代词的边缘语义如图7-2所示。

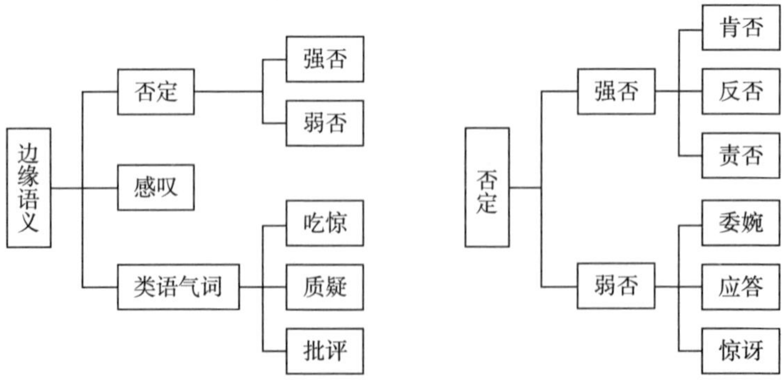

图7-2　边缘语义的构成

（四）“怎么”语义扩展的动因

疑问代词的原型语义、次边缘语义、边缘语义是从疑问代词的疑问功能、指代功能、主观语义功能出发来定义的，因此功能主义语言学是本书主要的理论参照。功能主义语言学认为，必须引入认知、语用等语言结构之外的因素才能对语言做出真正的解释。Croft（2000）将“科学的解释”概括为三个由低到高的层次，首先是对语言事实做出观察的层次，其次是对语言结构内部做出概括的层次，最后是囊括语言结构之外因素的外部概括层次，显然只有功能主义语言学才达到了第三个层次。

认知领域的范畴化是疑问代词语义扩展的语言外因素，是“怎么”语义扩展的动因。什么是范畴化？范畴化即对纷繁复杂的事物进行分类的过程。具体语言环境中疑问代词有着不同的句法功能和语法意义，如何对这些疑问代词进行分类？我们认为，领会范畴化理论的精神实质、明确语义的连续统状态以及厘清“怎么”各种语义的区别、联系及变化路径是“怎么”语义得以正确归类的前提条件。范畴化理论的核心主要包含两个方面：①原型是范畴的典型事例，范畴内的其他成员以它们与原型的相关性为基础融入该范畴；②范畴化与特定语境中主体的认知状态、认知程度有关，是主体在构建意义时的一种心理过程。疑问代词的语义扩展遵循以原型为参照的规律，是认知领域范畴化的结果，如：

例（22）a. 你是怎么/怎样/怎么样认识他的？[①]

b. 你怎么认识他？

c. 他是一个怎么样的人？

d. 你怎么/怎么样了？

e. 一起去，怎么样？

首先要找到“怎么”语义的原型。例（22）问方式、问原因、问性质、问状态、问意见等，归为一类即得到疑问代词的原型语义特征——［+疑问］、［+指代］，同时具备这两个原型语义特征的语义即为“怎么”语义的原型。然后以原型为参照，将“怎么”的其他语义逐次分类定级归入其范畴体系，当“怎么”的“疑问”义没有了、“指代”义还在时，该语义在范畴中位于次边缘位

① 本节用例取自何洪峰教授《现代汉语》课堂讲义。

置，如：

例（23）怎么办都行，怎样说都不过分。

例（23）的“怎么”仍有“指代”义，具有原型语义的部分特征，故位于“怎么”语义范畴的次边缘位置，表现为次边缘语义。当“怎么”既不表疑问，也不表指代，脱离与原型语义的关系时，“怎么”位于语义范畴的边缘位置，如：

例（24）a. 天不怎么热。

b. 怎么能不感激你呢？

c. 怎么，你要回国？

例（24）的“怎么”既不表疑问，也不表指代，为疑问代词的边缘语义，即肯否、反否和表惊讶的类语气词。边缘语义与客观世界相联系的指代关系逐渐褪尽，进入一个主观的语义范畴，“怎么”的边缘语义与原型语义联系最小甚至完全脱离联系，是原型语义的高度语法化和主观化。

“疑问”“指代”是疑问代词的语义原型。疑问代词的其他语义以与原型语义相关性多少来决定其在范畴中的位置。[+疑]，认知各领域皆有疑，“疑”是面对未知现象时的一种心理反应；[+代]，一切未知皆可代，Gillan Brown 和 George Yule（1983：199-223）指出，无论什么样的指代形式，其指代功能都有赖于说话人在某个具体语境中的心理倾向。疑问代词在原型语义阶段就具备心理认知的语义特征，在其语义范畴化的每个阶段，亦皆以原型为参照来进行，这种以原型为参照对疑问代词语义范畴的成员分类的过程，是主体在构建意义时的心理过程。

“怎么”的语义是从原型语义逐步向次边缘语义、边缘语义扩展的。原型语义既“疑问”又“指代”，其语义的组合性特点是语义扩展的前提。在语义扩展过程中，“怎么”首先失去疑问语义，由具体指代扩展为抽象指代，接着进一步扩展，“怎么”与客观世界相联系的指代关系褪尽，扩展出否定、感叹、类语气词等主观语义。

认知语言学认为，从具体到抽象、从客观到主观是人类认识世界的顺序。“指代”最初反映的是一种客观的明确的指称关系，如指示代词、人称代词和所有的专有名词等。而疑问代词的“指代”由于加上了“疑问”的限制，疑问代词的“指代”成为一种对具体所问之事在某个范围内的不确定“指代”。“指代”的确定与不确定反映了人类对客观世界的一种主观认知和把握，“怎么”从原型语义扩展至次边缘语义最后至边缘语义，是主观性因素越来越多从而主观化程度越来越强的过程。

认知领域的范畴化是“怎么”语义扩展的动因。Lyons（2000）在论述原型语义时指出，原型语义这一概念除了常常与自然种类结合在一起，也与人类认知领域关系密切：首先，“原型”这一概念的形成就是人类认知活动过程的结果；其次，与自然种类的范畴化一样，认知领域的范畴化也是一个心理过程。“怎么”的语义扩展与特定语境中主体的认知状态、认知程度有关，是主体在构建意义时的一种心理过程。

“怎么”的传统释义力图穷举语义而致义项众多，不是科学的考察方法。无论问原因、方式、性质还是问状态、程度，“怎么”的各个意义皆因具备语义特征［+疑问］、［+指代］而存在一定的联系，根据原型范畴化理论，将完全具备［+疑问］、［+指代］等原型语义特征的语义归为原型语义，具有一定的概括性和解释力。传统语法未对既不表疑问也不表指代的“怎么”做出有效解释，认知主义语言学从主观化和认知领域的范畴化的角度，分析“怎么”从“疑问指代”至“指代”最后至“主观态度”的演化线索，对“怎么”的语义做出较为合理的探讨。

二、答句的扩展与偏离

正常的言语交际一般都是有“问”有“答”，交谈才能进行得下去，也就是说，若有问句，一定就有回应问句的答句，“问”和“答”是言语互动的最小话轮单元。但是，问句中有一类特殊的问句——反问句，这类问句往往是有问无答，或者答非所问。郭继懋（1997）认为，反问句的语义语用特点是“和别人讲理”和“说明某行为的不对”①。反问句有“问”的形式，但“问”却“少疑”或“无疑”，发话人采用反问句这一特殊问句的形式，传达出与问句询问功能不一致的信疑内容。在问句偏离了其原本的疑问功能的同时，相应的答句也偏

① Lyons（1997：739；2000：337）指出，“主观性”（subjectivity）是语言的特性，这个特性即话语的施动者（言者或写者）在话语行为中有自我表达的成分。简单地说，主观性即人们在语言使用过程中表现出的自我。“主观化”（subjectivisation）则指语言为表现这种主观性而采用相应的结构形式或经历相应的演变过程。

离了其原本的答句功能。也就是说，答句对自身功能的偏离是基于问句信疑功能的偏离的。“和别人讲理”“说明某行为的不对”即说话人对某件事的主体认知和态度，体现了人类语言在使用时的主观性。Lyons（2000）指出，语义的任何方面都能够被话语的主观性涉及。反问句中有疑问代词时，疑问代词受反问句主观性的影响，经历了一个脱离原型语义并逐渐向否定的主观语义过渡的主观化过程，这个过程是疑问代词由有实在语义内容的词汇语法化为否定成分的语法化过程。本节从疑问词主观化、语法化的视角以“哪里”为例来分析答句的扩展与偏离。

“哪里”分“哪里$_1$”“哪里$_2$”“哪里$_3$”三种：“哪里$_1$”是“哪里”为原型语义时的情况；“哪里$_2$”是“哪里”前的 V_1/Prep.，可有可无，V_1/Prep. 的宾语重新分析为 V_2 状语时的情况；“哪里$_3$”是“哪里”前不能添加任何介词，只表达主观意义，不再表达客观意义时的情况。“哪里$_1$→哪里$_2$→哪里$_3$”反映出疑问代词经历了主观性因素越来越多且主观化程度越来越强的过程。

（一）哪里$_1$

“哪里$_1$”的语义是“询问处所”，句法环境是疑问句，其语义特征为［+疑问］、［+指代（处所）］，在句中可充当主语、宾语和定语，如：

例（25）a. 他苦苦思索：“哪里$_1$ 可找到这种治病的良药呢？”①（主语）

b. 船上的人问他：“你要去哪里$_1$？”“我回家，回安昌门。”（宾语）

c. 他转过来问我，“查尔斯·巴克利是哪里$_1$ 人？凤凰城？”（定语）

“哪里$_1$”在句中充当主语、宾语或定语，同时具有［+疑问］、［+指代（处所）］的语义特征时，为原型语义。“哪里”与原型语义、原型句法特征的相关性，决定了疑问代词“哪里”语义的主观化和虚化程度。在“哪里$_1$”这个原型语义阶段，答句一定是针对问句的信疑焦点提供相应的信息的，问句和答句的信疑内容是一致的。

（二）哪里$_2$

当问句中的“哪里”逐渐脱离原型语义，问句“少疑”或“无疑”而问时，答句的形式和语义内容也不再遵守一问一答的话轮模式，答句可能是无答的零形

① 文中语料均来自 CCL 语料库，不随例标注。

式，也可能是与问句形式不一致的表述。这种有问无答或与问句信疑内容不一致的答句，是对信疑原型范畴的偏离。这种偏离是问句中疑问词疑问功能的衰减，也就是说，随着疑问词逐渐脱离原型语义的过程而产生的。

有没有询问处所的语义、是否具备方所名词的句法特征，是判断疑问代词“哪里”与原型语义相关性大小的标准。“哪里$_1$”在句中，具备疑问代词原型语义和原型句法功能的特征，其语义的主观化及虚化程度是最小的。而“哪里$_2$”只间或具备疑问代词原型语义和原型句法功能特征，在疑问代词的语义从客观到主观、从具体到抽象的过程中，“哪里$_2$”位于主观化程度的中间阶段。

例（26）a. 只听她说她的发廊在朝阳区，朝阳区大着呢，我上哪里去找她？

b. 如果不改革，纽约证交所就会输给其他市场，投资者跑掉了，经纪人还到哪里赚钱？

例（26）中，“哪里”具有疑问代词的原型语义和句法特征。原因是：一方面，例（26）中 a 句前面的“朝阳区”对应疑问代词“哪里”，表明“哪里”具有指代地点的语义特征；另一方面，例（26）中 a 句、b 句“哪里”位于 V_1/Prep.“上、到”之后、V_2“去、赚”之前，充当 V_1 的宾语，表明“哪里”具有原型语义的句法特征，故为“哪里$_1$”。

可是，当“哪里$_1$”前的 V_1/Prep. 可有可无，“哪里$_1$”由 V_1/Prep. 的宾语重新分析为 V_2 的状语时，即 V_1/Prep. 宾语｜V_2→（Ø）状语 V_2｜，“哪里$_1$”就逐渐失去了疑问代词原型语义和原型句法特征而成为“哪里$_2$”了，如：

例（27）a. 我有些难过，在老家的时候，我是父母的掌上明珠，虽出身在小家碧玉门弟，但享受的却是大小姐的待遇，哪里$_2$受过这样的苦？

b. 一个好端端的姑娘，哪里$_2$找不到对象，偏偏要找一个瘫子，还谈什么养活妻儿老小，今后的日子怎么过？

例（27）中 Prep.“在”可添加至疑问代词“哪里$_2$”之前。“在”的可添加或可脱落，说明“哪里$_2$”可作 Prep. 宾语或 V_2 状语的双重分析。可作双重分析的“哪里$_2$”位于“哪里”主观化的中间阶段，这体现了“哪里”主观化进程中的连续性特征。

（三）哪里$_3$

当“哪里”脱离询问处所的原型语义，也就是说，“哪里”不再指代某个处所时，“哪里”前就不能添加任何介词了，“哪里”只表达主观意义，不再表达客观意义，也就是说，“哪里”的语义完成了由客观指代义向主观情感义转化的主观化过程，如：

例（28）a. 人到了我这把年纪，大多希望叶落归根，哪里$_3$想到还要向外搬呢？

b. 我一个斗大字不识半开，连院门都迈不远的老太婆，怎么会犯下什么“滔天罪行”？哪里$_3$需要“交代问题”？

例（28）中“哪里$_3$”不再具有指代地点的语义，“哪里$_3$”前也不能添加任何介词。“哪里$_3$”的语义相当于否定副词“不”“没”。用否定副词“不”“没”对命题所进行的否定是常态否定，弃常态否定不用而改用非常态形式，必然会形成意外的效果，这个意外效果就是强调。强调是由疑问代词的主观语义和反问语气共同营造的。

疑问代词完全脱离原型语义并语法化为否定副词时，疑问代词所否定的谓语动词往往是动作性不强的静态动词和能愿动词，如：

例（29）a. 这身衣服是谢云送给我的，凭我哪里$_3$能买得起。

b. 一想到奥运会，我脑子里始终绷着一根弦，哪里$_3$还有心思享受生活。

问句“哪里$_2$”“哪里$_3$”逐渐失去疑问词表达“疑问”的原型语义，在问句不再表达疑问语义、偏离问句功能的前提下，对应的答句在形式上无论是零形式还是与问句形式无关的表述，都是受话人对发话人信疑偏离的认可，是答句对原型询问功能的扩展和偏离。

三、特定构式与双重语义

语义比语音、语法复杂得多，是语言中最难研究的部分（贾彦德，2005：28）。正确理解疑问语义，做出合理、准确的应答反应则更是语言解码的重点和难点。疑问代词既有不同词类属性的跨类，又有语用和语法等不同层面的跨类，其语义是一个悬而未决的历史问题（王力，1985/1954：294；林祥楣，1984：16）。从 CNKI 中检索的近 30 年关于疑问代词的 1571 篇期刊文献中，10%为来源研究，45%为疑问相关研究，45%为非指研究，鲜有专门涉及疑问代词本身语义的研究。本节合理吸收语义特征分析理论、构式理论与主观化理论等语言学理论的研究成果，以否定构式、强调构式中的疑问代词为研究对象，结合语义与语用、词项义与构式义，考察疑问代词在这两种构式中所呈现的双重事义及语义形成过程，为特殊词类的词义分析提供参考。

随着中文信息处理的深入开展，汉语特殊词类的语义研究成为当下的重点和今后必然的趋势。疑问代词作为一个独立划分出来的特殊词类，国内现有研究内容大致包括以下三个方面：第一，考察疑问代词的疑问用法和非疑问用法。疑问方面，研究疑问代词与疑问标记、疑问程度、疑问句式的关系（邢福义，1987；杉村博文，1992；李宇明，1997；张伯江，1997；徐杰，1999）；非疑问方面，主要考察非疑问用法的分类。第二，考察疑问代词的句法环境，讨论疑问代词所在的非典型问句（徐盛桓，1999；陈振宇，2008；齐沪扬、胡建锋，2010）、句法层次（蔡维天，2007；邓思颖，2011）和分布环境（张晓涛、邹学慧，2011；王小穹、何洪峰，2013）。第三，在类型学视野下考察疑问代词的疑问范畴，将汉语与英语、汉语方言、藏缅语进行比较分析，讨论疑问代词的疑问范畴。尚未检索到国外系统研究汉语疑问代词语义的文献。国外语义研究的理论和方法主要有：20 世纪 30~50 年代提出语义场理论和义素分析法，70~80 年代迄今讨论句法结构和语义关系的格语法、功能语义、概念化语义、框架语义（Langacker，1993；Goldberg，1995）、隐喻、图式、范畴化、语法化和主观化等从人类认知结构角度研究语义的认知语义学理论。

疑问代词在某些构式中同时具有客观的指代义和主观的语用义，其双重语义是词项义与构式义互动的结果：一方面，构式义压制词项义，使词项义逐渐向构式义靠拢；另一方面，词项义吸收构式义，与构式义融合并实现为双重语义。疑问代词词项义与构式义的互动反映了词义分析应采取的基本思路：词项和构式应该结合起来进行考察，具体词项义是客观指代义和主观语用义的统一。

（一）含有疑问代词的两种特定构式

“构式”是认知语法的一个概念，简单说来，凡是语言表达中形式和意义的结合体均可看作一个构式，20 世纪 80 年代兴起的构式语法理论（简称 CG 理论）由 Goldberg 的研究成果 *Constructions：A Construction Grammar Approach to Argument Structure* 正式理论化。构式语法的主要精神之一是，每个构式都表示一定的语法意义，但这种语法意义不能完全从组成构式的成分或其他构式推断推知。否定构式和强调构式中的疑问代词是构式的组成成分，否定构式和强调构式的构式义不能从疑问代词等组成成分中得到完全预测，构式本身所表示的意义不等于组成成分意义的简单相加。

1. 否定构式

含有疑问代词的否定构式，根据疑问代词与否定成分的相对位置，分为两种：①否定成分分布在疑问代词之前，格式化为“没/不+ …… +WH”；②否定成分分布在疑问代词之后，格式化为“WH+ …… +没/不”。WH 表示疑问代词。

A. 没/不+ …… +WH

否定词在疑问代词“谁”前，疑问代词表虚指，如：

例（30）a. 我对朋友说，我们都很自然，并不觉得抬高了谁，贬低了谁。

b. 你的话有斤两，在干部会上，我还没听谁驳过你的发言呢。

c. 校长因为黄先生已死，也就没深究谁扔的那块砖。

d. 他只是在心里提醒自己：“如今还没看准谁$_1$胜谁$_1$负，谁$_2$也不能得罪。”

例（30）中 a 句、b 句、c 句的“谁”表示一种不确定的指代，这种不确定指的是说话人或者不知道或者不想说或者不必说出的人，是虚指。d 句的否定词“没”在“谁$_1$”前，“谁$_1$”表虚指，而否定词“不”在“谁$_2$”后，因此“谁$_2$”不同于“谁$_1$”，没有虚指义，其所表示的强调义将在下文述及。

除了“谁”，否定词在其他疑问代词前，也是表虚指，如：

例（31）a. 两只狐狸冷不防地扑过来，花喜鹊姐妹俩还没弄清眼前发生了什么事，便成了它们的早餐。

b. 瑞芳还没怎么着，言秀倒高兴地抹开了眼泪。

c. 抓捕人员一步步缩小包围圈，喇叭里不断传出“我们已经发现你了，你逃不到哪里去了！”

d. 儿子没说多少话，但老人知道儿子做出这个决定不容易。

例（31）中 a 句的“什么”表示说话人不知道或不必要说出的事，b 句“怎么”表示说话人不便或不必说出的方式行为，c 句“哪里”表示说话人认为不必说的地点处所，d 句“多少”表示说话人不知道或不必说的数量。

B. WH+……+没/不

当否定词出现在疑问代词之后，疑问代词表强调，如：

例（32）a. 谁也没听过人有这样大的声音，它像春雷狂鸣，又像大海呼啸，轰轰然震动山谷。

b. 信雄什么话也没对喜一说，转身跑下船去。

c. 多少年我没听到过这些暖人心窝子的话了，我像在道沟里的泥，让车轮辗来辗去。

例（32）中a句的“谁”表示任何人，b句“什么话”表示任何话语，c句“多少年”表示任何时间，是一种表遍指的强调。疑问代词在例（32）中所具有的遍指强调义与其后面的构式组成成分“也/都”有关，但这种关联性和依赖性在c句中却没有了，c句“多少”后面没有遍指副词“也/都”，但这种强调义仍在，说明“多少”的强调义已通过构式强调义的影响和渗透而成为自身所具有的意义了。

当疑问代词后面紧挨一个否定词，格式化即为“WH+不/没”时，往往是一个反问强调的构式，如：

例（33）a. 谁没有烦心的事？

b. 大丈夫四海为家，哪里不是家啊？

c. 当初怎么不好好念书呢？

2. 强调构式

含有疑问代词的强调构式，根据疑问代词在构式中的句法语义关系，分为遍指强调（WH+都/也）、承接强调（WH+也/就/算+ WH）、条件强调（不管/无论/任凭+WH+都/也/就）和反问强调（WH+动词）。

A. 遍指强调

疑问代词在强调构式“WH+都/也”中，表示一种遍指的强调义，如：

例（34）a. 谁都清楚这个人的来历。

b. 现在说什么也晚了。

c. 哪里都可以见到这种植物。

d. 他摆弄着这只小箱，怎么也打不开。

B. 承接强调

承接性构式“WH+也/就/算+WH”中的连词“也/就/算”，起连接前后两个同形疑问代词的作用，后一个疑问代词承接前一个疑问代词，表示一种承接性的强调义，如：

例（35）a. 客人哈哈大笑："我们谁也没找过谁，老伯，我们是碰上的。"

b. 谁知牟二杠直肠子没弯儿，怎么想就怎么说。

c. 钱汇给了学校，像一把尺子，汇了多少就多少，没汇的就是你中间人吃吞了。

d. 随便给大家说几句吧，能说多少算多少。

C. 条件强调

疑问代词在条件构式"假如/不论/无论/不管/任凭……，都/也/就……"中，即疑问代词前有表条件关系的连词"不论/无论/不管/任凭"、后有承接连词"都/也/就"时，疑问代词表示一种有条件或无条件的强调，如：

例（36）a. 如果这时有谁站出来大喝一声，这个女孩可能就得救了。

b. 不论谁灌他二两烧酒一碗肉，就由别人牵着鼻子走。

D. 反问强调

反问句的功能很大程度上是在语用上，其语用功能是表示说话人的一种主观强调。所以，反问句也是一种表强调的构式。反问句中的疑问代词，也相应地表示出一种强调义，如：

例（37）a. 这以后，谁还会向朱逢博和她父母提起"音乐"两字，去自讨没趣呢！

b. 整天育苗、植树、铲草皮、烧肥灰，可收成要待十年八年之后，谁有那份耐心啊。

c. 今年不叫他们尝尝葡萄的甜滋味，明年谁来买我的呀？

疑问代词的双重语义，指的是疑问代词的语义在否定构式、强调构式等特定构式中同时具有客观的指代义和主观的语用义。即，否定构式中的疑问代词，一方面表指代义"虚指"，另一方面吸收构式义，还表语用义"否定"；强调构式中的疑问代词，既有指代义"任指"，也有伴随构式而产生的语用义"强调"。

指代义是疑问代词"指""代"功能体现出来的语法意义。语用义是语法意义之外反映说话人主观态度的语境意义。虚指表示一种不确定的指代，这种不确定表示说话人/ 句法主语说不出或没有必要说出等模糊的指代。任指表示指代范围没有限制，包括一切。

（二）疑问代词双重语义的共现

1. 虚指与否定的共现

参考张晓涛、邹学慧（2011）对疑问与否定相通性的考察，我们认为，疑问代词进入否定句后，表现出指代与否定兼容的两种情形。

其一，仍然表否定，疑问代词的参与不造成否定范围的改变，这种情形下疑问代词表虚指有指代义，相当于“某某”，如：

例（38）a. 祠堂外并排着 14 块旗杆石，每块旗杆石上都写着举人、进士$什么_1$年代参加科举考试高中多少名，被授予$什么_2$官职。

b. 我抬头看见，走在前面的一个人个子很高，气度不凡，好像在哪里见过，又一时想不起来。

c. 我们谈比赛是怎么打的，而不是谈某些球员或者打法。

d. 小顺儿的小嘴给妈妈不少的难堪：“妈，过节穿新衣服吧？……人家冠家买了多少多少肉，还有鱼呢！妈，冠家门口都贴上判儿啦，不信，你去看啊！”

例（38）中“$什么_1$”表“某些年代”，“$什么_2$”表“某某官职”；“哪里”表记忆中的“某个地方”；“怎么”相当于“如何”，表“某种方式”；“多少”表“某个数量”。

其二，疑问代词的参与造成了否定范围的变化，即命题由全部否定变为部分否定，这时疑问代词着重表达的是一种主观感受的量，表达一种委婉否定，如：

例（39）a.（平型关大捷）此战之前，侵华日军并未遇到什么抵抗。

b. 就那么点家务活，再累也累不到哪里去。

c. 他演公孙杵臼，开始也演得不怎么成功，不怎么感人。

d. 这是一间空旷而破旧的教室，桌椅也没多少，都堆在一个墙角旮旯里。

例（39）中去掉“什么”，“未遇到什么抵抗”就变成了“未遇到抵抗”；去掉“哪里”，“累不到哪里去”就成为不可接受的“累不到去”；去掉“怎么”，“不怎么感人”就成为“不感人”；去掉“多少”，“桌椅也没多少”就变成不合现代汉语表达的“桌椅也没”了。可见，句中有疑问代词与没有疑问代词，存在着否定性质和否定范围的差别：没有疑问代词，是客观否定；有疑问代词，是与主观量有关的委婉否定，分别表示“不是未遇到抵抗，不过抵抗很无力罢了”“不是不累，不过不太累罢了”“不是完全不成功不感人，不过不很成功感人罢了”“桌椅不是完全没有，不过很少罢了”。

当疑问代词的语义演变到一定阶段，会具有否定意义，其否定义是通过语境知识、语用推导而不是通过“不”“没”等显形的否定标记词来实现的（王小穹，2013），如：

例（40）a. 谁能想到，这个拥有35万人口的现代化城市，是在短短的三年之中建设起来的。

b. 那时候，全国的生产不能组织起来，不能有计划地按比例地发展各种工业和农业的生产，我们还谈什么社会主义建设！

c. 被“政治嗅觉特别灵敏”的人看见，当场大喝道：“我们这个会场出现了现行反革命！你们看！他把红宝书放进哪里去了！”

d. 那个房子驻着一个机关，而我是一个人，怎么能以一个人牵动一个机关呢？

“谁能”就是“没人能”，“谈什么”即“不谈”，“放进哪里去了”即“放得不是地方”，“怎么能”即“不能”。例（40）中的疑问代词相当于否定词“不”“没”。

如果说，例（39）“谁”“什么”“哪里”“怎么”还有指代人、事物性质、处所、方式等的指代义，那么例（40）中的“哪里”则完全脱离了指代处所的意义，仅表达一种完全的否定意义，相当于一个纯粹的否定词。

例（41）a. 这身衣服是谢云送给我的，凭我哪里能买得起。

b. 现在银行的存款利息那么低，哪里比得上养树。

c. 我觉得那不过是小儿科罢了，哪里好意思在高手如林的电影学院显摆。

d. 小泉把这次祭鬼安排在新年第一天，哪里是什么“日本的传统”，分明是一次蓄意策划的挑衅。

以语义特征分析法来分析疑问代词“哪里”的语义，即“哪里：[+疑惑；+询问；+指代；+处所]”，足见“哪里”有指代处所的意义，可是，例（41）中的“哪里”，语义内容上已完全脱离处所指代的意义，而在句法功能上又置于动词前，已相当于一个否定副词“不/没”了。

2. 任指与强调的共现

强调构式有三种形式：WH+“都/也”、反问句、双重否定句。疑问代词在这三个构式中，既有表任指的指代义，也有表强调的语用义。

“WH+‘都/也’”的强调义，主要通过词项与词项（疑问代词与强调副词“都/也”）的组合来实现（杉村博文，1992）。反问句和双重否定句的强调义，则靠语形与语义的人为不配套来达成。

A. WH+“都/也”

例（42）a. 一个民族的文字，是为这个民族的一切成员所需要的，只要学会了它，谁都可以应用。

b. 我什么也不想听，愤慨，害怕，自愧，无地自容的心情，聚在一起昏然不知所措了。

c. 有些大学生，国家花了上万块钱培养他，毕业了，却哪里都不肯去，只去“天南海北”（指天津、南京、上海、北京）。

d. 站在山脚向上仰望，清清楚楚地看到无数敞开着大口的洞穴，然而，绕来绕去，怎么也寻不到上山的路。

e. 不容置疑，多少金钱也会化作袅袅青烟，匆匆散去。

一方面，例（42）中“谁”表示“任何人”，“什么”表示“任何话”，“哪里”表示“任何地方”，“怎么”表示“任何方式”，“多少”表示“任何数量”，疑问代词表任指，有指代义。另一方面，“都/也”是构式强调义的必有成分，疑问代词吸收构式的强调义，有表强调的语用义。

B. 反问句

例（43）a. 数百年后，人们读到这里，谁能不被左光斗这大义凛然的气概、不屈的意志和顽强的斗争性格感动呢？

b. 我想，路这样宽阔，行人又不多，汽车开快点，会有什么危险呢？

c. 她后悔自己搞时装表演队了，如果不出这么大的风头，哪里会飞来这样的横祸呢？

d. 它反映了伟大祖国突飞猛进的声音笑貌，怎么不令人激动和兴奋呢？

e. 不过，一套邮票，撑死了能赚多少钱呢？

例（43）中“谁”表示“任何人”，“什么”表示“任何性质”，“哪里”表示“任何情况下”，“怎么”表示“任何原因”，“多少”表示“任何数量”，疑问代词为任指。例（43）中反问句的语义重心不在疑问而在强调，疑问代词吸收反问句的强调义，也有表强调的语用义。含疑问代词表强调的反问句，句末通常是疑问语气词“呢”，而不是疑问语气词“吗”“吧”和“啊”，如：

例（44）这哪里是什么马路啊！

例（44）感叹语气词“啊”在句末，不是反问句，“哪里”“什么”表否定。又如：

例（45）a. 我们的博士这回一定又搞出了什么惊人的发明了吧？

b. 该不会是出什么事了吧？

例（45）中语气词“吧”在句末，表示征询的语气，既传信也传疑，不是反问句。再如：

例（46）a. 一个在党和人民怀抱里成长起来的共产党员，在党和人民需要的时候，难道还有什么个人利益不能抛弃吗？

b. 爷爷，您不是说要戳穿什么西洋镜吗？

c. 你没感到我的身体跟过去有什么不同吗？

例（46）是反问句，但反问句的特征不是经疑问代词“什么”和语气词“吗”组合后所赋予的，例（46）a 由反诘副词“难道”达成反问，而例（46）b、c 则由反问构式“不是……吗”“没……吗”达成反问。

C. 双重否定句

例（47）a. 凡是到过椰城海口的人，没有谁不被那独特的热带风光所着迷，没有谁不为街道两旁长长的，一株株挺拔的椰树而产生一种新鲜感。

b. 就作为食物的转基因作物来说，只要被批准上市了，就没有什么不能吃的。

c. 从热蒸房出来，浑身上下没哪儿不舒服，仿佛身体的经络都通透了。

d. 没有多少中国的父母不是希望自己的孩子成龙成凤的。

例（47）中“谁”表示“任何人”，“什么”表示“任何东西”，“哪里”表示“任何地方”，“多少”表示“任何数量”，疑问代词为任指，有指代义。例（47）双重否定句有否定词等否定语形，但不表否定而表强调，疑问代词吸收双重否定句的强调义，有表强调的语用义。

（三）词项义与构式义的互动

Goldberg（1995）指出，构式是“形式—意义”的复杂配对（form-meaning correspondences），构式义不能从其构成成分直接推导出来，抽象构式与具体用例（比如“词汇”）一样具有自身的意义。Langacker（1993）认为，构式义是由构式成员意义经过整合、统一之后而形成的，在构式义形成的每个阶段都有构式成员的代表性意义作为凸显因子传承至上位层次，词项义在参与构式义的形式过程时，具有一致性和继承性。词项义与构式义“是一种相互影响、相互调整的互动关系”（任鹰，2007；孙志农，2008）。

1. 词项义与构式义的冲突

在构式义和词项义的互动中，构式提供了结构及语义的基本框架，各个词汇成分根据其词类功能填入构式框架的各种位置，疑问代词填入构式框架之后，两者表现为冲突或融合关系。就冲突而言，体现为疑问代词的语义与构式否定义的无关联阶段。

词项义与构式义的无关联，指的是疑问代词不是构成构式否定义的必有要素，如：

例（48）a. 我没听谁说过这个欧阳凡。

b. 全片充满诗意……它似乎没说什么，又似乎说了些什么。

c. 这野孩子乱闯一气，我也不知道怎么进来了，拦也拦不住。

去掉例（48）的疑问代词，例（48’）的构式义仍为否定：

例（48’）a. 没听说过这个欧阳凡。

b. 全片充满诗意……它似乎没说，又似乎说了些。

c. 这野孩子乱闯一气，我也不知道进来了，拦也拦不住。

这说明疑问代词相对于构式，是一个外来的异质物，尚处于疑问代词的词项义与构式义相结合的异质阶段。

2. 词项义与构式义的融合

进入某个构式中的疑问代词与该构式经历一个异质阶段后，即逐渐进入彼此融合的阶段，这个融合的过程我们称之为疑问代词与构式的良性互动，疑问代词与构式的融合主要体现在疑问代词与强调构式的良性互动过程中，如图 7-3 所示。

i. 词项填入。构式物色具体词项填入该构式，形成该构式的具体的句子。

ii. 语义压制/吸收。词项义由于受到构式义压制，向构式义靠拢并开始吸收构式义。

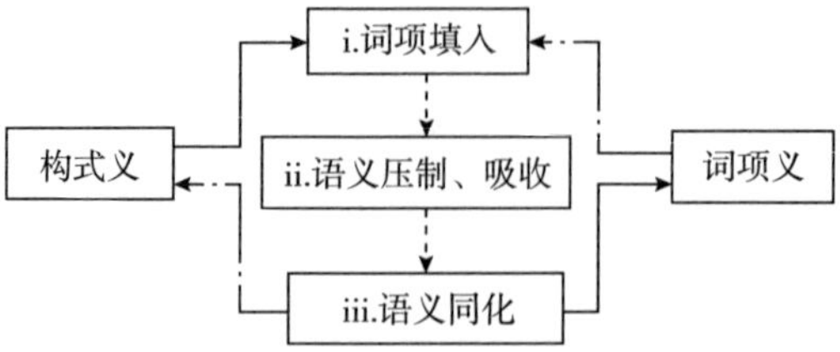

图 7-3　词项义与构式义的良性互动

iii. 语义同化。词项义通过语义吸收，同化为与构式一致的相容的意义并扩展出多重语义，构式义也因为词项义的加入而得以丰富和巩固。

疑问代词的词项义与强调构式的构式义的良性互动体现了词项与构式的融合关系，首先是强调构式（……+都/也+……）将疑问代词填入构式，其次，词项义受构式义压制开始吸收构式义，最后疑问代词接受构式义的同化并与构式义融合在一起。衡量词项义与构式义是否融合的标准是：首先，词项义引申出与构式义相吻合的新的义项；其次，词项义也对构式义做出贡献，构式离开该词项义后语义会出现问题，如：

例（49）a. 写、编、发这些无聊玩意儿的文人都有一个共同理由：因为大家爱看。

b. 在这时候杜威在中国出现，谁都不会认为是偶然的。

例（50）a. 在这种状态中既没有时间，也没有空间。

b. 得了 20 元奖金，自己什么也没买，全部送给了急需医疗费用的残疾人。

例（51）a. 不可能事事都有新闻价值，样样都是行家里手。

b. 他这个人，走到哪里都成为一个有争议的人物。

例（52）a. 现在的年轻人一刻都离不开电脑手机。

b. 这件儿，嗯……你穿上怎么看都像租来的。

例（49）~例（52）中 a 句的强调义是构式“…… + 都/ 也 + ……”所表

达的。而在例（49）~例（52）b句中，首先，词项代入时，例（49）~例（52）b句选取疑问代词进入这个构式，疑问代词在吸收构式的强调义的同时，引申出与构式义相吻合的任指义。其次，如果将疑问代词从构式中脱离出去，会导致构式义的语义扭曲，如例（49）b’；或不合法，如例（50）b’、例（51）b’、例（52）b’。

例（49）b’. 在这时候杜威在中国出现，Ø都不会认为是偶然的。

例（50）b’. 得了20元奖金，自己Ø也没买，全部送给了急需医疗费用的残疾人。

例（51）b’. 他这个人，走到Ø都成为一个有争议的人物。

例（52）b’. 这件儿，嗯……你穿上Ø看都像租来的。

（四）小结

疑问代词在否定构式、强调构式中指代义和语用义的共现反映了词义分析应采取的基本思路。词项义和构式义应该结合起来进行考察：一方面，疑问代词与构式发生冲突，构式义对词项义进行压制，使词项义逐渐向构式义靠拢；另一方面，疑问代词与构式义良性互动，在构式义的压制下，词项义吸收构式义并扩展出疑问代词的双重语义。

疑问代词的双重语义表明，具体词项义是客观指代义和主观语用义的统一。Langacker（1993）指出，语义不仅包括概念自身的内容，也包括附加在概念内容上的解释，这些解释是语义中的主观性部分，反映了人的认知能力。按照功能语言学的观点，任何语法和语用的研究其实都是语义的研究，在疑问代词的语义范畴中，否定、强调等所表现的主观语用义是疑问代词语义概念不可或缺的部分。这种基于功能主义语言学宏观语义的研究思路，有别于将词义与句义、概念义与语用义进行对立研究的传统做法。

四、疑问的否定性逆转

在考察疑问与否定转化的方向性和起止点时，“逆转（Q→N）”是相对于传统研究的默认转化方向（N→Q）而言的。疑问的否定性逆转是“疑问”向主观范畴的子类“否定”的回溯转化。疑问词的否定性逆转，是疑问词从基本的疑问标记到失去疑问标记再到最后获得无标记否定的过程。疑问代词和疑问副词这两类句法疑问词的否定性逆转，与疑问标记实现为无标记否定的过程同步。就疑问代词而言，在否定命题主观化的过程中，疑问代词从主观活性成分到与否定词共存再到最后挤走否定词并代替之，疑问代词从疑问标记向无标记否定的转化可从逻辑推断上得到支持。对疑问副词来说，通过语境吸收而获得的疑问语义、主观的否定的［+不确定性］［+推测性］［-结论］等词库语义特征以及语言的主观化规律，分别是疑问副词实现为无标记否定的前提条件、内在条件和必要条件。主观化是疑问发生否定性逆转的主要动因，由主观化推动的疑问词的无标记否定相对于“不/没”等有标记否定词，有可能是一种常态否定形式。

一直以来，前辈时贤十分关注疑问与否定的相关性研究，可分为顺转、相通、逆转三个角度：①“顺转”主要考察否定词向疑问词转化的问题，代表性研究成果有：自盛唐时期否定词“无”开始作为句末疑问语气词来使用（太田辰夫，1987：329），相当于现代汉语的“吗”；否定词“莫”在上古时期本是一个否定性的无定代词，在意义上类似现代汉语“没有人”“没有谁”“谁也不”，“莫”在某些方言中有既表否定又表测度疑问的情况，“莫”与“非”组合，构成“莫非”，“莫非”在现代汉语中已发展为一个疑问副词，表询问、测度、怀疑等语义（王力，2006/1980：381）。顺转大多关注从否定到疑问这一转化方向，普遍认为在肯定的过程中，人的认知不是从否定突变为肯定的，势必经历一个否定弱化的疑问阶段，比如“莫非”由否定词转化为疑问副词，就是“莫非”否定弱化的结果（李宇凤，2007）。这一角度的研究将否定（N）向疑问（Q）的转化视为一种自然过渡或默认转化，本书将这个默认的转化方向（N→Q）称为“疑问—否定”的顺转。②“相通”从句型方面讨论疑问句与否定句的相通性，代表性观点为：疑问句和否定句都是“虚拟的、主观幻想的、不真实的事物”，同属于非现实句（石毓智，2001：47）；非现实句与否定句（沈家煊，2005/1999）、否定句与特指问句（张晓涛、邹学慧，2011）、否定句与是非问句（张晓涛，2012）具有相通性等。这个角度的研究提出了疑问和否定这两个范畴相通的观点，但回避了转化的起止点和转化的方向性问题，其“形式上是疑问的反问句，实际上表示否定，因此，疑问跟否定是相通的”（邵敬敏、赵秀凤，1989）等非结论式的论述方式，在“疑问/反问—否定—疑问”的循环解释下，这一研究角度在寻找疑问和否定互通证据的同时，暂时避开了 Q、N 是否具有衍生的先后关系这一繁难问题。③“逆转”考察疑问向否定的转化。逆转（Q→N）相对于默认方向的顺转（N→Q）而言，本书完整的说法是“疑问的否定性逆转”。逆转包括考察疑问词的非疑问用法（张晓涛，2012）、否定用法（寿永明，2002）和疑问转为反问再转为否定（袁毓林，2017；邵敬敏，2013；刘彬、袁毓林，2017；朱军，2013；储允孟、洪波，2018；张晓涛、陈一，2015）等几个研究层次。就转化的方向性而言，从笔者检索到的文献看，张晓涛和陈一明确提出，“疑问句由表疑问到表否定并不是突变的，而是一个渐变的过程，经历了‘询问—怀疑—否定’的发展过程”，“从怀疑到否定过程来看，起决定性作用的是反问句，反问句使疑问表否定的功能得以实现，为疑问句由询问功能向否定功能迁移提供了可能”。逆转角度的研究皆不同程度地强调了反问在疑问转化为否定时所起的催化作用。

学界强调要重视疑问与否定相关性的研究（王世凯，2018），以上三个角度分别基于不同研究点和侧重面，共性在于寻求疑问和否定这两个范畴产生交集的相通点，成果颇丰。不过，在提出两者相通转化的同时，却很少考虑到转化的起止点和方向性问题，尽管有少数疑问词源自否定词的探源考察，属于方向性质的顺转研究，但这些研究由于大多是个案性质而缺乏一般性。顺转方向的另外一面，也有学者关注 Q→N 的逆转，可真正明确提出逆转方向并予以论证的成果，笔者目前还没有检索到。疑问词包括疑问代词、疑问副词和疑问语气词，疑问语气词是超句法成分，本书不作探讨。本书以疑问代词和疑问副词这两类不同的句法疑问词为研究对象，考察顺转（N→Q）的对应方向，即疑问的否定性逆转（Q→N）。通过考察这两类疑问词从疑问标记到无标记否定的转化途径，以语料分析和理论归纳相结合的方法，旨在：①明确“疑问—否定”转化的方向性，为论证疑问与否定的相关性提供支持；②揭示疑问实现否定性逆转（Q→N）的途径和方式；③用具体翔实的语言事实丰富否定标记理论和无标记理论。本书中的现代汉语语料来自北京大学中国语言学研究中心语料库（CCL）、中国传媒大学文本语料库及北京语言大学汉语语料库（BCC）在线检索系统，古代汉语语料、转用语料和自省语料随文标注。本书 4 个主要标示符号的意义分别为：N，Negative，否定范畴；Q，Question，疑问范畴；X，副词内部的其他下位成员；→，转化方向。

（一）疑问代词的否定性逆转及无标记否定

疑问词从 Q 到 N 的否定性逆转，指疑问词从基本的疑问标记到失去疑问标记再到最后获得无标记否定。本节首先考察疑问代词“什么”“怎么”“多少”与否定相融共存到挤走替代掉否定词并最终实现为无标记否定的转化路径，然后分析语言的主观性是疑问代词无标记否定实现的理论基础，最后为疑问代词无标记否定的获得寻求逻辑依据。

在否定范畴的内部，存在无标记和有标记的对立。请看以下两种表示否定的方式：

甲：今天天气暖和吗？

乙：a. 暖和，还有点热呢。

b. 不是暖和，还有点热。（沈家煊用例）

目前学界对标记的规定有不同的角度。沈家煊（2005/1999：59）指出，a 是无标记否定，b 是有标记否定。可以看出，上例中 a 句的否定意义不是单独从 a 句得出的，也不是像 b 句那样用否定标记词“不”来实现的，而是来自整个会话语境对句子意义的推断。石定栩（2006）对标记的规定是，带有某一特定标记的是“有标记”的，而没有该特征的是“无标记”的。比如，“银行卡已挂失了”和“银行卡已被挂失了”，前者没有被动标记，为受事主语句亦表被动，是无标记的；后者有被动标记“被”，是有标记的。

本书的“无标记”不同于沈先生例 a 中的句义推断层面，而更趋近于石先生的句法的（或词汇的）显性层面，也就是说，句子的否定义不是依靠语境而是通过某个特定的句法（或词法）形式直接体现出来。因此，本书“疑问词的无标记否定”指的是，陈述句在表达否定时不采用“无”“不”“没/没有”等有标记否定形式，而采用疑问词等非否定词的无标记句法手段，如：

例（53）a. 哪里用得着回娘家借钱呢。

b. 岂知她已是两个孩子的妈了。（自省语例）

例（53）中没有“不”“没”等否定词，但 a 句中“哪里用得着”即“用不着”，表示言者“用不着回娘家借钱”的否定意见；b 句中“岂知”即“不知”，表示言者“不知情”的表否定的认知状态。例（53）的否定意义是借助疑问代词“哪里”和疑问副词“岂”来实现的。

1. 疑问代词“什么”的否定功能

疑问代词的疑问向否定的转化，前提之一是疑问代词与否定词具有相融性。带有“不”“没”等否定标记词的否定命题加上疑问代词后，除了仍表否定，还另外增加了一种主观否定的意义，如：

例（54）a. 我觉得他人很好的，但是没什么用，庸庸碌碌的，所以也没什么很重要的影响，我只有一个印象就觉得，我这个父亲好像没用。

b. 有的验钞机见了假币不报警，甚至放上一张白纸也没什么反应，但当你一旦把真币放上去时，它反而大唱“报警歌”。

c. 我没有特别介意，我觉得这又不是什么见不得人的事情。

d. 人以群聚，物以类分。靠近他们的人，也绝不是什么好人！

例（54）中 a 句的“没什么用”，在后面紧接着以“没用”来补充说明，表明“没什么用”和“没用”的否定范围是等值的，是一种全然否定。例（54）b 句的“没什么反应”、c 句的“不是什么见不得人的事情”、d 句的“不是什么好人”，分别相当于“没反应”“不是见不得人的事情”“不是好人”。当构式“不/没什么 NP/VP”的 VP/NP 为抽象性概念时，“什么”并不表示轻微程度或数量，而是表示一种强调式的全然否定，其所否定的范围与全否是等值的。

例（54）中，“不”“没”等否定标记词后有无“什么”，其否定值是一样的，可是有无“什么”否定的情态和程度是不一样的。如果没有“什么”，例（54）只是对否定做了一个简单陈述，为方便与主观否定相对照，本书姑且将此种陈述式的否定称为客观否定；而如果有“什么”，那就在陈述否定的同时，还表达了言者对该事件是持不认同的否定态度的，也就是说，有疑问代词的否定句表达了言者的负面评价，即主观否定。所以说，疑问代词具有主观的否定功能，是使否定命题主观化的活性因子。当然，如果不用这些疑问代词，原来的句子也还是具有一定主观性的（因为不存在纯客观的句子），但用了疑问代词，就起到了强调否定的作用，而强调是说话人情态的最直接最凸显的表达，所以“强调”所具有的主观性是不言而喻的。

2. 疑问代词“怎么”“多少”的否定功能

疑问代词“怎么”“多少”和疑问代词“什么”相同，也是使命题主观化的活性成分，能与“不”“没”等否定标记词相融组配，表主观否定；但又不同于否定构式“不/没什么 VP/NP（VP/NP 为抽象概念）”中的“什么”，句子如果去掉“怎么”“多少”，命题的否定范围会受到影响并发生变化，换言之，“怎么”“多少”表主观的语用否定义已作用于客观的句法否定义，如：

例（55）a. 总理没怎么吃，他一边不停地给三个孩子夹菜，一边与肇甫夫妇交谈。

b. 不久，我一位朋友的那块钻石金表还没怎么戴，表内的图像就掉了。

c. 几口芝麻叶糊汤杂面条，掰块馍往辣椒蒜汁中一蘸，填进嘴里，几乎没有怎么嚼就咽下肚子。

例（56）a. 格陵兰岛一年中从太阳那里得不到多少热量，岛上只会降雪而不会降雨，积雪终年不化，在压力的作用下慢慢变成了冰，最后形成了巨大的冰层。

b. 记者来到这个村时，已是黄瓜苗稀，看不到多少黄瓜苗了。

c. 前来观战的各地乒乓球运动员却没多少，倒是韩国的乒乓球俱乐部派出了多名少年选手，不远千里来取经。

d. 他们隐隐感觉到，要完成这项工作，可能已经没有多少时间了。

例（55）中 a 句“没怎么吃”不等于“没吃”，不过是吃得不多；例（55）b 句“没怎么戴”不是“没戴”，只是不常戴。例（55）c 句“没有怎么嚼”不等于“没嚼”，而是没嚼几下；例（56）a 句“得不到多少热量”不等于“完全得不到热量”，不过是得到的热量不多，例（56）b 句、c 句、d 句同理。因此，疑问代词在否定句中不可缺少，少了疑问代词后否定范围就改变了。可见，例（55）、例（56）的疑问代词除了表主观否定，同时还表主观量，表示说话人对数量程度的主观感知和理解。

3. 疑问代词无标记否定的实现

随着疑问代词渗入的主观性越来越多，主观否定逐渐挤走并代替客观否定，疑问代词主观化为一个表否定意义的否定词，如：

例（57）a. 如果作者把文中的意思都说尽了，不给读者一点思考和想象的余地，谁还会再去读第二遍呢！

b. 这里发生的禽流感属于一类疫病，这么严峻的事实，谁敢开玩笑。

例（58）a. 我们自己在精神上解除了武装，还怎么能教育青年，还怎么能领导国家和人民建设社会主义！

b. 职工饿着肚子在外面辛苦奔波，我怎么好意思自己去吃饭呢？

可将例（57）、例（58）理解为反问句，方梅（2017）指出，反问句有可能是负面评价解读的重要过渡语境。例（57）中a句“谁还会”即“没人还会”、b句“谁敢”即“没人敢”，例（58）中a句“怎么能”即“不能”、b句“怎么好意思”即“不好意思”，“谁”“什么”“怎么”等疑问代词相当于句法否定标记词“不/没/别”。与疑问代词连用的意愿动词“会”“敢”“能”起到了传达说话人主观性意愿的作用。在排除句尾语气干扰的情况下，仅就词汇手段标记的句式层面而言，含有疑问代词的反问句所表达的主观否定意义是由疑问代词和情态动词共同实现的。

如果说例（57）、例（58）中的疑问代词还很难具有独立的表达主观评价的否定功能，那么在祈使语境中的疑问代词，其语义功能就完全相当于一个否定词了，如：

例（59）a. 你听听，他说的什么话！

b. 还等什么，快追呀。

排除句尾反问或感叹等语气的干扰，例（59）中a句“你听听”是插入语，插入语不是句内成分，位置灵活，起到元话语的标示作用。在特定的强调感叹语境中，“你听听”表达言者不满的否定态度，但不满之否定义仅限于“你听听”“你看看”这两个有限的表达形式，还没能类推至“你想想”“你猜猜”等其他表达看法观点的单音重叠动词，没有构成“你VV”这样一个可以表达否定意义的普遍构式，因此，例（59）中a句“他说的什么话”的否定语义与之无关。再看抽去了“什么”的例（59’）：

例（59’）a. 你听听，他说的话！

b. 还等，快追呀。

例（59）的句法构成离不开疑问代词“什么”，抽去“什么”后的例（59’）中a句“他说的话”不能理解成名词性成分，更不能理解成前面插入语“你听听”的对象，例（59’）中b句“还等”并非处于祈使句的独立语境，在此缺少“等”的对象，故例（59’）中a句、b句去掉疑问代词“什么”后，在句法和语义结构上都是残缺的。另外，加上疑问代词“什么”后的例（59）中a

句“他说的什么话”即“他说的不像话”。要注意的是，例（59）中 a 句表训诫，是主谓句而不是名词谓语句，“他说的什么话”后面没有紧跟一个与之对举的结构，故在句法结构上不能理解为黄梅戏《打猪草·对花》中“开的什么花，结的什么籽，磨的什么粉，做的什么粑……”之类的名词谓语句。例（59）中 b 句“还等什么”即“别等了”，以祈使句表禁止。可见，例（59）表否定的训诫义和禁止义是由疑问代词“什么”来标示并凸显出来的。

疑问代词表否定在先秦时期就广有用例，先秦时期常见的“何”系疑问句式有八种之多（方有国，2013），以“何”和以“何”为构词成分的“何尝”“何况”“何必”“何苦”等“何”系副词表否定，当时已十分常见，后世一直沿用下来。不过，现代汉语的“什么”不是从先秦“何”演变而来的，而是在唐代产生并得到广泛运用的（王力，2006/1980：340），那时“什么”就常用于表达否定意义的反问句中。

综上可知，疑问代词表否定是汉语历来就有的现象，只不过疑问代词的否定功能在传统研究中都以“修辞”或“语用”一带而过，而没有真正地从句法形式和句法语义上给它一个公平正式的地位，比如，传统语法学很长时间停留于将反问句视为修辞性问句，即为这一认识的明证。虽然后来学界有人将修辞与主观性联系起来，并提出疑问词的性质会受到修辞主观性特征的影响而发生变化（Han，2002），但这是什么样的变化呢？是疑问词从无主观性到有主观性的变化，还是疑问词本身就具有主观性呢？这个变化的机制及过程是什么呢？传统语法学在这个问题上并没有深入分析。实际上，如果从句法环境角度分析疑问词的主观性否定现象，这个问题就迎刃而解了。就疑问代词而言，疑问代词的主观性意义在对其所处的主观语境（词汇和某些特定构式）进行语义吸收后得以强化，并以一个主观活性因子（生成语法称为“疑问算子 wh-operator”）的身份进入否定句。疑问代词融入否定句后，否定句增加了主观意义，此时，命题意义出现客观和主观并存的局面，疑问代词的否定功能紧随主观性而生，并伴随“一个主观性越来越多且主观化程度越来越强的过程”（王小穹，2014）而逐步稳固。当然，疑问代词主观性程度的增强，是由反问句中情态、能愿等动词的主观性以及祈使句中言者极强的主观性等句法环境的语义渗透所致。随着疑问代词渗入命题中的主观性内容越来越多，主观否定意义从越来越占优势到挤走客观意义，再到最终将命题实现为主观否定，即“客观否定+疑问代词→主观/客观否定→主观否定”。

例（57）、例（58）、例（59）中疑问代词的语义功能相当于否定词“不/没”，说明疑问代词与否定词在竞争“否定”标记时，疑问代词最后挤走了否定词，当一个命题不再需要否定标记词“不/没”来表达否定意义时，疑问代词实现了从有标记疑问向无标记否定转化的过程，即“主观活性成分→疑问/否定标记→无标记否定成分”。

语言的主观性始终伴随疑问词从原生疑问标记到无标记否定的获得，这个过程也是与疑问词从客观到主观的语义扩展同时进行的，是“由于认知领域的范畴化所致，与特定语境中主体的认知状态、认知程度有关，是主体在构建意义时的一种心理过程”（王小穹、何洪峰，2013）。

4. 疑问代词无标记否定的逻辑依据

否定分为客观否定和主观否定。

客观否定是客观地陈述某个否定命题，其所表示的“否定”义是构成客观命题的一个重要部分。“北京是中国的首都”是一个客观命题。在我们不用或无法考虑命题真假的情况下，“北京不是中国的首都”也是一个客观命题。也就是说，只要是一个陈述命题，不论其表达形式是肯定还是否定，其命题性质都是客观的。这种由否定词“不”“没”“没有”“非”加上陈述命题构成的否定形式，在某种意义上也是客观的，是一种客观的否定判断，即“非/不/没（有）+陈述命题→客观否定”。

主观否定是在客观否定的基础上增加了主观性语义的一种否定。主观否定由主观性成分加上客观否定构成，表示对客观命题的一种主观性的否定判断，即“主观性成分+客观否定→主观否定”。

疑问代词在某些特定构式中具有客观和主观的双重语义（王小穹，2016），没有疑问代词的否定构式往往表达一种客观否定，带有疑问代词的否定构式表达一种主观否定。从语义逻辑的角度分析“教室里没有人”与“教室里没有什么人”所表达否定的不同，可以看到：

例（60）教室里没有人。（自省语料）

令：

R：……有

命题符号化，即：

$\neg R(x, y)$

“教室”和“人”是个体变项，也称自由变项，不是表示具体对象的个体常项，可以指宇宙间的任何教室、任何人，因此用（x，y）表示。逻辑学上用“开语句”这一概念表示至少含有一个自由变项的公式。这个命题有两个自由变项，所以是开语句。开语句没有真假，在语言逻辑上不是命题。可是在生活中，这种不符合语言逻辑、没有真假判断的句子随处可见，是什么原因呢？逻辑上的“真”是一种永恒的客观真理，当我们不对某人某事做出一个明确的真假判断时，其实是对某人某事做出了一个最客观公正的判断，再没有比没有真假的命题更为客观的判断了。因为没有真假，所以没有真假，重言等值是广泛存在并被人大量使用的逻辑真理，它表示的是一种逻辑的“真”，是基于事实的客观陈述。

石毓智（2001：204）指出，否定结构中的疑问代词有一种丧失疑问功能表示轻微程度的情况，但他没有解释疑问代词为什么会具有轻微程度或数量。后来我们发现，疑问代词在否定构式中有虚指的意义，往往表达主观小量和一种委婉的否定（王小穹，2015：120），如：

例（61）教室里没有什么人。（自省语料）

令：

R：……有

命题符号化：

$\exists_x \exists_y \neg R(x, y)$

例（61）中的“什么”表示“有些”“几个”“至少有一个”等不确定数量，相当于一个虚指意义的数量词，相对于“每一”“任何”“所有”“一切”等全称量词来说，在逻辑学上是存在量词，用“∃”表示。量词的辖域决定了命题表达式的含义和真值，例（61）中的“什么”相当于一个存在量词。逻辑学上把一个没有真假的开语句变成命题的方法之一就是概括，一般情况下想用概括得到一个假命题就用全称概括，想用概括得到一个真命题就用存在概括。例（61）是以“什么”为存在量词概括得到的存在命题，是真命题。语言逻辑的真假反映人的主观判断，例（61）的命题真假和人的主观判断是凭借疑问代词来实现的，即“客观否定+疑问代词→主观否定”。主观性是“说话人对句子表达的命题的真值或事件的现实性状态所表现的主观态度”（彭利贞，2007），因此可以认为，例（61）疑问代词“什么”是激活命题获得主观否定的活性因子，命题主观化是一种重要的句法机制，是疑问代词从疑问转为否定的内在动因。

（二）疑问副词的否定性逆转及无标记否定

副词是一个混合性词类，凡是带有主观色彩的抽象性的词都并入副词里了。否定副词和疑问副词是副词众多类别中的两个分类，两者属于同一门类，具有共同的基础，这个共同基础就是否定（N）和疑问（Q）都自带主观性特点。

除了上文提到的由否定转为疑问的上古否定副词“无”和“莫/莫非”，副词还有其他诸如范围副词、频率副词、程度副词、情态副词等下位词类转为疑问的情况。比如，上古汉语中本来表范围的“亦”，其义是“只是、仅仅；也、又”，后用来表疑问（赵长才，1998）；“还”为“复、又、仍然”等频率义，后转变为表询问和反诘的疑问副词（叶建军，2008）；“岂”本义“还师振乐也，又欲也，登也”（康熙字典，2016：1191），其义为“快乐”，是情态副词，后转变为专门表反问的疑问词。可见，在副词这个主观性上位词类的内部，除了否定转为疑问，还有范围、频率、情态等范畴类别转为疑问（X→Q）的现象，这种发生在副词内部的从一个主观范畴转移到另一个主观疑问范畴的现象，在古汉语中很常见，其转化的止点跟“N→Q”相同，故我们将之也归为“顺转”。

与疑问代词一样，副词表疑问时也是疑问标记，在一定条件下，其疑问功能消失，转而表达否定意义而成为一个无标记否定的否定标记时，疑问就逆转为否定了。

1. 疑问语义是疑问副词无标记否定的前提

疑问副词是否能够独立表达疑问，尚有争议，“大概”“也许”“想必”“究竟”等疑问副词具有［+不确定性］［+推测性］［-结论］等语义特征（罗耀华等，2008；Suzuki，2018），这些是否就是疑问特征还有待确证。不过，目前至少可以认为，疑问副词的疑问语义是其［+不确定性］［+推测性］［-结论］等主观语义和句子的其他疑问手段（疑问代词、疑问语气）高频组合后语境吸收的结果。下面分四类讨论。

A. 探询性疑问

探询性疑问指言者由于对所问之事不知而采用试探语气进行询问。“可”在句中辅助表示疑问（王力，1985/1954：160－180），表达试探询问的语气。例（62）是《红楼梦》中的用例：

例（62）a. 妹妹几岁了？可也上过学？

b. 林姑娘的行李东西，可搬进来了？

c. 这会子可好些？

除了“可”，已凝固成词的副词“要不/可否/能否”也表示这种探询性疑问，如：

例（63）要不出去走走？

B. 追究性疑问

追究性疑问是言者对所问之事采用追问语气进行询问。比如，追究性疑问的疑问副词有“到底”“究竟”等，它们在贡献疑问语义的同时，还表示言者穷究真相的语气，如：

例（64）a. 这到底是怎么回事？中国这种增长到底能持续多久？

b. 加薪也未尝不可，但首先要搞清楚，公务员收入到底有多少？

例（65）a. 究竟历史发展是一元化的线性运动还是多元化的发展道路？

b. 汉藏语系究竟可以分为几个语族和语言？

C. 揣测性疑问

揣测性疑问指说话人对所问之事在没有把握和处于半信半疑的认知状态下而采用揣度语气进行推测，这类副词有“恐”“恐怕”“想必”“也许”“或许”“大约”“大概”“似乎”等。这些词语表达“大概/或许/可能”义，也具有［+不确定性］［+推测性］［-结论］等语义特征，仅举两例：

例（66）这次大概能考上吧？

例（67）或许以前就认识？

D. 反诘性疑问

反诘性疑问指说话人对所问之事由于出乎自己的预料而为了表达既惊且疑的语气时所采用的询问形式。学界曾将反诘（又称反问）看作一种修辞用法，是无疑而问的假性问句。实际上，就说话人的认知来看，反诘并不是完全的无疑，而是肯定中带有怀疑和揣测，如：

例（68）a. 心想敢是美人活了不成？（王力用例）

b. 敢是谁欺负了你？

例（68）疑问副词“敢是”在表达反诘时有“疑”的成分。又如，副词“难道”在句中也不全是为了强化说话人确信无疑的语气或表达说话人对事情的全知状态的，如：

例（69）a. 末了他又问：“难道没有补救的办法吗？”

b. 您好！孙夫人……难道孙夫人喜欢中午散步吗？

c. 这两本恰好是徽因不在英国时期的日记。难道这就是志摩所说的“康桥日记”？

d. 难道这就是布鲁斯的承诺？莲达差点哭出来。

e. 难道你舍得放弃乒乓球？

f. 难道我们的历史家竟忘了“扬州十日”“嘉定三屠”的悲剧？

疑问副词“难道”在例（69）中 a 句、b 句中表示说话人一种揣测、怀疑的认知状态，而在例（69）c~f 句中表示说话人既惊且疑的语气和认知状况。反诘性疑问的“惊疑”，由出乎意外而感到惊异，由惊异而产生怀疑，由怀疑而导致否定，因此，反诘性疑问副词往往最容易发展成为一种无标记否定。

2. 疑问副词无标记否定的实现

A. 反否

张晓涛和邹学慧（2011）认为，反诘类副词主要是“岂”“难道”“何苦（何必）”，这些副词具有反诘语气，因此常常表示否定的意义。本书认同张文的观点，将这种以反诘语气的形式表达否定意义的情况称为“反否”。需要补充的是，除了“岂”“难道”“何苦（何必）”，“莫非”以及“何妨”“何况”等“何”字系列的其他疑问副词也具有反诘语气，说话人用这些反诘类副词表达与话语形式相反的否定观点，如：

例（70）a. 一些聪明的人却奉劝徐厂长，“何必认真？”

b. 光坐而论道解决不了问题，何妨试一试呢？

c. 感情的事情，有时候自己都说不准，何况旁观者？

如果例（70）中没有这些“何”字系列的疑问副词，是不能构成反否句的。

B. 相当于否定词

在没有否定词作为否定标记的情况下，疑问副词向否定标记转化，并最终实现为一个无标记的否定成分，如：

例（71）a. 芩芩选择的岂止是一个爱人，而是一代青年的一条人生的路，一种生活的方向……

b. 连队干部本意是以此鞭策后进战士，岂料被评为“最差”的一个战士自尊心受到极大伤害，一时感到前途无望，羞于见人，并产生轻生的念头……

例（71）“岂止”即“不止”，“岂料”即“不料”，疑问副词“岂”相当于否定词“不”。

疑问副词还表达感叹语气，表感叹语气的疑问副词同时也表否定，也相当于否定词，如：

例（72）a. 真岂有此理！

b. 要杀就杀，何必这么做作！

c. 既然管了何不管好啊！

d. 在拍卖师声声槌响之中，美术界有许多人，又何尝静得下来。

e. 年轻人打老人也是违背伦理的，更何况是自己的婆婆！

例（72）a 句中“岂有此理”就是“没有此理”，b 句中“何必这么做作”就是“不必这么做作”，c 句中“何不管好”就是“就该管好”，d 句中“何尝静得下来”就是“静不下来”，e 句中“更何况是……”就是“更不用说是……”，例（72）的疑问副词“岂”“何必”“何不”“何尝”“何况”均相当于否定词“没/不”。

上古汉语中由“岂”扩展而来的“岂不”“岂敢”等“岂”类副词，最初也是表情态意义的，后逐渐由情态转为疑问范畴下的反问，应该理解为前文所述的“顺转（X→Q）”。随着“岂”类副词作为反问越来越常态化并成为一个使用非常频繁的疑问词，而在此时其反问语义却从疑问范畴内溢出，由疑问转化为否定，由于副词的“范围、情态、频率、语气”等各下位类别向“疑问”的转化（X→Q）为“顺转”，那么“岂”类副词这种由“疑问”向其他各类别的回溯转化（Q→X）即为“逆转”。

本书的研究假设是，主观范畴的各个子语义类别是转化的起点，疑问范畴是转化的止点。否定性逆转，即“疑问”向主观范畴的子语义类别“否定”的回溯转化（Q→N）。

除了上文提到的疑问副词“岂”，与“岂”同时或稍早出现的还有另一个疑问副词“其”，它们有着几乎完全相同的用法和意义（赵长才，1998）。另外，汉语中与“岂”词族演进轨迹相仿的还有“何”类词族，“何忽”出现的基本语意场合是用来表示疑问语气的，后进而表示询问、反诘和否定（钟兆华，2002），以“何”扩展而来的“何必”“何况”“何尝”等“何”系疑问副词，从 Q 到 N 的逆转轨迹与“岂”相同。从中古到近现代，“何”的词法功能已相当于否定词缀“不”，构成更多诸如“何苦”“何须”“何曾”等“何”系词族的否定副词。

3. 疑问副词无标记否定的条件

上文讨论了疑问副词的疑问语义来自对句子其他疑问手段的语境吸收，是疑问代词实现为否定性逆转（Q→N）和成为无标记否定的前提条件，此外，还有内在条件和必要条件。

张谊生（2000：18-59）认为，“莫非”“到底”“究竟”“或许”“大概”等评注性副词表情态，是主观性副词，表示说话者对事件命题的主观评价态度。王力（1985/1954：169-180）指出，说话人用“岂”“难道”“敢情”“何尝”“何必”等疑问副词，除了表反诘语气加重语意，更多时候表示一种主观责难的情绪。评注性副词和反诘性副词在说话人表示主观认知、评价、情感和态度时，传达了说话人的怀疑、不确定、结论不定等否定态度。这些疑问副词带有的主观的、负面的、否定的［+不确定性］［+推测性］［-结论］等词库语义特征，是疑问副词实现逆转和成为无标记否定的内在词汇条件。

语言主观化规律是疑问副词实现为无标记否定的必要条件。近年来，国外学者以正反疑问表达式（polar interrogatives，e. g.，A-not-A）为切入点，所讨论的交互主观性机制对疑问和否定融合的促动（Liu，2016；Veloudis，2018），以及汉语否定连系动词“不是”发展成疑问形式的主观语用标记（Chen，2018）等研究引人深思。王力（1985/1954：175）说：“咱们说话的时候，往往不能纯然客观地陈说一件事情；在大多数情形下，每一句话总带着多少情绪。副词‘岂’‘难道’‘索性’‘敢’‘偏’‘偏生’‘到底’‘简直’‘饶’等在字典里它该是一种语气副词。”情绪情态属于主观范畴，疑问副词由于表达情绪，无疑是具有主观特征的。纯然客观的句子是不存在的，主观化无处不在，疑问范畴向否定范畴的转化始终伴随着语言主观化的推动。

疑问副词本身所具有的主观性语义的词库特征，成为说话人在表达主观态度时的优选对象，或者说，无处不在的语言交际的主观性在将疑问副词作为承载说话人主观情感的重要工具的同时，也促进了疑问副词从疑问功能向否定功能的转化。

（三）结语：否定的常态与非常态

本书将前辈时贤有关疑问与否定相关性的研究归纳成顺转、相通和逆转三个角度。顺转考察否定向疑问（N→Q）的转化问题；逆转考察顺转的相反方向，即疑问向否定（Q→N）的转化问题；相通不关心转化的起止点和方向性，只考察疑问和否定产生相通关系的共性因素。鉴于学界少有人明确提出疑问与否定转化的方向性和起止点，本书将传统研究的默认转化方向（N→Q）称为“顺转”，将与之对应方向的转化（Q→N）称为“逆转”。主观范畴除了“疑问”和“否定”这两个子类，还有“范围、情态、频率、程度、语气”等其他子类。在本书的研究假设“主观范畴的各个子类为转化起点，‘疑问’为转化止点”的背景下，“顺转”的内涵可拓展为“主观范畴各子类成员向‘疑问’的转化”并符号化为“X→Q”，“逆转”则拓展为“‘疑问’向主观范畴其他各子类成员的回溯转化”并符号化为“Q→X”。

疑问的否定性逆转，即“疑问”向主观范畴的子语义类别“否定”的回溯转化（Q→N）。疑问词从Q到N的否定性逆转，是疑问词从基本的疑问标记到失去疑问标记，再到最后获得无标记否定的过程。疑问代词在发生否定性逆转时，经历了疑问与否定相融，到逐渐挤走并代替客观的否定标记再到最终实现为无标记否定的过程，这个过程是在语言的主观性和主观化力量推动下完成的。疑问副词发生否定性逆转的条件包括前提条件“疑问语义”、内在条件“主观的词库语义特征”和必要条件“语言主观化规律”，在疑问副词的探询性疑问、追究性疑问、揣测性疑问和反诘性疑问四类疑问语义中，反诘性疑问最易发生否定性逆转，也最易发展成为无标记否定。

Greenberg（1966：59）和 Croft（1990：109）通过跨语言比较，对有标记项和无标记项的判别设定了五条标准，即组合标准、聚合标准、分布标准、频率标准、意义标准。根据这五项标准，发现任何一门语言的无标记项都比有标记项多，至少是一样多。由于篇幅所限，尽管我们没有采用统计数据来比较汉语带否定词的有标记否定和无否定词的无标记否定的分布比例，但根据 Greenberg 和 Croft 有标记项和无标记项的定性判别标准，我们也可以推测，实际语料中用疑问词等非否定词来进行否定的无标记数量一定不比采用否定词进行否定的有标记否定少。石定栩（2006）指出，常见的、在正常情况下就能成为首选的那一种是无标记（unmarked/default case）的；而不常见的、需要某种条件才会出现的就是有标记（marked case），因此他认为，无标记（unmarkness）是“常态”，有标记（markness）是“非常态”。关于疑问词实现了否定性逆转的无标记否定是常态还是非常态的问题，本书认为，主观性是语言的基本特性，主观化推动着语言的演化，尤其是疑问词本身自带主观性的词库特点，其从疑问到否定的转化过程，始终都伴随着主观化的促动。从这个意义上，即使不考虑无标记、有标记的分布和出现频率，疑问词的否定相对于“不/没”等否定词，也不是非常态的否定形式，而更有可能是一种常态否定形式。

参考文献

著作

[1] Goldberg, A. E. 构式：论元结构的构式语法研究［M］. 吴海波译. 北京：北京大学出版社，2007.

[2] 陈振宇. 疑问系统的认知模型与运算［M］. 上海：学林出版社，2010.

[3] 戴耀晶. 现代汉语时体系统研究［M］. 杭州：浙江教育出版社，1997.

[4] 丁声树. 现代汉语语法讲话［M］. 北京：商务印书馆，1980.

[5] 高名凯. 汉语语法论［M］. 北京：商务印书馆，2011/1986.

[6] 郭锡良，唐作藩，何九盈，蒋绍愚，田瑞娟. 古代汉语（修订本）［M］. 北京：商务印书馆，1999.

[7] 贾彦德. 汉语语义学［M］. 北京：北京大学出版社，2005.

[8] 黄布凡. 藏缅语族语言词汇［M］. 北京：中央民族学院出版社，1992.

[9] 江蓝生. 疑问副词"颇、可、还"［M］//汉语虚词研究. 北京：商务印书馆，1992.

[10] 金立鑫. 什么是语言类型学［M］. 上海：上海外语教育出版社，2019.

［11］科姆里．语言共性和语言类型（第二版）［M］．沈家煊，罗天华译．北京：北京大学出版社，2010.

［12］黎锦熙．新著国语文法［M］．北京：商务印书馆，2001/1953.

［13］李金涛．波兰语（一、二）［M］．北京：外语教学与研究出版社，2019/1988.

［14］李金涛．波兰语语法［M］．北京：外语教学与研究出版社，2018/1996.

［15］林祥楣．汉语知识讲话·代词［M］．上海：上海教育出版社，1984.

［16］刘丹青．语序类型学与介词理论［M］．北京：商务印书馆，2004.

［17］刘月华．实用现代汉语语法［M］．北京：外语教学与研究出版社，1983.

［18］陆丙甫，金立鑫．语言类型学教程［M］．北京：北京大学出版社，2017.

［19］陆俭明．现代汉语语法研究教程［M］．北京：北京大学出版社，2014.

［20］吕叔湘．中国文法要略［M］．北京：商务印书馆，1982/1942.

［21］吕叔湘．近代汉语指代词［M］．江蓝生补．上海：学林出版社，1985/1943，1944.

［22］马道山．西方视域下疑问句句法研究及其失误［M］．北京：世界图书广东出版公司，2015.

［23］梅祖麟．汉语语法史中几个反复出现的演变方式［M］//古汉语语法论集．北京：北京语文出版社，1998.

［24］彭利贞．现代汉语情态研究［M］．北京：中国社会科学出版社，2007.

［25］齐沪扬．语气词与语气词系统［M］．合肥：安徽教育出版社，2002.

［26］沈家煊．不对称和标记论［M］．南昌：江西教育出版社，2005/1999.

［27］石毓智．语法的形式和理据［M］．南昌：江西教育出版社，2001.

［28］石毓智．肯定和否定的对称与不对称［M］．北京：北京语言大学出

版社，2001.

［29］太田辰夫．中国语历史文法［M］．北京：北京大学出版社，1987.

［30］田德生，何天贞．土家语简志［M］．北京：民族出版社，1986.

［31］同文书局影印本．康熙字典［M］．北京：中华书局，2016.

［32］王力. 中国语法理论（下册）［M］．北京：中华书局，1954.

［33］王力．汉语史稿［M］．北京：中华书局，2006/1980.

［34］王力．中国现代语法［M］．北京：商务印书馆，1985/1954.

［35］王力．中国语法理论［M］//20 世纪现代汉语语法八大家：王力选集．长春：东北师范大学出版社，2002.

［36］王维阳．苗语理论基础［M］．昆明：云南民族出版社，2005.

［37］王小穹．疑问代词的语义网络［M］．成都：四川大学出版社，2015.

［38］吴福祥．敦煌变文 12 种语法研究［M］．郑州：河南大学出版社，2004.

［39］吴福祥．敦煌变文语法研究［M］．长沙：岳麓书社，1996.

［40］伍雅清．疑问词的句法和语义［M］．长沙：湖南教育出版社，2002.

［41］邢福义．汉语语法学［M］//中国现代语言丛书．长春：东北师范大学出版社，1996.

［42］邢公畹．《论语》中的否定词系［M］//语言论集．北京：商务印书馆，2000.

［43］藏缅语语音和词汇编写组．藏缅语语音和词汇［M］．北京：中国社会科学出版社，1991.

［44］张晓涛．疑问和否定的相通性及构式整合研究［M］．北京：中国社会科学出版社，2011.

［45］张亚茹．先秦否定词研究［M］//语言研究论丛第 8 辑．天津：南开大学出版社，1999.

［46］张谊生．现代汉语副词研究［M］．上海：学林出版社，2000.

［47］张志公．汉语语法常识［M］．北京：中国青年出版社，1953.

［48］中国社会科学院语言研究所古代汉语研究室．古代汉语虚词词典［M］．北京：商务印书馆，1999.

［49］中国社会科学院语言研究所词典编辑室．现代汉语词典（第 5 版）［M］．北京：商务印书馆，2005.

［50］庄智象．波英汉图解词典［M］．上海：上海外语教育出版社，2017.

［51］Anderson，L. B.（1982）The "Perfect" as a Universal and as a Language Particular Category［C］//Hopper，Paul（ed.）*Tense Aspect*：*Between Semantics and Pragmatics*. Amsterdam：John Benjamins.

［52］Austin，J. L.（1962/2002）*How to Do Things with Words*［M］. Beijing：Foreign Language Teaching and Research Press.

［53］Bańko，M.（2018）*Wielki Słownik Języka Polskiego PWN*［Z］. Warszawa：Wydanie Dowlne，Wydawnictwo Naukowe PWN.

［54］Blake，B. J.（1977）*Case Marking in Australian Languages*［M］. Canberra：Australian Institute of Aboriginal Studies.

［55］Bośković，Ż.（1998）*Wh-phrases and w/z-movement in Slavic*［C］. Storrs：University of Connecticut.

［56］Breul，C.（2004）*Focus Structure in Generative Grammar*：*An Integrated Syntactic*，*Semantic and International Approach*［M］. Amsterdam/Philadelphia：John Benjamins Publishing Company.

［57］Brown，G.，Yule，G.（1983）*Discourse Analysis*［M］. New York：Cambridge University Press.

［58］Bybee，J.，Perkins，R.，Pagliuca，W.（1994）*The Evolution of Grammar*：*Tense Aspect and Modality in the languages of the World*［M］. Chicago：The Universtiy of Chicago Press.

［59］Cheng，L. Lai-Shen，N. Corver（edited），N. Chomsky（foreword）.（2006）*Wh-Movement*：*Moving On*［M］. London：The MIT Press.

［60］Comrie，B.（2000/1985）*Tense*［M］. Cambridge：Cambridge University Press.

［61］Comrie，B.（2010/1989）*Language Universals and Linguistic Typology.* Second edition. Blackwell：Oxford.

［62］Croft，W.（2000）*Typology and Universals*［M］. Beijing：Foreigh

Language Teaching / Research Press & New York：Cambridge University Press.

［63］Croft，W. （2001） *Radical Construction Grammar*：*Syntactic Theory in Typological Perspective* ［M］. Oxford：Oxford University Press.

［64］Croft，W. （2003） *Typology and Universal Grammar* ［M］. Oxford：Oxford University Press.

［65］Croft，W. （1990） *Typology and Universals* ［M］. New York：Cambridge University Press.

［66］Dixon，R. M. W. （1997） The Rise and Fall of Language ［M］. Cambridge：Cambridge University Press.

［67］Ebert，R. P. （1978） *Historische Syntax des Deutschen* ［M］. Stuttgart：Sammlung Metzler.

［68］Fodor，J. D.，F. Ferreira. （1998） *Reanalysis in Sentence Processing* ［M］. Netherlands：Kluwer.

［69］Gotteri，N. （2011） *Complete Polish with Two Audio CDs*：*A Teach Yourself Guide* （*TY*：*Language Guides*） ［M］. New York：McGraw-Hill.

［70］Greenberg，J. H. （ed.） （1963） In *Universals of Language* ［M］. Cambridge，MA：MIT Press.

［71］Greenberg，J. H. （1966） Language universals ［M］. Janua Linguarum Series Minor. The Hague：Mouton.

［72］Greenberg，J. H. （1978） How Does a Langugage Acquire Gender Markers? ［C］ //Greenberg，J. H. Ferguson，C. A.，E. A. Moravcsik. *Universesals of human language* （Ⅱ）. California：Stanford University Press.

［73］Grzegorczykowa，R.，R. Laskowski. （1998） *Gramatyka Wepółczesnego Języka Polskiego*：*Morfologia* ［Z］. Warszawa：Wydawnictwo Naukowe PWN.

［74］Harris，A. C.，L. Campbell. （2007/1995） 历史句法学的跨语言视角 *Historical Syntax in Cross-Linguistic Perspective* ［M］. 北京：世界图书出版公司/Cambridge：Cambridge University Press.

［75］Hawkins，J. A. （1983） *Word Order Universals* ［M］. New York：Academic Press.

[76] Hawkins, J. A. (1994) *A Performance Theory of Order and Constituency* [M]. Cambridge: Cambridge University Press.

[77] Hyland, K. (2008) *Metadiscourse* [M]. Continuum: International Publishing Group.

[78] Kroch, A. S. (1989) Function and Grammar in the History of English: Periphrastic Do [C] //Ralph W. Fasold and Deborah Schiffrin, *Language change and variation*. Amsterdam: John Benjamins.

[79] Labov, W. (1973) *The Boundaries of Words and Their Meanings: New Ways of Analyzing Variation in English* [C]. Washington D. C.: Georgetown University Press.

[80] Lakoff, G. (1987) *Women, Fire, and* Dangerous *Things: What Categories Reveal About the Mind* [M]. Chicago: University of Chicago Press.

[81] Lakoff, R. W. (1968) *Abstract Syntax and Latin Complementation* [M]. Cambridge, MA: MIT Press.

[82] Langacker, R. W. (1977) Syntactic Reanalysis [C] //Li, Charles. N. (ed.), *Mechanisms of syntactic change*. Austin: University of Texas Press.

[83] Langacker, R. W. (1999) *Grammar and Conceptualization* [M]. Berlin/New York: Mouton de Gruyter.

[84] Lehmann, W. P. (1974) *Proto-Indo-European Syntax* [M]. Austin: University of Texas Press.

[85] Li, C. N. (1975) *Word Order and Word Order Change* [M]. Austin: University of Texas Press.

[86] Li, C. N., Sandra A. (1981) *Mandarin Chinese: A Functional Reference Grammar* [M]. California: University of California Press.

[87] Lyons, J. (1997) *Semantics* [M]. Cambridge: Cambridge University Press.

[88] Lyons, J. (2000) *Linguistic Semantics: An Introduction* [M]. Beijing: Foreign Language Teaching and Research Press/Cambridge: Cambridge University Press.

[89] Mallinson, G., B. J. Blake (1981) *Language Typology: Cross-linguistic Studies in Syntax* [M]. Amsterdam: North-Holland.

[90] Reichenbach, H. (1996) *Elements of Symbolic Logic* [M]. New York: The Free Press / London: Collier-Macmillan.

[91] Siewierska, A. (1988) *Word Order Rules* [M]. London: Croom Helm.

[92] Siewierska, A. (1998) *Constituent Order in the Languages of Europe* [M]. Berlin: Mouton de Gruyter.

[93] Song, J. J. (2008) *Linguistic Typology* 语言类型学 [M]. 北京：北京大学出版社.

[94] Świątek, A. (2014) *The Order of Acquisition of the English Article System by Polish Learners in Different Proficiency Groups* [M]. Cambridge: Scholars Publishing.

[95] Timberlake, A. (1977) *Reanalysis and Actualization in Syntactic Change* [C] //Charles N. Li (ed.), Mechanisms of syntactic change. Austin: University of Texas Press.

[96] Traugott, E. C. (1972) *A History of English Syntax: A Transformational Approach to the History of English Sentence Structure* [M]. New York: Holt, Rinehart and Winston.

[97] Vennemann, T. (1973) Explanation in Syntax [C] //J. P. Kimball (ed.), *Syntax and Semantics The second.* New York: Seminar Press.

论文

[1] Скорвид, С. С. 西斯拉夫诸语言［J］. 外语学刊，2016（4）：10-12.

[2] 蔡淑美. 现代汉语“前、后”时间指向的认知视角、认知机制及句法语义限制［J］. 当代语言学，2012（2）：129-144.

[3] 蔡维天. 汉语的语气显著性和隐性模态范畴［J］. 语言科学，2019（1）：1-12.

[4] 蔡维天. 论汉语反身词的重复现象［J］. 中国语文，2012（4）：

327-337.

［5］蔡维天．重温“为什么问怎么样，怎么样问为什么”［J］．中国语文，2007（3）：195-207.

［6］曹道根，许凌春．“真”无时态语言研究［J］．当代语言学，2017（1）：93-121.

［7］曹道根，许凌春．汉语是一种“（半）时态语言”吗？［J］．当代语言学，2019（3）：451-465.

［8］曹道根．汉语中的格标效应［J］．外国语，2012（3）：51-58.

［9］曾少波．“未至之前”句式溯源［J］．漯河职业技术学院学报，2012（1）：110-113.

［10］陈振宇．现代汉语中的非典型疑问句［J］．语言科学，2008（4）：46-49.

［11］程琪龙．概念框架：一个有新意的小句概念语义模式［J］．重庆大学学报（社会科学版），2007（2）：112-117.

［12］储允孟，洪波．再论疑问范畴与否定范畴间的关系［J］．汉语学报，2018（3）：55-96.

［13］戴浩一．时间顺序和汉语的语序［J］．黄河译．国外语言学，1988（1）：10-20.

［14］邓思颖．问“原因”的怎么［J］．语言教学与研究，2011（2）：43-47.

［15］董思聪．重庆方言的两个零形否定结构［J］．重庆理工大学学报（社会科学），2014（1）：107-111.

［16］方梅．负面评价表达的规约化［J］．中国语文，2017（2）：131-147.

［17］方梅．饰句副词及相关篇章问题［C］．第二届汉语副词研究学术研讨会论文，重庆师范大学，2013.

［18］方有国．先秦汉语“如何”、“如之何”结构的考察［J］．西南大学学报（社会科学版），2013（4）：129-135.

［19］郭继懋．反问句的语义语用特点［J］．中国语文，1997（2）：

111-121.

［20］郭继懋．“怎么”的语法意义及“方式”“原因”“情状”的关系［J］．汉语学习，2001（6）：7-17.

［21］韩景泉，王成东．英语附带省略结构的句法研究［J］．外国语文，2016（4）：83-88.

［22］贺阳．试论汉语书面语的语气系统［J］．中国人民大学学报，1992（5）：59-66.

［23］洪波，王雪燕．语言接触视角下的上古汉语形态句法问题——兼论“也”“矣”的来源［J］．古汉语研究，2021（1）：10-19.

［24］胡建华．论元的分布与选择［J］．中国语文，2010（1）：3-20.

［25］胡建华．*Prominence and Locality in Grammar*：*The Syntax and Semantics of Wh-Questions and Reflexives*（语法中的显著性与局部性：WH 疑问句与反身代词的句法和语义）［D］．香港城市大学博士学位论文，2002.

［26］胡壮麟．英语疑问语气系统的多层次和多元功能［J］．外国语，1994（1）：1-7.

［27］黄珊．古汉语副词的来源［J］．中国语文，1996（3）：220-228.

［28］江蓝生．概念叠加与构式整合——否定肯定的不对称解释［J］．中国语文，2008（6）：483-497.

［29］李炯英．波兰语义学派概述［J］．外语教学与研究，2005（5）：377-382.

［30］李思旭．“部分格”的语言类型学研究［J］．外国语，2015（1）：42-54.

［31］李向农．时点时段的内涵及构成与汉语社会的时间观念［J］．世界汉语教学，1995（2）：1-9.

［32］李烜．隐含时态化条件句的形式语义学［J］．西南大学学报（社会科学版），2016（5）：34-38.

［33］李亚非．句子生成顺序与三种 WH-移位异常：熵的视角［J］．当代语言学，2017（2）：159-180.

［34］李宇凤．也论测度疑问副词“莫”的来源［J］．语言科学，2007

（5）：44-55.

［35］李宇明．疑问标记的复用及标记功能的衰变［J］．中国语文，1997（2）：97-103.

［36］廖秋忠．现代汉语篇章中的连接成分［J］．中国语文，1986（6）：413-427.

［37］刘佳．句末语气词与情态动词及副词共现分析［J］．汉语学习，2019（1）：59-64.

［38］刘彬，袁毓林．反问句否定意义的形成与识解机制［J］．语文研究，2017（4）：12-19.

［39］陆丙甫，徐阳春．汉语疑问词前移的语用限制［J］．语言科学，2003（6）：3-11.

［40］罗天华．汉语是作格语言吗——作格格局是什么和不是什么［J］．当代语言学，2021（1）：114-129.

［41］罗耀华，刘云．揣测类语气副词主观化与主观性［J］．语言研究，2008（3）：44-49.

［42］吕进．一个向上线序的命题时态逻辑 PTL［J］．西南大学学报（社会科学版），2010（2）：70-74.

［43］倪兰．现代汉语疑问代词的基本语义分析［J］．北方论丛，2005（4）：55-57.

［44］彭睿．图式性构式的边界：边缘构例和变异构例［J］．世界汉语教学，2020（3）：339-353.

［45］朴珉娥，袁毓林．汉语是一种“无时态语言”吗？［J］．当代语言学，2019（3）：438-450.

［46］齐沪扬，胡建锋．试论“不是……吗”反问句的疑问用法［J］．上海师范大学学报，2010（3）：105-113.

［47］任鹰．动词词义在结构中的游移与实现［J］．中国语文，2007（5）：419-429.

［48］杉村博文．现代汉语“疑问代词+也/都……”结构的语义分析［J］．世界汉语教学，1992（3）：166-172.

［49］邵敬敏，赵秀凤．“什么”非疑问用法研究［J］．语言教学与研究，1989（1）：26-40.

［50］邵敬敏．疑问句的结构类型与反问句的转化关系研究［J］．汉语学习，2013（2）：3-10.

［51］邵敬敏．关于汉语虚词研究的几点新思考［J］．华文教学与研究，2019（1）：1-6，42.

［52］邵敬敏．语义语法与中国特色的语法理论创建［J］．汉语学报，2020（3）：23-32.

［53］石定栩．关于有标记的歧解［J］．当代语言学，2006（1）：86-88.

［54］史金生．语气副词的范围、类别和共现顺序［J］．中国语文，2003（1）：17-31.

［55］寿永明．疑问代词的否定用法［J］．上海师范大学学报（哲学社会科学版），2002（2）：113-117.

［56］孙志农．词汇意义与构式意义的互动关系研究［D］．上海外国语大学博士学位论文，2008.

［57］唐光辉．说“未（没，没有）……前（以前，之前）”［J］．语文知识，1992（1）：18-20.

［58］唐燕玲．现代汉语小句内疑问代词同现情况考察［D］．湖南师范大学博士学位论文，2010.

［59］王灿龙．“前、后”的时间指向问题新探［J］．当代语言学，2016（2）：176-193.

［60］王灿龙．名词时体范畴的研究［J］．当代语言学，2019（3）：317-332.

［61］王灿龙．说“VP之前”与“没（有）VP之前”［J］．中国语文，2004（5）：430-439.

［62］王世凯．疑问与否定——汉语否定研究有待深入的一个课题［J］．渤海大学学报（哲学社会科学版），2018（1）：20-24.

［63］王小穹，危艳丽．《朱子语类》中“把来”结构的词汇化及“把”“来”的语法化过程［J］．中南大学学报（社会科学版），2012（4）：164-168.

［64］王小穹，何洪峰．基于统计分析的二重疑问词疑问语义组配［J］．汉语学习，2019a（5）：14-25.

［65］王小穹，何洪峰．疑问代词“怎么”的语义扩展过程［J］．汉语学习，2013（6）：65-73.

［66］王小穹．“哪里”在反问句中的主观化过程［J］．语文学刊，2014（10）：1-15.

［67］王小穹．特定构式中疑问代词的双重语义与构式互动［J］．重庆大学学报（社会科学版），2016（3）.

［68］王小穹．疑问的否定性逆转及其无标记否定［J］．西南大学学报（社会科学版），2019b（6）：154-163.//语言文字学，2020（4）：70-80.

［69］王小穹．语言类型学视角下波汉疑问表达的共性与差异选择［J］．外国语文，2021（4）：104-113.

［70］温宾利．“什么……什么句”：一种关系结构［J］．现代外语，1998（4）：1-17.

［71］文炼．从“吗”和“呢”的用法谈到问句的疑问点［J］．思维与智慧，1982（4）：12-14.

［72］邢福义．现代汉语的特指性是非问［J］．语言教学与研究，1987（4）：73-90.

［73］徐杰，张林林．疑问程度和疑问句式［J］．江西师范大学学报，1985（2）.

［74］徐杰．疑问范畴与疑问句式［J］．语言研究，1999（2）：23-24.

［75］徐杰，王娟．“句子类型标示假定”与疑问语气的句法标示［J］．语言科学，2012（3）：225-240.

［76］徐盛桓．疑问代词探询功能的迁移［J］．中国语文，1999（1）：76-79.

［77］薛小英．汉语疑问词岛效应的语用预设新解［J］．中南大学学报，2013（2）：227-231.

［78］薛小英．汉语疑问词的非疑问用法探究［J］．湖南科技大学学报，2014（3）：128-132.

［79］薛小英．汉语疑问词的句法与语义不对称现象探究［D］．中南大学博士学位论文，2012.

［80］杨旭．进化论视角下的构式适应性与扩展适应性研究［J］．外国语文，2017（5）：63-68.

［81］叶建军．疑问副词“还”溯源［J］．安徽大学学报（哲学社会科学版），2008（1）：68-71.

［82］袁宾．说疑问副词“还”［J］．语文研究，1989（2）.

［83］袁毓林．论元结构和句式结构互动的动因、机制和条件——表达精细化对动词配价和句式构造的影响［J］．语言研究，2004（4）：1-10.

［84］袁毓林．疑问代词“谁”的虚指和否定意义的形成机制［J］．语言科学，2017（3）：113-125.

［85］曾少波．“未至之前”句式溯源［J］．漯河职业技术学院学报，2012（1）：110-113.

［86］张敏．时间顺序原则与像似性的“所指困境”［J］．世界汉语教学，2019（2）：166-187.

［87］张爱玲．同语反复格式的跨语言对比考察［J］．西安外国语大学学报，2016（1）：1-6.

［88］张伯江．疑问句功能琐议［J］．中国语文，1997（2）：104-110.

［89］张德禄．汉语语气系统的特点［J］．外国语文，2009（5）：1-7.

［90］张福通．形式对应与词汇兴替——“未+动词性结构+前”的演变［J］．汉语学报，2017（3）：27-34.

［91］张济卿．汉语并非没有时制语法范畴——谈时、体研究中的几个问题［J］．语文研究，1996（4）：27-32.

［92］张晓涛，陈一．疑问到否定的嬗变过程研究［J］．语文教学通讯，2015（11）：69-70.

［93］张晓涛，邹学慧．论特指问与否定的相通性［J］．学术交流，2011（7）：161-165.

［94］张晓涛．是非问与否定的相通性及其机制［J］．北方论丛，2012（3）：50-54.

［95］张谊生．汉语否定的性质、特征与类别——兼论委婉式降格否定的作用与效果［J］．汉语学习，2015（1）：3-12.

［96］张玉金．出土战国文献中的否定副词“未”［J］．语言研究，2013（1）：32-41.

［97］赵长才．上古汉语“亦”的疑问副词用法及其来源［J］．中国语文，1998（1）：23-28.

［98］钟兆华．疑问副词“何忽”［J］．语文研究，2002（4）：4-18.

［99］朱军．反问格式“有什么”的否定模式与否定等级——互动交际模式中的语用否定个案分析［J］．中国语文，2013（6）：505-517.

［100］朱兆明．“没有……之前”小议［J］．语文学习，1980（4）：53.

［101］Bośković，Ž.（2005）On the Locality of Left Branch Extraction and The Structure of NP［J］．*Studia Linguistica*（59）：1-45.

［102］Bogusławski，A.（1979）Indirect Questions：One Interpretation or More?［J］．*Linguistica Silensiana*，3：39-52.

［103］Chen，J. J.（2018）（Inter）Subjectification at the Left and Right Periphery：Deriving Chinese Pragmatic Marker Bushi From the Negative Copula［J］．*Language Sciences*，66（1）：83-102.

［104］Danielewiczowa，M.（1996）Znaczeniu Zdań Pytajnych w Języku Polskim：Charakterystyka Struktury Tematyczno-rematycznej Wypowiedzeń Interrogatywnych［D］．Wydawnictwa Uniwersytetu Warszawskiego.

［105］Danielewiczowa，M.（2015）The Structure and Meaning of Exclamatives：Based on Examples from Modern Polish［J］．*исследования по славянским языкам，корейская ассоциация славистов сеул*（20-1）：65-76.

［106］Dryer，M. S.（1991）SOV Language and the OV：VO Typology［J］．*JL*，27：82-443.

［107］Dryer，M. S.（1997）On the Six-way Word Order Typology［J］．*SiL*，21：69-103.

［108］Foryś-Nogala，M. Haman，E. Katsos，N. Krajewski，G.，Schulz，P.（2017）Syntactic，Semantic and Pragmatic Correlates of the Acquisition of Exhaustivity in Wh-questions: A Study of Polish Monolingual Children [J] . *Language Acquisition* (24): 27-51.

[109] Han, C. Y. (2002) Interpreting Interrogatives as Rhetorical Questions [J] . *Lingua*, 112 (3): 201-229.

[110] Haspelmath, M. (2003) The Geometry of Grammatical Meaning: Semantic Maps and Cross-Linguistic Comparison [J] . In Michael Tomasello (ed.) *The New Psychology of Language*, Vol. 2. Mahwah, NJ: Lawrence Erlbaum: 211-242.

[111] Hawkins, J. A. (1980) On Implicational and Distributional Universals of Word Order [J] . *JL*, 16: 193-235.

[112] Huang, C-T. (1982) Move WH in a Language Without WH Movement [J] . *The Linguistic Review*, 1: 369-416.

[113] Kao, C. S., Dietrich, R., Sommer, W. (2010) Processing Interrogative Sentence Mood at the Semantic-Syntactic Interface: An Electrophysiological Research in Chinese, German, and Polish [J] . *PLoS ONE* (5): 1-12.

[114] Kuczek, M., M. Szpitalak, R. Polczyk. (2016) Psychometric Properties and Correlates of the Polish Version of the Squire Subjective Memory Questionnaire (SSMQ) [J/OL] . *Personality and Individual Differences XXX*, http://dx.doi.org/10.1016/j.paid.2016.05.021.

[115] Langacker, R. W. (1993) Grammatical Traces of Some "Invisible" Semantic Constructs: Metonymy in Grammar [J] . *Language Sciences*, *Volume*, 15: 1-12.

[116] Lehmann, W. P. (1973) A Structural Principle of Language and Its Implications [J] . *Language*, 49: 47-66.

[117] Li, Yenhui. (1992) Indefinite WH in Mandarin Chinese [J] . *Journal of East Asian Linguistics*, 1: 125-159.

[118] Lightfoot, D. W. (1979) Mechanisms of Syntactic Change [J] . *Language* (55): 95-381.

[119] Lin, Jo-wang. (1998) On Existential Polarity Wh-phrases in Chinese

[J] . *Journal of East Asian Linguistics*, 7: 219-255.

[120] Liu, H. Y. (2016) The Emergence of Reduplicative Polar Interrogatives [J] . *Language Sciences*, 54 (10): 26-42.

[121] Lord, C. (1973) Serial Verbs in Transition [J] . *Studies in African Linguistics* (4): 274.

[122] Moravcsik, E. A. , M. Shibatani, T. Bynon (ed.) (1997) Review of Approaches to Language Typology [J] . *Linguistic Typology*, 1: 22-103.

[123] Ogiermann, E. (2015) In/directness in Polish Children's Requests at the Dinner Table [J] . *Journal of Pragmatics* (82): 67-82.

[124] Polczyk, R. (2005) Interrogative Suggestibility: Cross-cultural Stability of Psychometric and Correlational Properties of the Gudjonsson Suggestibility Scales [J] . *Personality and Individual Differences*, 38.

[125] Puchalska-Wasyl, M. M. (2014) Self-talk Improves Task Performance: The Role of Answers to Self-posed Questions [J] . *Applied Cognitive Psychology* (28): 374-381.

[126] Rosch, E. , et al. (1976) Basic Objects in Natural: Categories [J] . *Cognitive Psychology*, 8: 382-439.

[127] Suzuki, D. (2018) The Semantics and Pragmatics of Modal Adverbs: Grammaticalization and (inter) Subjectification of Perhaps [J] . *Lingua*, 205 (12): 40-53.

[128] Veloudis, I. (2018) Exploiting Polar Questions for Expressive Purposes: "Queclaratives" and "Whimperatives" in Modern Greek [J] . *Lingua*, 204 (12): 117-133.

[129] Vennemann, T. (1974) Analogy in Generative Grammar: The Origin of Word Order [A] . in *Proceedings of the Eleventh International Congress of Linguists I*1. Mulino: Bologna.

[130] Vinogradov, I. (2019) The Prospective Construction In Q'EQCHI' [J] . The Universtity of Chicago. *IJAL*, 85 (2): 247-269.

[131] Wiland, B. (2010) Overt Evidence from Left-Branch Extraction in Pol-

ish for Punctuated Paths [J] . *Linguistic Inquiry* (41): 335-347.

[132] Wiśniewski, A. (2016) An Axiomatic Accoun of Question Evocation: The Propositional Case [J] . *Axioms* (5): 1-14.

[133] Witkoś, J. (2007) Polish and A-type Scrambling [C] //Linguistic Investigations into Formal Description of Stavic Languages. Frankfurt am Main: *Peter Lang*: 165-180.

[134] Wójcicka, A. (2016) "Myślisz, że jak to się robi?" O strukturze tematyczno-rematycznej pewnego typu zdań pytajnych [J] . *Linguistica Copernicana* (13): 201-216.

[135] Woloszyk, A. (1973) Intonation of Interrogative Sentences in English and Polish [J] . *Papers and Studies in Contrastive Linguistics*, *Volume*: 2.

[136] Żygis, M. , D. Pape, L. Laura, Koenig, M. Jaskuła, M. T. J. Luis. (2017) Segmental Cues to Intonation of Statements and Polar Questions in Whispered, Semi-whispered and Normal Speech Modes [J] . *Journal of Phonetics*, 63: 53-74.

附录一

缩写词释义

ADJ：adjective

ACC：accusative

AFF：affirmative

AKC：accented

CLT：completive

CMP：complementizer

COMP：subordinating conjunction

CONJ：coordinating conjunction

DAT：dative

ERG：ergative

F：feminine

FOC：focus

FUT：future

GEN：genitive

IMPT：imperative

INF：infinitive

INSTR：instrument

INTERJ：interjection

LOC：locative

M：masculine

N：neuter

NEG：negation

NOM：nominative

NOUN：noun

PL：plural

PPAS：passive and participle

PREP：preposition

PREP：prepositon

PRI：first person

PST：past

PTCL：particle

QUB：particle-adverb

SEC：second person

SG：singular

SUBST：singular nominative

TER：third person

V：verb

VOC：vocative

附录二

Interpretations of Chinese Wh-phrases in Relative Clauses in Perspective of Cognitive Grammar

Xiaoqiong WANG, Małgorzata Religa, Kałużyńska Irena

The paper demonstrates the differences of three relative clauses with Wh-phrases when they are the complements of "zhidao (to know)", "wen (to ask)", "xiangxin (to believe)" in the perspective of cognitive grammar. Chinese Wh-phrases in questions don't need to be moved to the beginning of the sentences. The interpretation of questions or no questions of Chinese Wh-phrases in relative clauses is related to the semantic features of matrix verbs and inquiry interactivities of interpersonal communication.

Ⅰ. Introduction

Just like English Wh-phrases "what", "who", "where", "when", "which", there are also interrogatives in Chinese such as "shenme (what)", "shui (who), "nali (where)" and so on. Linguistic scholars notice that Chinese Wh-phrases in questions don't need to be moved to the beginning of the sentences, which are quite different from English questions[①]. Identifying questions or not confuses foreigners so much all the time especially in relative clauses with Wh-phrases. Huang (1982) presented a set of classical corpora:

(1) *Zhangsan wen shui mai-le shu*

Zhangsan asked who bought books.

(2) *Zhangsan zhidao shui mai-le shu*

Zhangsan knows who bought books.

Who does Zhangsan know bought books?

(3) *Zhangsan xiangxin shui mai-le shu*

Who does Zhangsan believe bought books?

Huang tried to explain the differences of three sentences in perspective of generative grammar. However, for a long time his view received few feedback and obtained few outbreak (Chen, 2008; Lin, 2014; Xu, 1999). In Chinese traditional linguistic fields, quite a few scholars (Lü, 1985; Chen, 2008, 2009; Wang, 2015) tried to find some syntactic evidences by specifying all sorts of question forms, but the explanation are not remarkable. Based on the studies before, the purpose of this paper is to illustrate the different distributions between English Wh-phrases and Chinese Wh-phrases in questions, and explore the approach of questions or no questions interpretation in perspective of cognitive theory.

Ⅱ. Different Positions of English Wh-phrases and Chinese Wh-phrases

In English we generally define the sentence that can raise a question as question and the sentence that cannot expect an answer as no question or statement (Huang, 1982, 1998; Lin, 2014). The examples are illustrated as follows:

(4) a. $[_{CP} What_i \ does [_{IP} Mary \ buy \ t_i]]$?

① Some scholars (Cheng, 2009; Lin, 2014) claim that Chinese is a Wh-in-situ language, in which Wh-phrases in question sentences must stay in original situations and need not to be moved to the beginning of the sentences.

b. [$_{IP}$ *John has found out* [$_{CP}$ *what*$_i$ [*Mary bought* t_i]]].

The above (4) a is undoubtedly regarded as a question while b is as no question or statement. The judgement can be very easy to make by observing the syntactic distribution of the Wh–phrase in the sentence. When the Wh–phrase moves to the beginning of the sentence, it will be interpreted as a question, and when the Wh–phrase distributes the other place of the sentence, no question or the statement will be denoted such as in (4) b.

Different from English, the inquiry on some information in Chinese doesn't need to depend on the movement of Wh–phrase. No matter what the Wh–phrase in the sentence indicates (question or not), the Chinese Wh–phrase doesn't change its original place, as illustrated below.

(5) *a. Lisi mai–le shenme?*

Lisi bought what?

b. Zhangsan qingchu Lisi mai–le shenme.

Zhangsanfigureout Lisi bought what.

Thus, we cannot directly infer question or not question of the Wh–phrase only according to the surface structure, and the underlying approach based on different language cognitions should be found out to illuminate the confusing situation.

Ⅲ. The cognitive grammar approach

As demonstrated by Huang's classical corpora in Chapter 1, questions or no questions seem to be affected by matrix verbs[①] directly. When the matrix verb belongs to the semantic category of "zhidao (to know)", two interpretations (questions; no questions) of Chinese Wh–phrases in relative clauses can be decoded alternatively. When the matrix verb is in the category of "wen (to ask)", only no questions (statement) can be accepted, and the matrix verb in the category of "xiangxin (to believe)", only questions are decoded. The consequence will at least involve two is-

① Matrix verbs are the main verbs as predicate verbs in sentences.

sues: How do the three semantic categories of "zhidao", "wen", "xiangxin" be categorized? Are question or no question interpretations of Wh-clauses only related to matrix verbs? The following chapter will discuss the two aspects.

A. Involvement of cognitive degree of matrix verbs

According to (1)-(3) in Chapter 1, there are three varieties of cognitive verbs that directly decide the validity of question interpretation of Wh-phrases in relative clauses. So we are wondering what the distinguished and common properties of the three varieties areif there are more anything else which can be categorized to the three categories, and how we categorize them.

Firstly we investigate the verb "wen(ask)" which occurs at the position of matrix verbs shown in (1), it is "ask" that leads to the no questions (statements) interpretation of the sentences. This type of verbs such as "ask" show that the speaker (here is the syntactic subject) absolutely have no information about the inquiry, so these verbs with "[-information]" semantic features distinguish them from the other verbs in the other categories. The congeneric verbs such as "tanting (pry into)", "zixun (inquire)", "haoqi (wonder)" and so on are in the same category of "ask".

Then we use "xiangxin (believe)" illustrated in (3) as a substitute of matrix verb "wen(ask)", the no questions (statements) interpretation goes into reverse, and question interpretations occur! At this time we can have no hesitation to say that "xiangxin (believe)" as a substitute plays a key role. The verbs similar to "xiangxin (believe)" are "renwei (think)", "kaolü(consider)", "jihua (plan)", "zuomo (expect) ", "huaiyi (doubt)", "guji (estimate)", "xiangxiang (image)", "cai (guess)" and so on, which indicate partial information held by matrix subjects. So these verbs with semantic feature [+partial information] will be accommodated into the same category of "believe".

Inspiring from the above analysis on the categories of "ask" and "believe", it's not hard for us to conclude that it must be the semantic feature of "know" that affects question or no questions interpretation. As illustrated above, when the verb "zhidao (know)" replaces "wen (ask)" "xiangxin (believe)", the sentences can be alternatively interpreted as questions or no questions. What an unique semantic feature does "know" have? Different from "ask" and "believe", the verb "know" concerns the full information that the matrix subjects held. The allied verbs such as "liaojie (understand)", "mingbai (figure out)", "jide (memorize)", "tihui (experience)", "faxian (find out)", "xianshi (demonstrate)", "zhengming (prove)", "shengcheng (claim)" and so on should enter into the same category of "know".

The above three categories have common cognitive semantic features in which the different cognitive degrees distinguish them from each other. The cognitive degrees involve much complicated context such as the cognitive abilities, background knowledge, psychological expectation of speech participants, so we can expect that sometimes there are no clear boundaries between the three categories. However, no clear boundaries doesn't mean no boundaries at all, the similarity to the prototype can approximately help us identify the categories that cognitive verbs belong to, and that should be our next step we endeavor to settle down.

B. Involvement of matrix subjects

In addition to matrix verbs' effects on questions or no questions of Wh-clauses, matrix subjects also affect the acceptability and legality of sentences. In the premise of same matrix verbs, the validity of sentences will be challenged if matrix subjects are replaced by the other pronominal objects. As the following examples illustrate.

(6) *zhidao (to know)*:

a. Zhangsan zhidao Lisi mai-le shenme

Zhangsan knows Lisi bought something.

Does Zhangsan know what Lisi bought?

b. Ni zhidao Lisi mai-le shenme

(?) *You know Lisi bought something.*

Do you know what Lisi bought?

c. Wo zhidao Lisi mai-le shenme

I know Lisi bought something.

(?/*) *Do I know what Lisi bought?*

(7) *wen* (*to ask*):

a. Zhangsan wen Lisi mai-le shenme

Zhangsan asked what Lisi bought.

b. Ni wen Lisi mai-le shenme

(? / *)*You asked what Lisi bought.*

c. Wo wen Lisi mai-le shenme

(? / *)*I asked what Lisi bought.*

(8) *xiangxin* (*believe*):

a. Zhangsan xiangxin Lisi mai-le shenme

Does Zhangsan believe what Mary bought?

b. Ni xiangxin Lisi mai-le shenme

Do you believe what Liai bought?

c. Wo xiangxin Lisi mai-le shenme

(? / *)*Do I believe what Lisi bought?*

The acceptability and legality of all the (a) in (6)-(8) have been attested in the above chapter, but the situation of (b) (c) are very complicated which some can be accepted and some cannot. Which factor the results attribute to? Obviously the alternatives of personal references in subject positions should be responsible for the acceptability and legality. And why can personal references in the position of matrix subjects affect the validity of Wh-phrase clauses? We assume the question properties in Wh-clauses are closely related to two aspects: One is the interaction of speaker and listener, the other is the information storage which speech participants have. The first personal reference (e.g., I/we) and the second personal reference (e.g., you) as speech participants are indispensable precondition that communication can take place. When speaker inquire listener about something, a question occurs. So the message sending of "questions or not" in current occasion naturally involves the interaction of "I (speaker)" and "you (listener)", that's why some (b) (c) in (6)-(8) seem to be weird after the matrix subjects are replaced by "I" or "you". And what's more, as for the information the speech participants hold, in an actual conversation it's impossible for "I" or "you" to simultaneously take on identities of speaker and listener. Therefore, from the views in cognitive pragmatics we can assume that due to the inherent attributes of Wh-questions in interactive communication, the personal references in matrix subjects closely related to communication interaction inevitably affect the validity of sentences.

Ⅳ. Concluding Remarks

"wen (ask)", "xiangxin (believe)", "zhidao (know)" belong to cognitive verbs which would effect questions or no questions interpretation in Wh-phrase relative clauses when they are matrix verbs, and the force presents some general tendencies: as far as the matrix verbs such as "wen(ask)" are concerned, which belong to [-information] cognitive semantic category, Wh-phrase clauses are interpreted as no questions; for the matrix verbs as "xiangxin (believe)" which are in [+partial information] cognitive semantic category are construed as questions; and to the those such as "zhidao (know)" which are in [+full information] category can be decoded questions or no questions alternatively.

What's more, inquiry is a sort of interaction which involves speech participants sending and receiving messages, in actual conversation "I (speaker)" and "you (listener)" are naturally inherent constituents of speech. Therefore, the personal references in matrix subjects closely related to communication interaction affect the validity of sentences inevitably as well.

REFERENCES

[1] Chen Zhenyu, *Xiandai hanyu zhong de feidianxing wenjü* "Non-prototypical Interrogatives in Chinese". Yuyan kexue Science of Language, 2008, Vol. 4. (In Chinese)

[2] Chen Zhenyu, "*zhidao*" "*mingbai*" *lei dongci yu yiwen xingshi* "The Verbs ofZhidao, Mingbai and Interrogatives". Hanyu xuexi "Chinese Language Learning", 2009, Vol. 4: 27-37. (In Chinese)

[3]Cheng, L. L. -S, "Wh-in-situ, from the 1980s to now". Language and Linguistics, 2009, Compass 3: 767-719.

[4]Dong, H, "Issue in the semantics of Mandarin questions". Doctoral Dissertation. University of Cornell, New York, 2009.

[5]Huang, C. -T. J., "Move wh in a language without wh movement". Linguistic Review, 1982, Vol. 1: 369-416.

[6]Huang, C. -T. J., "Logical Relations in Chinese and the Theory of Grammar", Doctoral Dissertation. MIT, Cambridge, MA. 1982. Published by Garland, New York, 1998.

[7]Lin, J. -W., "Wh-Expressions in Mandarin Chinese, The handbook of Chinese Linguistics" (First Edition). Edited by C. -T. James Huang, Y. -H. Audrey Li, and Andrew Simpson. Published by John Wiley & Sons. Inc., 2014.

[8]Lü Shuxiang, *Jindai hanyu zhidaici* "Demonstrative Pronouns in Modern Chinese", Xuelin chubanshe. Published by the press of Xuelin, 1985: 152. (In Chinese)

[9]Wang Xiaoqiong, *Yiwen daici de yuyi wangluo* "The Semantic Network of Wh-Words". Sichuan daxue chubanshe. Published by the press of Sichuan Universtiy, 2015: 50-70. (In Chinese)

[10]Xu Jie, *Yiwen fanchou yu yiwen jüshi* "Question Category and the Syntactic Patterns of Interrogatives in Chinese". Yuyan yanjiu. Language Research, 1999, Vol. 2: 22-36. (In Chinese)

(本文在"Internaltional Conference on Education, Economics and Social Science in Singapore on Oct. 30-31, 2018"会议上宣读，为 CPCI-SSH 检索收录)

附录三

Questions or No Questions of Chinese Wh-phrases Based on Generative Grammar

Xiaoqiong WANG

The paper draws syntax trees to demonstrate the differences of three relative clauses with Chinese Wh-phrases when they are the complements of "*zhidao* 知道 (to know)", "*wen* 问 (to ask)" and "*xiangxin* 相信 (to believe)". The corresponding relationship exists in English visible Wh-movements and Chinese invisible logic Wh-raising sentences. Questions or no questions of Chinese Wh-phrase in relative clauses can be figured out according to generative grammar and referring to the movement of Wh-phrases in English questions.

Introduction

It seems all the time to be a debatable issue on whether Chinese Wh-phrases[①] in relative clauses are entailed question function or not, especially when relative

① Wh-phrases in English are interrogative words such as "what", "who", "where", "when", "which" etc. And accordingly, Chinese Wh-phrases include "*shenme* 什么 (what)", "*shui* 谁 (who), "*nali* 哪里 (where)" etc.

clauses with Wh-phrases are analyzed as the complements of matrix verbs①. Linguistic scholars notice that Chinese Wh-phrases in questions are not needed to move to the beginning of the sentences, which are quite different from English questions②. Huang (1982) is the first scholar who comprehensively studied Chinese Wh-phrases in the perspective of generative grammar. His classical corpora are "(a) '*Zhangsan wen shui mai-le shu* 张三问谁买了书' (John③ asked who bought books)", "(b) '*Zhangsan zhidao shui mai-le shu* 张三知道谁买了书' (John knows who bought books / Who does John know bought books?)" and "(c) '*Zhangsan xiangxin shui mai-le shu* 张三相信谁买了书' (Who does John believe bought books?)". Undoubtedly it is a creative view that testifies the quantification scope of a Chinese Wh-phrase should cover the whole sentence when it is considered as a question.

However, for a long time Huang's view received few feedback attributed to lack of subsistent native corpus (Chen, 2008). One of the outputs related to Huang is the discussion on the different question degrees of Huang's sentences: Some scholars speculated upon the blocking effects of matrix verbs "*wen* 问 (to ask)", "*zhidao* 知道 (to know)", "*xiangxin* 相信 (to believe)" as the barriers which keep the question away (Chen, 2008; Lin, 2014); and meanwhile some scholars assumed that constrained conditions might be put on the matrix verbs when Wh-phrases are the constituents of complement clauses (Xu, 1999). But unfortunately the studies like these don't go further.

In Chinese traditional linguistic fields, Lü Shuxiang 吕叔湘 (1985: 152) divides Chinese Wh-phrases into two functions which are Wh-phrases in inquiry and existential Wh-phrases, and the former demands an answer and the latter doesn't. And Lü

---

① Matrix verbs in main sentences are the main verbs as predicate verbs.

② Some scholars (Cheng 2009; Lin 2014) claim that Chinese is a Wh-in-situ language, in which Wh-phrases in questions must stay in original situations and need not to be moved to the beginning of the sentences.

③ Considering different name cultures between English and Chinese, "John", "Mary" in English are just Zhangsan and Lisi respectively in Chinese corpora.

also refers to two kinds of interim forms (indirect question; matrix verb "*bu zhi* 不知 (not know)") that respectively exist between the two polar functions of Wh-phrases. Based on Lü's assumption the latter scholars tried to study the interim forms of Chinese questions, some consider the interim forms as non-prototypical interrogatives (Chen, 2008, 2009) and some name them as bridge connections (Wang, 2015).

The purpose of this paper is to demonstrate questions or no questions properties of Chinese Wh-phrases in relative clauses as effective as possible, and explore the approach of questions or no questions interpretation in perspective of generative grammar.

Logic Wh-raising of Chinese Wh-phrases

In English we generally define the sentence that can initiate a question as a direct question and the sentence that cannot expect an answer as an indirect question or statement (Huang, 1982, 1998; Lin, 2014). The examples are illustrated as follows:

(1) *a.* $[_{CP}$ *What*$_i$ *does* $[_{IP}$ *Mary dislike* $t_i]]$?

b. $[_{IP}$ *John has found out* $[_{CP}$ *what*$_i$ $[$*Mary dislike* $t_i]]]$.

The above (1) a is undoubtedly regarded as a direct question while b is as an indirect question or statement. The judgement can be very easy to make by observing the syntactic distribution of the Wh-phrase in the sentence. When the Wh-phrase moves to the beginning of the sentence, it will be interpreted as a direct question, and when the Wh-phrase distributes the other place of the sentence, an indirect question or the statement will be denoted such as in (1) b.

According to the generative grammar, a Wh-phrase is essentially a quantifier of a sentence, and it has its quantifier scope. The Wh-movement① mainly takes place in the context of question sentence or relative clause. Whether question or not is directly related to the quantification scope of the Wh-phrase. That is to say, as long as the

① Wh-movements refer to the movements of Wh-phrases, and are also called as A'-movement because their arriving destinations are non-argument positions.

Wh-phrase moves to the position [Spec, CP] in the matrix sentence where it holds the complete sentence into its quantification scope, the wide scope formed by "operator (i. e., Wh-phrase)-variables" can contribute to the question interpretation of the sentence, whereas the operator which moves to the position [Spec, CP] within the embedded clause such as (1) b only ranges the embedded clause as its quantification scope, and the fact that the narrow scope formed by "operator-variables" only involves the embedded clause results in the interpretation of statement (no-question).

Different from English, the inquiry on some information in Chinese doesn't need to depend on the movement of Wh-phrase. No matter what the Wh-phrase in the sentence indicates (question or not), the Chinese Wh-phrase doesn't change its original place, as illustrated below.

(2) *a. Lisi bu xihuan shenme?*

李四 不 喜欢 什么？

Lisi not like what?

b. Zhangsan qingchu Lisi bu xihuan shenme.

张三 清楚 李四 不 喜欢 什么。

Zhangsan figure out Lisi not like what.

Thus, we cannot directly infer the question connotation of the Wh-phrase only according to the surface structure, and the shift process from D-structure to S-structure should be utilized to unveil the bewildering situation. The following fundamental issues should be to try to find out the rules how the D-structure of the non-movement language such as Chinese can be transferred to the S-structure, making sure the corresponding relation between Chinese inherent logic Wh-raising① and English visible syntactic movement.

Although Wh-movements don't take place in Chinese question sentences, the logic connotation of the Wh-phrase as logic quantifiers must be carried out by invisi-

① Wh-raising is that the Wh-phrases not moved in S-structures will be changed their positions in abstract logic forms according to generative grammar theory.

ble Wh-raising similar to the Wh-phrases in English. The logic formula of the Chinese questions shown in (3) (4) (5) ultimately correspond with what English S-structures indicate in (6) (7) (8), and this is why the generative grammar claims it makes efforts to explore the general rules of the different languages and make it play in a general role. Compare (3) with (6), (4) with (7), (5) with (8).

Group A:

(3) *Zhangsan zhidao Lisi mai-le shenme. /?*

张三　知道 李四 买了　什么 。/?

Q: *John　knows Mary bought something.*

NQ: *Does John know what Mary bought?*

(4) *Zhangsan wen　Lisi　mai-le shenme.*

张三　　问　李四　买了　什么 。

NQ: *John asked Mary bought something.*

(5) *Zhangsan xiangxin　Lisi　mai-le shenme?*

张三　　相信　　李四　买了　什么 ?

Q: *Does John believe what Mary bought?*

Group B:

(6) *D*: *John knows Mary bought what*

S1: $[_{CP1}[_{IP1}John[_{I'}[_{I\text{-}es}[_{VP}\ know\ [_{CP2}what_i[_{IP2}Mary\ bought\ t_i]]]]]]]$.

S2: $[_{CP1}What_i\ [_{C'}\ [_{C}-es_j\ [_{IP1}John\ [\ t_j\ [_{VP}know\ [_{CP2}t'_i\ [_{IP2}Mary\ bought\ t_i]]]]]]]]]$?

(7) *D*: *John asked Mary bought what*

S: $[_{CP1}[_{IP1}John\ [I'[_{I\text{-}ed}[_{VP}ask[NP[_{CP2}what_i[_{IP2}Marybought\ t_i]]]]]]]]]$.

(8) *D*: *John believes Mary bought what*

S: $[_{CP1}What_i[_{C'}[_{C}-es_k[_{IP}John\ [t_k[_{VP}believe\ [_{CP2}(*t'_i)OP_j[_{IP}Mary\ bought\ t_j\ t_i]]]]]]]]]$?

Example (6)-(8) is respectively construed from D-structure to S-structure according to the GB theory (Government and Binding theory). The syntax tree, which is consistent with the above brackets analysis in Group B, is drawn as the following:

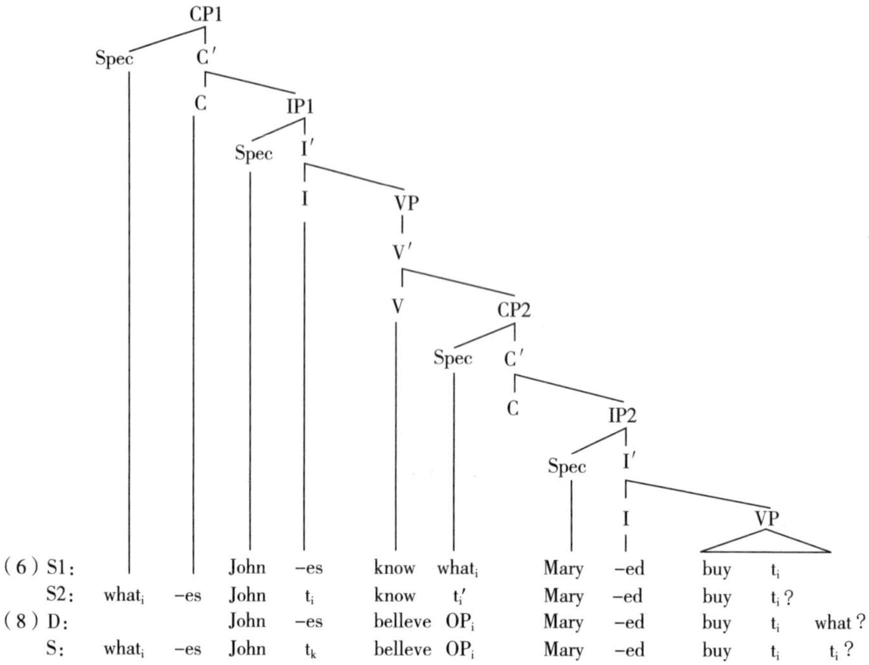

Figure 1 Syntax Tree of "know" and "believe" as Matrix Verbs

The Chinese sentences in Group A, which no Wh-movement occur, but the final interpretations (Q: question; NQ: no question) just are those that the surface structures in Group B are decoded. Namely, Chinese Wh-phrases have engaged in a sort of invisible logic semantic raising before ultimate interpretations formulate. We can say by means of a visible formalized tactic the generative syntactic analysis in Group B facilitates the understanding of Chinese Wh-phrase in Group A. The corresponding syntax of two different language illustrates why and how Chinese Wh-relative clauses are interpreted as questions or not.

As demonstrated in the above syntax tree of (6) and (8), (6) can alternatively be interpreted as S1 (statement/ indirect question) or S2 (question/direct question) because "what" can be moved to any one of two [Spec, CP] positions. One of the most basic and inviolable rules of Wh-movement is the space of Wh-movement destination must be available just as in syntax tree (6), but in the D-structure of (8) we find that the space of [Spec, CP2] has been early occupied by OP[①](i. e., the complement of "bought") due to the movement of OP, thus Wh-phrase in syntax tree (8) is obliged to continue moving forward to the next position of [Spec, CP1], and that's why example (8) can only be construed as a question.

Example (7) demonstrates another syntax tree in which an extra NP node is added between IP1 and CP2, thus the added NP, node CP2 and IP2 constitute "complex NP island". According to the Wh-movement theory of "complex NP constraint", the Wh-phrase in "complex NP island" is forbidden to move away from the island. Namely, the Wh-phrase blocked by IP1 and NP cannot be allowed simultaneously overcome two successive nodes such as shown in syntax tree (7), and have a forced

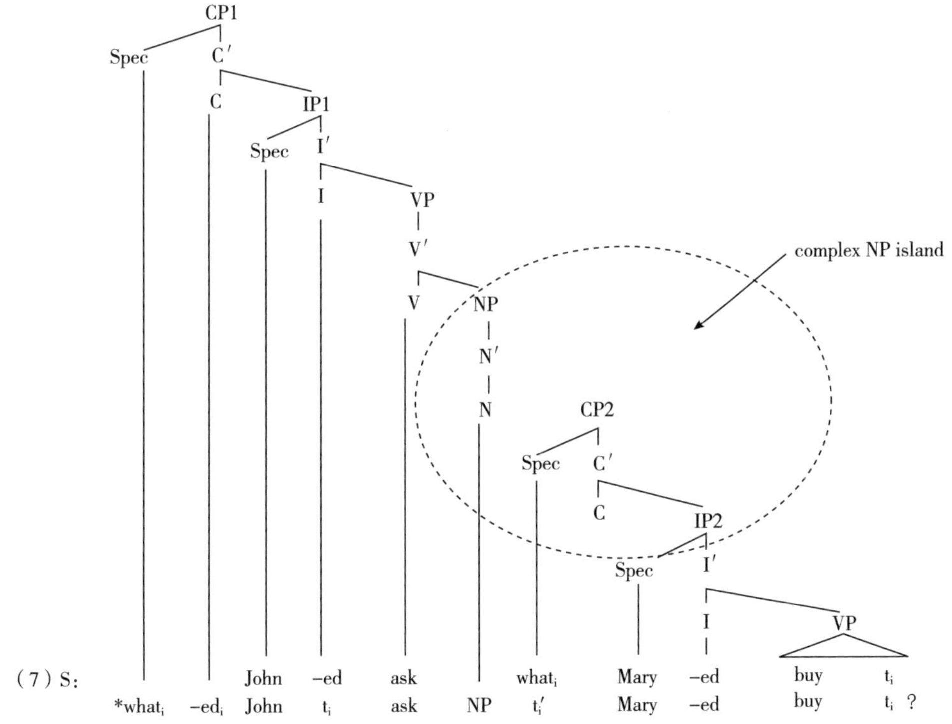

Figure 2 Syntax Tree of "ask" as Matrix Verbs

① OP is the short name of empty operator, it is an invisible constituent and has same qualities as a Wh-phrase.

stop at the position of [Spec, CP2] on its moving way, thus (7) is only interpreted as a statement/no question.

Concluding Remarks

Chinese Wh-phrases in relative clauses don't visibly move regardless of questions or no questions they take on. The perplexing situation can be solved by comparing with the visible English Wh-movement. Based on Chomsky's Government and Binding theory, the generated S-structures from D-structures where Wh-movements take place illustrate the approaches to Chinese questions or no questions interpretation.

REFERENCES

[1] Chen Zhenyu, Non-prototypical Interrogatives in Chinese. Language Science, 2008, Vol. 4.

[2] Chen Zhenyu, The Verbs of "Zhidao" "Mingbai" and Interrogatives. Chinese Language Learning, 2009, Vol. 4: 27-37.

[3] Cheng, L. L. -S, Wh-in-situ, from the 1980s to now. Language and Linguistics, 2009, Compass 3: 767-719.

[4] Huang, C. -T. J., Move wh in a language without wh movement. Linguistic Review, 1982, Vol. 1: 369-416.

[5] Huang, C. -T. J. , Logical Relations in Chinese and the Theory of Grammar, Doctoral Dissertation. MIT, Cambridge, MA. 1982. Published by Garland, New York, 1998.

[6] Lin, J. -W. , Wh-Expressions in Mandarin Chinese, The handbook of Chinese Linguistics (First Edition). Edited by C. -T. James Huang, Y. -H. Audrey Li, and Andrew Simpson. Published by John Wiley & Sons. Inc. , 2014.

[7] Lü Shuxiang, Demonstrative pronouns in modern Chinese, Published by the press of Xuelin, 1985: 152 .

[8] Wang Xiaoqiong, The Semantic Network of Wh-Words. Published by the press of Sichuan Universtiy, 2015: 50-70.

[9]Xu Jie, "Question" and the Syntactic Patterns of Interrogatives in Chinese. Linguistic Research, 1999, Vol. 2: 22-36.

（本文在"The 4thInternational Conference on Education Science and Development in Shenzhen on Jan 19-20, 2019"会议上宣读，为 CPCI-SSH 检索收录）